Klaus Bockslaff

Das völkerrechtliche Interventionsverbot als Schranke außenpolitisch motivierter Handelsbeschränkungen

VERÖFFENTLICHUNGEN
DES INSTITUTS FÜR INTERNATIONALES RECHT
AN DER UNIVERSITÄT KIEL

Herausgegeben von

Jost Delbrück · Wilhelm A. Kewenig · Rüdiger Wolfrum

99

Das völkerrechtliche Interventionsverbot als Schranke außenpolitisch motivierter Handelsbeschränkungen

Von

Klaus Bockslaff

DUNCKER & HUMBLOT / BERLIN

CIP-Kurztitelaufnahme der Deutschen Bibliothek

Bockslaff, Klaus:
Das völkerrechtliche Interventionsverbot als Schranke außenpolitisch motivierter Handelsbeschränkungen / von Klaus Bockslaff. — Berlin: Duncker u. Humblot, 1987.
(Veröffentlichungen des Instituts für Internationales Recht an der Universität Kiel; 99)
ISBN 3-428-06298-1

NE: Institut für Internationales Recht ⟨Kiel⟩: Veröffentlichungen des Instituts ...

Satz: Günter Schubert, Berlin 12
Druck: Alb. Sayffarth — E. L. Krohn, Berlin 61
Printed in Germany

ISBN 3-428-06298-1

Für Rafaela, Kristina und Antonia

Vorwort

Die vorliegende Arbeit ist im Sommersemester 1986 von der Juristischen Fakultät der Christian-Albrechts-Universität zu Kiel als Dissertation angenommen worden.

Thematisch geht die Arbeit auf wirtschaftsrechtliche Anstöße zurück, die ich im Studienjahr 1979/80 während meines Aufenthaltes an der Indiana University, Bloomington, School of Law, von meinem Thesis Advisor, Prof. *A. A. Fatouros,* Ph. D., erhalten habe. Für weitere Anregungen, aber auch für die Aufnahme der Arbeit in die Veröffentlichungsreihe des Instituts gilt mein besonderer Dank den Direktoren des Instituts für Internationales Recht an der Universität Kiel, Herrn Prof. Dr. *Jost Delbrück* und Herrn Prof. Dr. *Rüdiger Wolfrum.* Meinen Kollegen, den Assistenten am Institut für Internationales Recht, danke ich für nimmermüde Diskussionsbereitschaft bei wertvollen Gesprächen.

Der Vorstand der Schleswig-Holsteinischen Brandgilde von 1691 a. G. ermöglichte die Drucklegung durch großzügige Unterstützung.

Schließlich bedanke ich mich bei meiner Frau und meinen Töchtern, die mich mit Geduld und Verständnis begleiteten.

Klaus Bockslaff

Inhaltsverzeichnis

Abkürzungsverzeichnis

AdG	=	Archiv der Gegenwart
AFDI	=	Annuaire Francais De Droit International
AJCL	=	American Journal of Comparative Law
AJIL	=	American Journal of International Law
ASIL	=	American Society of International Law
AöR	=	Archiv des öffentlichen Rechts
AuslG	=	Ausländergesetz
AVR	=	Archiv des Völkerrechts
AWG	=	Außenwirtschaftsgesetz
AWV	=	Außenwirtschaftsverordnung
B.C.Ind. & Com.L.Rev.	=	Boston College Industrial and Commercial Law Review
Berichte DGVR	=	Berichte der Deutschen Gesellschaft für Völkerrecht
BGBl.	=	Bundesgesetzblatt
BGH	=	Bundesgerichtshof
BGHZ	=	Entscheidungen des Bundesgerichtshofes in Zivilsachen
BYIL	=	British Yearbook of International Law
Case W. Res. J. Int'l L.	=	Case Western Reserve Journal of International Law
CMLR	=	Common Market Law Review
COFACE	=	Compagnie Francaise d'Assurance pour le Commerce Exteriéur
Col.J.Transl.	=	Columbia Journal of Transnational Law
Col.L.Rev.	=	Columbia Law Review
Cornell Int'l.L.J.	=	Cornell International Law Journal
CYIL	=	Canadian Yearbook of International Law
DÖV	=	Die Öffentliche Verwaltung
DVBl.	=	Deutsches Verwaltungsblatt
EA	=	Europa-Archiv
EAAA	=	Export Administration Amendment Act
ECGD	=	Export Credits Guarantee Department
EPIL	=	Rudolf Bernhardt (Hrsg.), Encyclopedia of Public International Law, 9 Instalments, Amsterdam/New York/Oxford 1981—1987
EPZ	=	Europäische Politische Zusammenarbeit
EuGH	=	Europäischer Gerichtshof
EuGRZ	=	Europäische Grundrechte-Zeitschrift
EuR	=	Europarecht
FAZ	=	Frankfurter Allgemeine Zeitung
F. 2d	=	Federal Reporter, Second Edition

Fed. Reg.	=	Federal Register
FS	=	Festschrift
Geo.Wash.J.Int'l L. & Econ	=	George Washington Journal of International Law
GG	=	Grundgesetz
GWB	=	Gesetz gegen Wettbewerbsbeschränkungen
GYIL	=	German Yearbook of International Law
Harv. Int'l L. R.	=	Harvard International Law Review
Harv. L. R.	=	Harvard Law Review
I.C.J.Reports	=	International Court of Justice Reports
I.C.L.Q.	=	International and Comparative Law Quarterly
IGH	=	Internationaler Gerichtshof
ILC-Yearbook	=	Yearbook of the International Law Commission
Int'l. Law.	=	International Lawyer
IJIL	=	Indian Journal of International Law
IO	=	International Organisation
JInt'L. & Econ.	=	Journal of International Law and Economics
JIR	=	Jahrbuch für Internationales Recht
JPR	=	Journal of Peace Research
JuS	=	Juristische Schulung
J.W.T.L.	=	Journal of World Trade Law
JZ	=	Juristenzeitung
Law & Pol'y Int'l Bus.	=	Law and Policy in International Business
LNTS	=	League of Nations Treaty Series
MD.J.Int'l. L. & Trade	=	Maryland Journal of International Law and Trade
NILR	=	Netherlands International Law Review
NJW	=	Neue Juristische Wochenschrift
Nord TIR	=	Nordisk Tidskrift for International Ret
Nw.U.L.Rev.	=	Northwestern University Law Review
ÖZöffR	=	Österreichische Zeitschrift für öffentliches Recht
PCIJ	=	Permanent Court of International Justice Report
RabelsZ	=	Rabels Zeitschrift für ausländisches und internationales Privatrecht
RBDI	=	Revue belge de droit international
RdC	=	Académie de Droit International, Recueil des Cours
RGDIP	=	Revue Générale de Droit International Public
RIAA	=	Reports of International Arbitration Awards
RIW	=	Recht der Internationalen Wirtschaft
RMC	=	Revue de Marche Commun
SchweizJIR	=	Schweizerisches Jahrbuch für Internationales Recht
SVN	=	Satzung der Vereinten Nationen
Tex.Int'l.L.J.	=	Texas International Law Journal
UNYB	=	United Nations Yearbook
U.S.	=	United States Supreme Court Reporter
U.S.C.	=	United States Code
U.S.C.app.	=	United States Code appendix

U.S.C.A.	=	United States Code Annotated
Vand.J.Transn.L.	=	Vanderbilt Journal of Transnational Law
VBS	=	Satzung des Völkerbundes
VerwArch	=	Verwaltungs-Archiv
VJIL	=	Virginia Journal of International Law
VN	=	Zeitschrift Vereinte Nationen
VVDStRL	=	Veröffentlichungen der Vereinigung der Deutschen Staatsrechtslehrer
WLR	=	Weekly Law Reports
WVK	=	Wiener Vertragsrechtskonvention
ZaöRV	=	Zeitschrift für ausländisches öffentliches Recht und Völkerrecht
ZVglRWiss	=	Zeitschrift für vergleichende Rechtswissenschaft
ZParl	=	Zeitschrift für Parlamentsfragen
ZRP	=	Zeitschrift für Rechtspolitik

Kapitel 1: Einleitung

I. Ziel der Untersuchung

Am 30. Dezember 1981 hat der amerikanische Präsident *Ronald Reagan* auf die Verhängung des Kriegsrechts in Polen mit Maßnahmen reagiert, die den Export von Maschinen für die sowjetische Yamal-Erdgasleitung verhindern sollten. Da diese Maßnahmen auch nicht-amerikanische Firmen betrafen, stießen sie in vielen Ländern auf heftige Kritik. In völkerrechtlicher Perspektive gipfelte diese Kritik in dem Vorwurf, die amerikanischen Maßnahmen stellten eine unzulässige Intervention mit wirtschaftlichen Mitteln dar. Damit stellt die politische Praxis das Völkerrecht erneut vor die Frage, in welchem Rahmen ein Staat berechtigt ist, durch die Verhängung von Handelsbeschränkungen die unter seiner Kontrolle stehende Wirtschaftsmacht zur Erreichung eines außenpolitischen Zieles einzusetzen.

Dabei ist zu beachten, daß diese Sanktionen einerseits ein geeignetes Mittel darstellen können, um einen Staat, der gegen wichtige Grundlagen der internationalen Ordnung verstößt, die Folgen seines Verhaltens bewußt zu machen und ihn zu einem anderen Verhalten zu veranlassen. Andererseits aber darf die mit der Verhängung außenpolitisch motivierter Handelsbeschränkungen verbundene Ausnutzung der eigenen Wirtschaftskraft nicht zu einem möglicherweise unzulässigen wirtschaftlichen Zwang werden. Aufgabe der vorliegenden Arbeit ist es, völkerrechtliche Kriterien herzuleiten, die geeignet sind, die Grenze zwischen der zulässigen Ausübung wirtschaftlichen Druckes und die Anwendung unzulässigen wirtschaftlichen Zwanges zu beschreiben.

Bei der Suche nach den Schranken, die das Völkerrecht den Staaten bei der Verhängung außenpolitisch motivierter Handelsbeschränkungen setzt, ist zunächst festzuhalten, daß sich diese Schranken *nicht* aus dem völkerrechtlichen Gewaltverbot gemäß Art. 2 Abs. 4 SVN ergeben können. Gemäß dieser Vorschrift haben sich alle Mitglieder der Vereinten Nationen verpflichtet, in ihren internationalen Beziehungen jede Androhung oder Anwendung von Gewalt zu unterlassen. Dieses Verbot, das ein grundlegender Bestandteil des modernen Völkerrechtes ist, kann auf die hier in Frage stehenden wirtschaftlichen Maßnahmen keine Anwendung finden. Dies ergibt sich[1] trotz des nicht eindeutigen Wortlautes der Vorschrift aus der Entstehungsgeschichte der Norm, ihrem systematischen Zusammenhang und insbesondere ihrem Sinn und Zweck.

Die gesuchten Schranken für die Verhängung außenpolitisch motivierter Handelsbeschränkungen liegen allein in dem gewohnheitsrechtlich anerkannten[2] Interventionsverbot. Bisher ist es allerdings nicht gelungen, dieses Verbot für außenpolitisch motivierte Handelsbeschränkungen zu operationalisieren. In der vorliegenden Untersuchung soll es daher versucht werden, Kriterien zu erarbeiten, mit denen die Grenze der zulässigen Einwirkung eines Staates mit wirtschaftlichen Mitteln bestimmt werden kann.

In der völkerrechtlichen Praxis finden sich Formulierungen des Interventionsverbotes in einer Vielzahl von Satzungen und Resolutionen internationaler Organisationen. Insbesondere die Satzung und die Resolutionspraxis der Vereinten Nationen sind daraufhin zu untersuchen, welche Abgrenzungsmechanismen hier zwischen zulässiger und verbotener Beeinflussung, d. h. zwischen Interzession und Intervention formuliert worden sind (Kap. 2).

Im Anschluß an diese Betrachtung der in völkerrechtlichen Übereinkommen niedergelegten Praxis, die allerdings über die grundsätzliche gewohnheitsrechtliche Anerkennung des Interventionsverbotes hinaus

---

[1] Siehe dazu: *Rolf M. Derpa,* Das Gewaltverbot der Satzung der Vereinten Nationen und die Anwendung nichtmilitärischer Gewalt, Bad Homburg 1970; *Wilhelm A. Kewenig,* Gewaltverbot und noch zulässige Machteinwirkung und Interventionsmittel, in: *Schaumann,* Gewaltverbot, S. 175—217 (181 ff.); *ders.,* Die Anwendung wirtschaftlicher Zwangsmaßnahmen im Völkerrecht, in: Berichte DGVR Heft 22 (1982), S. 7—31 (11 ff.); *Hanspeter Neuhold,* Internationale Konflikte — verbotene und erlaubte Mittel ihrer Austragung, Wien 1977, S. 81; *Wilhelm Wengler,* Das völkerrechtliche Gewaltverbot. Probleme und Tendenzen, Berlin 1967, 18 ff.; *Ulrich Scheuner,* Intervention und Interventionsverbot. Das Gebot der Achtung der wirtschaftlichen und politischen Selbständigkeit der Staaten, in: VN 28 (1980), S. 149—156 (149). Für die amerikanische Literatur siehe nur: *L. Oppenheim/H. Lauterpacht,* International Law, Bd. II, London/New York 1969, S. 49 unter Hinweis auf die Praxis der Vereinten Nationen in den Gewaltbegriff des Art. 2 Abs. 4 SVN; für eine Einbeziehung wirtschaftlicher Zwangsmaßnahmen tritt insbesondere die östliche Völkerrechtslehre ein, siehe dazu *Grigorij Ivanovic Tunkin,* Recht und Gewalt im internationalen System, Berlin 1986, S. 69.

[2] Für die gewohnheitsrechtliche Anerkennung des Interventionsverbotes sprechen sich aus: *Axel Gerlach,* Die Intervention — Versuch einer Definition, Hamburg 1967, S. 1; *Kewenig,* Wirtschaftliche Zwangsmaßnahmen (Anm. 1); *Charles F. Ritterband,* Universeller Menschenrechtsschutz und völkerrechtliches Interventionsverbot, Bern 1982, S. 347; *Brun-Otto Bryde,* Die Intervention mit wirtschaftlichen Mitteln, in: FS Schlochauer, S. 227—245 (228); *Thomas Oppermann,* Nichteinmischung in innere Angelegenheiten, in: AVR 14 (1969/70), S. 321—342 (328); *Georgios Paschos,* Die wirtschaftliche Intervention im Völkerrecht der Gegenwart — Völkerrechtliche Erläuterung des Tatbestandes und Versuch einer operationellen Definition, Thessaloniki 1974, S. 17; *Amos S. Hershey,* The Essentials of International Public Law, New York 1912, S. 147; *Scheuner* (Anm. 1), S. 150.

kaum Anhaltspunkte für seine nähere Ausformung erkennen läßt, soll ein Kriterienkatalog entwickelt werden, der für die Abgrenzung zwischen Intervention und Interzession geeignet ist. Dieser Kriterienkatalog findet seine Grundlage in Regeln des allgemeinen Völkerrechts (Kap. 3).

In Anschluß soll die Verwendbarkeit des Kriterienkataloges anhand einer Untersuchung des Erdgasröhrenfall gezeigt und dabei die Frage erörtert werden, ob sich die Maßnahmen der Vereinigten Staaten in diesem Fall als Intervention in die eigenen Angelegenheiten der betroffenen westeuropäischen Staaten darstellen (Kap. 4).

Angesichts des großen Einflusses, den nationale oder multinationale Unternehmen[3] ausüben, und unter Hinweis auf die erheblichen Beeinträchtigungen, die diese Unternehmen auf die nationale Souveränität speziell von Entwicklungsländern haben können, ist immer wieder gefordert worden, den Interventionsbegriff auch auf diese internationalen Akteure auszudehnen[4]. Diese Forderung mag im Hinblick auf die tatsächliche Macht solcher Unternehmen berechtigt und notwendig erscheinen. Die rechtliche Kontrolle ihrer Verhaltensweisen ist denn auch Gegenstand einer Reihe von Kodifikationsbemühungen in den verschiedensten internationalen Organisationen[5]. In der vorliegenden Untersuchung kann hierauf jedoch nicht näher eingegangen werden, zumal für Ausdehnung des Interventionsbegriffes auf multinationale Unternehmen eine zumindest für den Bereich des deliktischen Handelns partielle Völkerrechtssubjektivität dieser privaten Akteure erforderlich wäre. Eine solche deliktische Haftung Privater hat das Völkerrecht indes über die Frage der Zurechenbarkeit von Handlungen Privater hinaus nicht anerkannt[6].

---

[3] Zur Bedeutung der multinationalen Konzerne im heutigen internationalen System siehe aus der umfangreichen Literatur: *Bernhard Großfeld,* Multinationale Unternehmen und staatliche Souveränität, in: JuS 18 (1978), S. 73—80 (73—74); *Detlev F. Vagts,* The Multinational Enterprise: A New Challenge for Transnational Law, in: Harv. L. Rev. 83 (1970), S. 739—792.

[4] Aus juristischer Sicht: *Hanspeter Neuhold,* Die Intervention aus völkerrechtlicher Sicht, in: *Czempiel/Link,* S. 33—53 (50—52); *Eckart Wehser,* Die Intervention nach gegenwärtigem Völkerrecht, in: *Simma/Blenk-Knocke,* S. 23—54 (35—37). Aus politikwissenschaftlicher Sicht: *Ernst Otto Czempiel,* Das Phänomen der Intervention aus politikwissenschaftlicher Sicht, in: *Czempiel/Link,* S. 5—20 (13).

[5] *Luzius Wildhaber,* Multinationale Unternehmen und Völkerrecht, in: Berichte DGVR 18 (1979), S. 7—71 (53—59); *Brun-Otto Bryde,* Internationale Verhaltensregeln für Private — völkerrechtliche und verfassungsrechtliche Aspekte, Frankfurt 1981; *Alfred Verdross/Bruno Simma,* Universelles Völkerrecht, 3. Aufl., Berlin 1984, S. 269; *Cynthia Day Wallace,* Legal Control of the Multinational Enterprises, The Hague 1982, S. 295 ff.

[6] Ansätze zu einer direkten völkerrechtlichen Haftung Privater sind u. a. im Rahmen der Beratungen der ILC zu dem Kodifizierungsvorhaben für Verbrechen gegen den Frieden und die Sicherheit der Menschheit zu beobachten. Hier vertritt der Berichterstatter *Doudan Thiam* (Senegal) die Ansicht, daß die internationale strafrechtliche Verantwortlichkeit von Einzelpersonen seit den

Insofern beschränkt sich die vorliegende Darstellung bei der Suche nach den völkerrechtlichen Grenzen außenpolitisch motivierter Handelsbeschränkungen auf die Beziehungen zwischen Staaten als den traditionell anerkannten Völkerrechtssubjekten.

II. Grundlegende Definitionen

In jüngster Zeit ist durch die Diskussion um die Verhängung von Handelssanktionen gegen Südafrika[7] und Libyen[8] die Frage nach der Rechtmäßigkeit derartiger Maßnahmen erneut in den Vordergrund getreten. Unter dem untechnischen Begriff „Handelssanktionen" wird dabei die Beschränkung der Außenhandelsbeziehungen des verhängenden Staates mit dem betroffenen Staat verstanden, um diesen zu einem bestimmten Verhalten zu veranlassen. Die Verhängung von Handelssanktionen kann eine Vielzahl von Gründen haben. Bei diesen Beweggründen sind im wesentlichen zwei Hauptkomplexe zu unterscheiden. Einmal kann die Ursache von staatlichen Eingriffen in den Außenhandel in der Verfolgung eines wirtschaftlichen Zieles liegen. Gegenstand der Auseinandersetzung der beteiligten Staaten in einem solchen Fall sind z. B. Zoll- und Einfuhrkontingentfragen. Verwiesen sei insofern auf die Streitigkeiten zwischen der EG und den Vereinigten Staaten bei dem sogenannten „Hähnchen"- oder „Stahlkrieg". Von solchen wirtschaftlichen Auseinandersetzungen sind die staatlichen Maßnahmen zu unterscheiden, die gegen den Handel mit einem bestimmten Land zur Erzielung eines außenpolitischen Erfolges verhängt werden. Diese außenpolitisch motivierten Handelsbeschränkungen sollen Gegenstand der weiteren Erörterungen sein.

Zielrichtung außenpolitisch motivierter Handelsbeschränkungen ist die Beeinflussung des politischen Willens eines anderen Staates in einer konkreten allgemeinpolitischen Sachfrage. Dabei werden Einschränkungen des wirtschaftlichen Erfolges der eigenen Bürger bewußt in Kauf genommen.[9] Die Beeinflussung erfolgt aus Sicht des handelnden Staates

Prozessen von Nürnberg und Tokio anerkannt und in der ILC außer Streit sei (1. Bericht des Berichterstatters, UN Doc. A/CN.4/364, *paras* 42 ff.).

[7] Siehe dazu die Zusammenstellung der Maßnahmen der verschiedensten Staaten und internationalen Organisationen in: „Handelsblatt" vom 27. 10. 1986, S. 13.

[8] Als Reaktion auf die Terroranschläge von Rom und Wien Ende Dezember 1985 verhängte Präsident Reagan am 8. Januar 1986 ein Totalembargo für alle Wirtschaftsbeziehungen zwischen den Vereinigten Staaten und Libyen. Zugleich rief er bei Androhung von Strafen die rund fünfzehnhundert in Libyen tätigen amerikanischen Staatsbürger zurück und verbot allen amerikanischen Unternehmen dort weiterhin Geschäfte zu machen: Fed. Reg. 51 (1976), S. 2393 vom 16. 1. 1986. Siehe dazu: FAZ vom 9. Januar 1986.

[9] Die sich aus diesem Eingriff in die Außenhandelstätigkeit von Privaten ergebenden innerstaatlichen Rechtsfolgen und ihre Auswirkung im privatrecht-

durch die Erhöhung derjenigen wirtschaftlichen Nachteile, die der betroffene Staat hinnehmen muß, wenn er sich entschließt, seinen politischen Willen nicht dem Willen des handelnden Staates anzupassen.

Die Ausübung wirtschaftlichen Druckes als außenpolitisches Machtinstrument ist in ihrer tatsächlichen Wirksamkeit schwer meßbar. Aus wirtschaftswissenschaftlicher Sicht[10] werden die mit außenpolitisch motivierten Handelsbeschränkungen verbundenen eigenen wirtschaftlichen Nachteile und überdies die geringen Erfolgsaussichten betont; außenpolitisch motivierte Handelsbeschränkungen werden deswegen insgesamt als ungeeignet abgelehnt. Diese Betrachtungsweise, die ausschließlich auf einer formellen Kosten-Nutzen-Analyse beruht, schätzt allerdings die mit der Verhängung dieser Wirtschaftssanktionen verbundenen, politischen Effekte zu gering ein. Mit rein wirtschaftlichem Denken, nach dem das Ergebnis einer Handlung unmittelbar aus dem geleisteten Einsatz herleitbar sein muß, ist zudem der spezielle Sanktionscharakter außenpolitisch motivierter Handelsbeschränkungen nicht zu erfassen. Das Argument der mangelnden Effektivität dieser Art von Wirtschaftssanktionen kann allenfalls dazu dienen, den Politikern die wirtschaftlichen Kosten ihres Handelns deutlich zu machen und so zu einer — im Interesse des freien Welthandels durchaus wünschenswerten — zurückhaltenden Verwendung dieses Instrumentariums zu gelangen. Es besteht insbesondere in den Fällen, in denen die Wirtschaftssanktionen als Reaktion auf die Verletzung von Menschenrechten verhängt werden, die Gefahr, daß durch die Beschränkung der Handelsbeziehungen die ohnehin schon betroffene Bevölkerung noch zusätzlich belastet wird. Damit könnten letztlich diejenigen von den Wirtschaftssanktionen getroffen werden, zu deren Schutz man die Maßnahmen verhängt.[11]

Die Beschränkung des Außenhandels durch staatliche Stellen aus nichtwirtschaftlichen Gründen hat in den Beziehungen zwischen den Staaten eine lange Tradition. Sie wird gelegentlich bis in die Zeit des Beginns des Peloponnesischen Krieges zurückgeführt.[12] Im Jahre 445 v. Chr. ver-

lichen Bereich liegen außerhalb des Themenbereiches der vorliegenden Arbeit, siehe dazu u. a. *Jürgen Basedow*, Private Law Effects of Foreign Export Controls — An International Case Report, in: GYIL 27 (1984), S. 109—141; *Georges van Heckes*, The Effect of Economic Coercion on Private Relationships, in: RBDI 18 (1984—1985), S. 113—121.

[10] *Jürgen B. Donges*, Erfahrungen mit internationalen Handelssanktionen — eine Geschichte der Mißerfolge, Kieler Diskussionsbeiträge Heft 90, Kiel 1982, S. 11; a. A. *Benno Engels*, Die Zukunft des Embargos in den internationalen Beziehungen, Weltwirtschaft und Internationale Beziehungen, Neue Folge, Heft 1, Hamburg 1981, S. 22.

[11] Dies war eins der maßgebenden Argumente, die in der Bundesrepublik Deutschland bei der Diskussion über die Verhängung von Handelsbeschränkungen gegen die Republik Südafrika geäußert wurden. Siehe dazu: AdG 55 (1985), S. 29183 f., 29396.

hängte Athen gegen seine Nachbarstadt Megara wegen deren Beziehungen zu dem spartanischen Feind ein Einfuhrverbot. Diese Maßnahme gilt als das erste in der Geschichtsschreibung erwähnte[13] Handelsembargo. Mit ihm sollte die Stadt Megara dazu veranlaßt werden, in der beginnenden Konfrontation zwischen Sparta und Athen nicht die spartanische Seite zu unterstützen.

Die Geschichte außenpolitisch motivierter Handelsbeschränkungen ist an anderer Stelle ausführlich beschrieben worden.[14] Aus dem 20. Jahrhundert seien hier beispielsweise erwähnt: das Importembargo Großbritanniens gegen die UdSSR im Jahre 1933, das sogenannte Chaco-Embargo im Jahre 1934/35, das Öl-Embargo der UdSSR gegen Israel im Jahre 1956 und das Embargo der OAS gegen die Dominikanische Republik im Jahre 1960/61. Aus jüngster Zeit sei auf die Handelsbeschränkungen der EG gegen die UdSSR wegen der Polenkrise bzw. Argentinien wegen der Besetzung der Falkland-Inseln hingewiesen. Ihren bisherigen Abschluß findet diese lange Tradition in den Maßnahmen der Vereinigten Staaten gegen Nicaragua und Libyen sowie mit den von einer Reihe von Staaten verhängten Handelssanktionen gegen die Republik Südafrika.

Außenpolitisch motivierten Handelsbeschränkungen sind folgende Merkmale — und darin unterscheiden sie sich von anderen Instrumenten wirtschaftlichen Druckes — gemeinsam: es handelt sich *erstens* um einen *staatlichen Eingriff* in den Handel mit einem anderen Staat, der *zweitens* in *Friedenszeiten* unternommen wird und *drittens diskriminierend* wirken soll, um *viertens* durch die Inaussichtstellung einer Schädigung der Wirtschaft des Zielstaates diesen zu einem *bestimmten zukünftigen Verhalten* zu veranlassen.

Mit dem ersten Kriterium wird das Embargo gegenüber dem Boykott abgegrenzt. Bei dem Boykott handelt es sich um eine Maßnahme, die zwar auch die Handelsbeziehungen zwischen zwei Staaten negativ beeinflußt, die aber auf privater Initiative beruht. Entscheidendes Abgrenzungskriterium zwischen einem Handelsembargo und einem Boykott ist die staatliche Anordnung.[15] Diese Unterscheidung ist insofern wichtig,

---

[12] *Hans Jürgen Lambers,* Das kollektive Handelsembargo als Institut des Völkerrechts, Diss. Göttingen 1956, S. 1 (Maschinenschrift).

[13] *Thukydides,* Geschichte des Peleponnesischen Krieges, in deutscher Sprache herausgegeben und übersetzt von *Georg Peter Landmann,* München 1973, S. 61, vgl. auch Anm. 61.2, S. 666.

[14] *Lambers* (Anm. 12), S. 1—30; *Detlev Christian Dicke,* Die Intervention mit wirtschaftlichen Mitteln im Völkerrecht, Baden-Baden 1978, S. 207—221; *Bernd Lindemeyer,* Schiffsembargo und Handelsembargo, Baden-Baden 1975, S. 213—222, 241—359. Eine chronologische Auflistung der Handelsbeschränkungen zur Durchsetzung außenpolitischer Vorstellungen zwischen 1914 und 1983 findet sich bei: *Gary Clyde Hufbauer/Jeffrey J. Schott,* Economic Sanctions in Support of Foreign Policy Goals, Washington 1983, S. 14—22. Die Autoren listen dabei über 100 solcher Vorfälle auf.

als beide Begriffe sowohl im allgemeinen Sprachgebrauch als auch in der Wissenschaft häufig verwechselt werden.[16] Zur Vermeidung aller begrifflichen Unklarheiten soll in der vorliegenden Arbeit der Begriff „Embargo" synonym mit der Formulierung „außenpolitisch motivierte Handelsbeschränkung" verwendet werden.

Als Instrument der außenpolitischen Auseinandersetzung gehören diese Handelsbeschränkungen zu den Mitteln der zwischenstaatlichen Beeinflussung in Friedenszeiten. Sie können zwar auch als begleitende Maßnahme während einer bewaffneten Auseinandersetzung[17] oder einem erklärten Kriege ergriffen werden. Der in einem solchen Fall anzulegende Maßstab an die Rechtmäßigkeit ist indes dem Kriegsvölkerrecht zu entnehmen. Er unterscheidet sich grundlegend von den Kriterien, die das Friedensvölkerrecht für die Grenzen der zulässigen Beeinflussung in Friedenszeiten aufstellt und die hier näher betrachtet werden sollen.

Das dritte wesensbestimmende Merkmal des Embargos ist sein diskriminierender Charakter. Mit einer außenpolitisch motivierten Handelsbeschränkung wird bewußt der Handel mit einem oder mehreren Staaten Einschränkungen ausgesetzt, denen der Handel mit anderen Staaten nicht unterliegt. Es werden bewußt gleiche Tatbestände ungleich behandelt, bei denen eine Differenzierung an sich nicht geboten erscheint.[18] Mit dieser Klassifizierung des Handelsembargos als Diskriminierung ist über die völkerrechtliche Zulässigkeit allerdings noch keine Aussage

---

[15] So auch *Lambers* (Anm. 12), S. 43; *Lindemeyer* (Anm. 14), S. 226; *Dicke* (Anm. 14), S. 206; die Bezeichnung „Boykott" hat irischen Ursprung. Die Erfahrung mit dem Verwalter *Charles Cunningham Boycott* (1832—1897), der wegen seiner Härte von der Bevölkerung von jeglichem wirtschaftlichen Austausch ausgeschlossen wurde, prägten diesen Begriff.

[16] Siehe die Begriffsbestimmung von *Georg Erler*, Boykott, wirtschaftlicher, in: *Strupp/Schlochauer*, WVR II, S. 238; für weitere Nachweise dieses unterschiedlichen Sprachgebrauchs siehe: *Lambers* (Anm. 14), S. 44 f.; *Hans G. Kausch*, Boycotts for Non-economic Reasons in International Trade: International and German Law Aspects, in: NordTIR 45 (1976), S. 26—36 (27). Insbesondere im amerikanischen Sprachgebrauch wird das Wort „Boycott" auch für staatliche Maßnahmen verwendet. Siehe dazu beispielsweise aus neuerer Zeit: *Christopher C. Joyner*, The Transnational Boycott As Economic Coercion In International Law: Policy, Place, And Practice, in: Vand. J. Transn. L. 17 (1984), S. 205—286 (244).

[17] So verhängte beispielsweise Großbritannien als Reaktion auf die Besetzung der Falkland-Inseln am 2. April 1982 ein Handelsembargo gegen Argentinien. Dies geschah durch eine Ergänzung der Open General Import Licence nach dem Import of Goods Control Order, siehe dazu: *Pieter Jan Kuyper*, Community Sanctions against Argentina: Lawfulness under Community and International Law, in: *David O'Keeffe/Henry G. Schermers* (Hrsg.), Essays in European Law and Integration, Antwerpen 1982, S. 141—166 (148, Fn. 26).

[18] Siehe dazu: *Wilhelm Kewenig*, Der Grundsatz der Nichtdiskriminierung im Völkerrecht der internationalen Handelsbeziehungen, Frankfurt 1972, S. 172—173, der unter Differenzierung als dem Oberbegriff zu Diskriminierung lediglich eine unterschiedliche Behandlung versteht, während der Begriff Diskriminierung nur die Ungleichbehandlung vergleichbarer Sachverhalte erfaßt.

getroffen. Wollte man aufgrund des Vorliegens einer Diskriminierung immer ein völkerrechtswidriges Verhalten unterstellen[19], so würde das Handelsembargo bereits auf der Ebene der Begriffsbestimmung eine inhaltliche Wertung erfahren. Wesen und Wirksamkeit eines Handelsembargos bestehen gerade in einem selektiven Vorgehen gegenüber einzelnen Staaten. Die Bedeutung des Merkmals der Diskriminierung für die Begriffsbestimmung des Handelsembargos wird deutlich bei der Abgrenzung von Außenhandelsverboten anderer Art, die sich gegen eine Vielzahl von Staaten richten und gleiche Tatbestände auch gleich behandeln. Bei diesen Maßnahmen liegt für die Differenzierung ein sachlicher Grund vor. Somit erfahren ungleiche Tatbestände auch eine ungleiche Behandlung. In der Definition des Handelsembargos ist es die Aufgabe des Diskriminierungselementes, diese differenzierende Verhaltensweise der Staaten im Bereich des Außenhandels von den Maßnahmen der bewußten Ungleichbehandlung einzelner Staaten aus politischen Gründen bei im übrigen vergleichbaren Sachlagen zu unterscheiden.

Mit dem angeführten vierten Kriterium zur Kennzeichnung außenpolitisch motivierter Handelsbeschränkungen — der Ausrichtung auf ein bestimmtes zukünftiges Verhalten — wird das finale Element dieses Instrumentes betont. Die Ausrichtung auf die Beeinflussung des Willensbildungsprozesses in dem betroffenen Staat ist jedoch insofern ambivalent, als in ihr auf der völkerrechtlichen Ebene sowohl Bestätigung ihrer Notwendigkeit als auch die Schranken für die Verwendung zu finden sind. Diese Ambivalenz erklärt sich einerseits daraus, daß in dem gegenwärtigen internationalen System erhebliche wechselseitige Abhängigkeiten bestehen. Diese Abhängigkeiten der einzelnen Staaten voneinander bedürfen im Falle eines Interessengegensatzes eines Austragungsmechanismus'. Dieser kann in der wechselseitigen Beeinflussung auch mit wirtschaftlichen Machtmitteln liegen. Auf der anderen Seite darf den Staaten als den wesentlichen Akteuren des derzeitigen internationalen Systems durch die Willensbeeinflussung ihr Selbstbestimmungsrecht nicht entzogen werden. Anderenfalls könnte ihre Qualität als Staat in Frage gestellt sein. Der entscheidende Punkt wird daher sein, die Trennungslinie zwischen der völkerrechtlich prinzipiell zulässigen, ja wünschenswerten Beeinflussung und der unzulässigen Einmischung in die inneren Angelegenheiten eines fremden Staates zu ziehen.

---

[19] So aber *Günther Jaenicke*, Der Begriff der Diskriminierung im modernen Völkerrecht, Berlin 1940, S. 15, 27 ff.; dagegen überzeugend: *Kewenig* (Anm. 18), S. 172 f.; ihm folgend *Lindemeyer* (Anm. 14), S. 203; ähnlich *Lambers* (Anm. 12), S. 38; *Heinrich Kipp*, Das Verbot der Diskriminierung im modernen Friedensvölkerrecht, in: AVR 9 (1961/62), S. 137—161 (138 ff.).

III. Instrumentarien zur Verhängung außenpolitisch motivierter Handelsbeschränkungen

Wendet man sich den Instrumentarien zu, mit denen außenpolitisch motivierte Handelsbeschränkungen verhängt werden können, so sind zunächst zwei unterschiedliche Stufen des Eingriffs in Handelsbeziehungen zu unterscheiden. Die erste dieser Stufen besteht in Maßnahmen staatlicher Stellen zur Erschwerung der Finanzierung eines Exportgeschäftes. Diese Maßnahmen können beispielsweise darin bestehen, daß die staatlichen oder privaten Institutionen zur Exportkreditversicherung[20] nicht mehr in die Lage versetzt werden, Deckungen für die Finanzierung eines Exportgeschäftes in ein bestimmtes Land zu übernehmen. Zwar spielen bei den Entscheidungen über die Gewährung einer Deckung wirtschaftliche Erwägungen eine vorrangige Rolle. Die Entscheidungen können aber auch aus ausschließlich außenpolitischen Gründen gefaßt werden.[21]

Wird durch den Entzug der staatlichen Exportförderungsmaßnahmen lediglich die wirtschaftliche Seite eines Exportgeschäftes getroffen und damit in vielen Fällen faktisch verhindert, so wird auf der zweiten der angesprochenen Stufen durch staatliche Maßnahmen direkt in den Handel mit einem bestimmten Land eingegriffen und seine Durchführung verboten. Ein solcher Eingriff kann sich auf bestimmte Produkte beziehen oder den gesamten Handel umfassen. Die besonderen rechtlichen Probleme eines solchen Eingriffs sind dabei insbesondere in dem Spannungsfeld zwischen den Erfordernissen der Außenpolitik und dem Interesse der betroffenen Bürger an der Durchführung des Handels angesiedelt. Dieses Spannungsfeld, das in ähnlicher Form in einer Vielzahl von Staaten anzutreffen ist, konkretisiert sich in den Formulierungen der Gesetze, mit denen in den jeweiligen Staaten aus außenpolitischen Gründen in den Handel eingegriffen werden kann. Die Gründe, aus denen eine außenpolitische Entscheidung gefällt wird, entziehen sich ihrer Natur nach häufig einer intensiven Überprüfung, sei es durch parlamentarische oder gerichtliche Kontrollinstanzen. Zur Einschränkung der damit verbundenen Machtposition der Exekutive wurde z. B. in den

---

[20] Erwähnt seien hier neben der deutschen *Hermes Exportkreditversicherung AG*, die *COFACE* in Frankreich, die *Exim-Bank* in den USA und die *ECGD* in Großbritannien.

[21] In der Bundesrepublik Deutschland werden die Beschlüsse über die Gewährung staatlicher Ausfuhrgarantien und Bürgschaften durch den sog. interministeriellen Ausschuß gefaßt. Diesem Ausschuß gehören neben Vertretern des Wirtschafts- und Finanzministeriums u. a. auch Angehörige des Auswärtigen Amtes an. Siehe zu dem System der sog. Hermes-Deckungen die umfassende Darstellung bei *Ernst Schallehn/Günter Stolzenburg*, Garantien und Bürgschaften der Bundesrepublik Deutschland zur Förderung der Deutschen Ausfuhr, Köln (Loseblattsammlung).

USA anläßlich der Beratungen über den neuen Export Administration Amendment Act of 1985[22], der die wesentliche Grundlage amerikanischer Sanktionsmaßnahmen darstellt, versucht, die Macht des Präsidenten zu begrenzen. Dies geschah u. a. durch eine Beschränkung der Eingriffsmöglichkeiten in die Abwicklung bestehender Verträge.[23] Grundsätzlich ist in dem amerikanischen Gesetz aber die Möglichkeit einer Einschränkung des Außenhandels aus außenpolitischen Gründen in den sog. „Foreign policy controls" (Sec. 6 EAAA) anerkannt. Damit ist der Außenhandel auch rechtlich weitgehend dem Primat der Außenpolitik unterworfen. Diese ausdrückliche Anerkennung der Vorrangstellung der Außenpolitik im Recht der USA wird von einem Verfassungsverständnis begleitet, daß die Gewährung der Außenhandelsfreiheit als ein Privileg ansieht, das der Staat dem Bürger gewährt, ihm aber auch wieder entziehen kann.[24]

Dem steht in anderen Staaten, wie z. B. Bundesrepublik Deutschland, ein verfassungsrechtlicher Grundsatz gegenüber, der den Außenhandel als einen Teil der grundsätzlichen Freiheiten der Bürger ansieht.[25] Hier macht die Umsetzung außenpolitischer Belange in eine Handelsbeschränkung erheblich größere Schwierigkeiten. Zwar gewährt auch in der Bundesrepublik Deutschland das Außenwirtschaftsgesetz mittels der Vorschrift des § 7 Abs. 1 AWG der Exekutive die Möglichkeit, durch Erlaß einer Außenwirtschaftsverordnung aus außenpolitischen Gründen eine Handelsbeschränkung zu erlassen. Den Anforderungen des Art. 80 Abs. 1 S. 2 GG entsprechend, muß aber diese Ermächtigungsgrundlage für den Erlaß einer Verordnung dem verfassungsrechtlichen Bestimmtheitserfordernis entsprechen, insbesondere dann, wenn, wie im Fall von § 7 Abs. 1 AWG, unbestimmte Rechtsbegriffe in der Ermächtigungsgrundlage verwendet wurden. Die Erfüllung der Anforderungen, die bei der Verwendung unbestimmter Rechtsbegriffe gestellt werden, ist allerdings hinsichtlich der für außenpolitisch motivierte Handelsbeschränkungen wesentlichsten Tatbestandsvariante des § 7 Abs. 1, der Nr. 3

---

[22] Public Law No. 99-64-July 12, 1985. Zum schwierigen Verlauf des Gesetzgebungsverfahrens siehe: *Lothar Griessbach,* Grundsätze des U.S.-Export Administration Act of 1985, in: RIW 31 (1985), S. 924—928.

[23] Sec. 6 (m) EAAA „Contract Sanctity Clause".

[24] Siehe dazu *Werner Hein,* Economic Embargoes and Individual Rights under German Law, in: Law & Pol'y Int'l Bus. 15 (1983), S. 401—423 (403); *Richard S. Elliott,* The Export Administration Act of 1979 — Latest Statutory Resolution of the „Right to Export" Versus National Security and Foreign Policy Controls, in: Col. J. TransL. 19 (1981), S. 255—299 (255); *Claudia Wörmann,* Osthandel als Problem der Atlantischen Allianz, Bonn 1986, S. 49.

[25] *Harald Sieg/Hans Fahning/Karl Friedrich Kölling,* Außenwirtschaftsgesetz (Kommentar), Berlin 1963, S. 2; Begründung des Außenhandelsausschusses zu dem Entwurf eines Außenwirtschaftsgesetzes (BT-Drucksache 1285), abgedruckt in: *Eugen Langen,* Außenwirtschaftsgesetz (Kommentar), München 1968, Teil B Einführung, S. 3; *Hein* (Anm. 24), S. 405.

AWG („zu verhüten, daß die auswärtigen Belange der Bundesrepublik Deutschland erheblich gestört werden") zu Recht angezweifelt worden.[26]

Dies ergibt sich u. a. daraus, daß die nach der neuesten Rechtsprechung des Bundesverfassungsgerichtes zur Bestimmtheit unbestimmter Rechtsbegriffe erforderliche politische Leitentscheidung[27] im Falle des § 7 Abs. 1 Nr. 3 AWG nicht erkennbar ist. Diese politische Leitentscheidung kann auch nicht — wie etwa bei den ähnlich gelagerten Fällen des PaßG bzw. AusländerG — aus den übrigen Tatbestandsvarianten hergeleitet werden. Es handelt sich bei der fraglichen Vorschrift nicht um eine Generalklausel, sondern um einen eigenständigen Spezialtatbestand. Sie kann auch nicht im Rahmen einer sog. „Konkretisierungskompensation"[28] aus den verfassungsrechtlichen Vorgaben der Art. 24, 25 und 59 GG unter Berufung auf die damit verbundene „völkerrechtliche Nebenverfassung"[29] gefunden werden. Zwar binden die angesprochenen Normen die Exekutive, so daß sich daraus Vorgaben für die Gestaltung der auswärtigen Beziehungen ergeben. Diese Vorgaben beantworten indes nicht die Frage, wann eine „erhebliche Störung der auswärtigen Beziehungen" vorliegt.

Eine besondere Variante der rechtlichen Schwierigkeiten, außenpolitischen Gestaltungswillen mit handelspolitischen Instrumentarien umzusetzen, zeigt sich im Rahmen der Bestrebungen der EG bzw. ihrer Mitgliedstaaten, einheitliche Handelsbeschränkungen zu erlassen. Zu nennen sind hier aus neuerer Zeit die Maßnahmen gegen den Iran[30], die UdSSR[31]

---

[26] Zweifel an der Verfassungsmäßigkeit von § 7 Abs. 1 Nr. 3 AWG sind vorgetragen worden von: *Hans Peter Ipsen*, Außenwirtschaft und Außenpolitik, Stuttgart 1967, S. 36, 41 ff.; ihm folgend *Sieg u. a.* (Anm. 25), S. 87 f.; *Jürgen Linde*, Außenwirtschaftsgesetz und zwischenstaatliche Vereinbarung, Göttingen
Von der Verfassungsmäßigkeit gehen dagegen aus: *Dedo von Schenck*, Das Problem der Beteiligung der Bundesrepublik Deutschland an Sanktionen der Vereinten Nationen, besonders im Falle Rhodesien, in: ZaöRV 29 (1969), S. 257—315 (299 f.); *Heinz Friedrich Schulz*, Außenwirtschaftsgesetz, 6. Aufl., Bonn 1969, S. 330 f.; OLG Hamburg, Beschluß vom 17. Nov. 1975, in: RIW 22 (1976), S. 175.

[27] Bei der grundsätzlichen Anerkennung der Verwendung unbestimmter Rechtsbegriffe ist es erforderlich, ... „daß in einer politischen Leitentscheidung die Legislative den Rahmen vorgibt, innerhalb dessen die Exekutive auf Grund ihrer eigenen Legitimation und Sachkompetenz die nähere Konkretisierung in der Einzelentscheidung vornimmt." So ausdrücklich das BVerfG in dem Kalkar-Beschluß (BVerfGE 49, 89 [133]).

[28] *Ernst Ulrich Petersmann*, Internationale Wirtschaftssanktionen als Problem des Völkerrechts und des Europarechts, in: ZVglRWiss 80 (1981), S. 1—28 (5).

[29] Dieser Begriff ist von *Tomuschat* geprägt worden, in: *ders.*, Der Verfassungsstaat im Geflecht der internationalen Beziehungen, in: VVDStRL 36 (1979), S. 7—58 (51 f.).

[30] Die jeweiligen nationalen Maßnahmen der Mitgliedstaaten der EG gegen den Iran sind zusammengefaßt in: Bull EG 5 — 1980, Ziff. 1.5.4.

[31] Am 10. März 1982 beschloß der Rat der EG angesichts der Verhängung des Kriegsrechtes in Polen nach Konsultationen im Rahmen der Europäischen Poli-

und Argentinien[32]. In jüngster Zeit wurden Sanktionsmaßnahmen gegen Südafrika[33] verhängt und gegen Libyen und Syrien im Zusammenhang mit der angeblichen Unterstützung von Terroranschlägen erwogen[34]. Einerseits bemühen sich die Mitgliedstaaten der EG, durch gemeinsame Beschlüsse auch auf diesem Gebiet ihren Maßnahmen größere Effektivität zu verleihen und der „außenpolitischen Stimme Europas" das ihr angemessene Gehör zu verschaffen. Andererseits ist die Verhängung außenpolitisch motivierter Handelsbeschränkungen nach dem gegenwärtigen Stand der vertraglich erfaßten Integration unterschiedlichen Kompetenzträgern zugeordnet.[35] Während die Handelspolitik, und damit das Instrumentarium einer Handelsbeschränkung, zu den Kompetenzen der EG gehört, ist die Außenpolitik, und damit das Handlungsmotiv, bei den Mitgliedstaaten verblieben.

Eine Kompetenz der EG, auf der Grundlage des Art. 113 EWGV außenpolitisch motivierte Handelsbeschränkungen zu erlassen, ist selbst bei der gebotenen integrationsfreundlichen Auslegung dieser Vorschrift nicht zu ermitteln.[36] In der bisherigen Praxis — insbesondere anläßlich der Maßnahmen gegen die UdSSR bzw. gegen Argentinien — hat sich vielmehr ein Verfahren gezeigt, bei dem nach Konsultationen im Rahmen des Art. 224 EWGV oder im Rahmen der EPZ ein Beschluß der Mitgliedstaaten zu gemeinsamen Aktionen im Rat der EG auf die gemeinschaftsrechtliche Ebene insofern umgesetzt wurde, als nun der Rat die Kommission aufforderte, entsprechende Maßnahmen zu erlassen.[37] Da-

tischen Zusammenarbeit (EPZ) die Verordnung Nr. 596/82 (ABl. EG 1982, L 72 vom 16. 3. 1982) und schränkte damit die Wareneinfuhr bestimmter Waren aus der UdSSR zwischen 25 % und 50 % ein.

[32] Verordnung Nr. 877/82 des Rates vom 16. 4. 1982 zur Aussetzung der Einfuhr aller Erzeugnisse mit Ursprung in Argentinien, in: ABl. EG 1982, L 102/1.

[33] Beschluß der im Rat vereinigten Regierungen bezüglich des Handels mit Südafrika, in: ABl. EG 1986, L 268/1 vom 19. 9. 1986.

[34] In beiden Fällen wurde im Rahmen der EPZ über die Verhängung von Sanktionen durch die EG bzw. deren Mitgliedstaaten beraten. Siehe dazu AdG 55 (1985), S. 29178.

[35] *Meinhard Schröder*, Wirtschaftssanktionen der Europäischen Gemeinschaften gegenüber Drittstaaten, in: GYIL 23 (1980), S. 111—125 (116); *Kuyper* (Anm. 17), S. 147; *Thomas Bruha*, Handelsembargo gegen Argentinien durch EWG-Verordnung, in: DVBl. 97 (1982), S. 674—682 (677); *Klaus-Peter Kißler*, Die Zulässigkeit von Wirtschaftssanktionen der Europäischen Gemeinschaften gegenüber Drittstaaten, Frankfurt 1984, S. 221. Andere Autoren gehen davon aus, daß in der „Gemengelage" zwischen Handels- und Außenpolitik die Elemente der Handelspolitik obsiegen und damit die Kompetenz der EG gemäß Art. 113 EWGV gegeben sei. Siehe dazu insbesondere *Werner Meng*, Die Kompetenz der EWG zur Verhängung von Wirtschaftssanktionen gegen Drittländer, in: ZaöRV 42 (1982), S. 780—803 (795); *Gert Meier*, Zur Kompetenz der EG-Mitgliedstaaten zur Durchführung von Sanktionsbeschlüssen des Sicherheitsrates der Vereinten Nationen, in: RIW 25 (1979), S. 247—250 (249); *Claus-Dieter Ehlermann*, Commantes Europeennes et Sanctions Internationales — Une Reponse A J. Verhoeven, in: RBDI 18 (1984—1985), S. 96—112 (109).

[36] *Bruha* (Anm. 35), S. 676; *Kißler* (Anm. 35), S. 217.

bei stellte Art. 224 EWGV das Bindeglied zwischen der mitgliedstaatlichen und der gemeinschaftsrechtlichen Ebene insofern dar, als die Mitgliedstaaten bei ihren nach Art. 224 EWGV zu beschließenden Maßnahmen nicht daran gehindert sind, auch gemeinsame Aktionen auf der gemeinschaftsrechtlichen Ebene vorzusehen.[38]

Diese Vorgehensweise hat neben der Verknüpfung der unterschiedlichen Ebenen den erheblichen Vorteil, daß auch das beschriebene Spannungsfeld zwischen den Bedürfnissen der Außenpolitik und dem Außenhandel der Bürger einen Rahmen erhält. Würde ausschließlich ein Beschluß der EG zur Verhängung von Handelssanktionen auf der Grundlage des Art. 113 EWGV ausreichend sein, so wäre ein solcher Beschluß angesichts des Fehlens jeglicher Tatbestandsvoraussetzungen ein wesentlich weiter reichendes außenpolitisches Machtinstrument der Exekutive, als ihr dies etwa nach dem Recht der Bundesrepublik Deutschland oder selbst der USA zustehen würde. Zudem weisen die Tatbestandsmerkmale des Art. 224 EWGV und des § 7 Abs. 1 AWG starke Ähnlichkeiten auf, so daß zumindest aus der Sicht der Bundesrepublik Deutschland die Exekutive auf der europarechtlichen Ebene außenpolitischen Gestaltungswünschen nicht stärker Rechnung tragen könnte, als dies auf der nationalen Ebene möglich wäre. Einschränkend ist allerdings festzustellen, daß bei dem Beschluß auf der mitgliedstaatlichen Ebene es sich um Konsultationen im Rahmen des Art. 224 EWGV handeln muß. Einem einfachen Beschluß im Rahmen der EPZ würde neben den tatbestandlichen Anforderungen insbesondere die Verbindungsfunktion zwischen der mitgliedstaatlichen und der gemeinschaftsrechtlichen Ebene fehlen. Außer im Rahmen des Art. 224 EWGV steht den Mitgliedstaaten das Instrumentarium der Gemeinschaft nicht zur Verfügung. Die außenpolitische Gestaltungskompetenz selbst bleibt auf die mitgliedstaatliche Ebene begrenzt. Für eine Änderung dieses Ergebnisses wäre wegen der damit verbundenen Übertragung von außenpolitischen Hoheitsrechten der Abschluß eines entsprechenden Vertrages zwischen den Mitgliedstaaten der EG erforderlich.

---

[37] Insofern waren in den Fällen, in denen Handelsbeschränkungen auf der Grundlage des Art. 113 EWGV erlassen wurden, „es nicht die Gemeinschaft, die die Sanktionen verhängte, es waren vielmehr die Mitgliedstaaten, die die Gemeinschaft benutzten, um Sanktionen zu verhängen". So ausdrücklich: *Kuyper* (Anm. 17), S. 148.

[38] *Kuyper* (Anm. 17), S. 148; *Jean-Louis Dewost*, La Communante, les dix et les sanctions' economiques, in: AFDI 28 (1982], S. 215—232 (218); *Joe Verhoeven*, Sanctions internationales et Communantes Europeennes, in: Cahiers de Droit Europeen 19 (1984), S. 259—290 (286). Andeutungen in die Richtung der hier vertretenen Ansicht finden sich auch bei *Schröder* (Anm. 35), S. 118, „Der Verzicht auf ein autonomes Vorgehen im Sicherheitsbereich ... entspricht auch der Intention des Art. 224 EWGV zu einem gemeinsamen Vorgehen, das, weil inhaltlich nicht determiniert, auch in einer Maßnahme nach Art. 113 bestehen kann".

Kapitel 2: Das Interventionsverbot und Kriterien zu seiner Ausgestaltung, insbesondere in der Praxis der Satzungen und Resolutionen internationaler Organisationen

Im Rahmen der begrifflichen Klärung der außenpolitisch motivierten Handelsbeschränkungen wurde festgestellt, daß dieses Instrumentarium der außenpolitischen Auseinandersetzung insbesondere durch das Bestreben gekennzeichnet ist, durch die Inaussichtstellung eines wirtschaftlichen Nachteils auf den politischen Willensbildungsprozeß in einem anderen Staat einzuwirken. In diesem Bestreben könnte eine Einmischung in die eigenen Angelegenheiten des betroffenen Staates, eine Intervention und damit ein Ansatz für die Herausbildung einer völkerrechtlichen Schranke für die Verhängung außenpolitisch motivierter Handelsbeschränkungen liegen.

I. Grundlegende Interventionsbegriffe und ihre Bewertung

Zu den „klassisch" zu nennenden „Eröffnungen" einer Abhandlung zum Interventionsverbot gehört der Hinweis auf die sprachliche Verwirrung[1] bei Gebrauch dieses Begriffes. Diese Verwirrung wird im wesentlichen dadurch hervorgerufen, daß einerseits der Begriff sowohl im rechtlichen als auch im außerrechtlichen Sprachgebrauch verwendet wird und andererseits selbst in seiner rechtlichen Verwendung erhebliche Diskrepanzen sichtbar werden. Während im außerrechtlichen Bereich verschiedene Wissenschaftszweige wie Politikwissenschaft und Volkswirtschaft ihrerseits bisher grundlegend verschiedene Begriffe verwenden und die Bemühungen um einen einheitlichen Sprachgebrauch auf interdisziplinärer Ebene erst in neuester Zeit beginnen[2], ist dieses

[1] *Eckart Wehser*, Die Intervention nach gegenwärtigem Völkerrecht, in: *Simma/Blenk-Knocke*, S. 23—54 (23).

[2] Siehe dazu den von dem Studienkreis Internationale Beziehungen herausgegebenen Band von *Ernst-Otto Czempiel/Werner Link* (Hrsg.), Interventionsproblematik aus politikwissenschaftlicher, völkerrechtlicher und wirtschaftswissenschaftlicher Sicht, Kehl am Rhein 1984; einen interessanten Überblick über verschiedene Interventionsbegriffe im rechtlichen und außerrechtlichen Bereich gibt *Hans Günter Brauch*, Sozialwissenschaftliche Interventionsbegriffe und externe Einwirkungsphänomene im Bereich der internationalen Beziehungen in: *Simma/Blenk-Knocke*, S. 55—120 (58 ff.).

Problem im rechtlichen Bereich schon seit längerer Zeit Gegenstand heftig geführter Debatten.

Die im außerrechtlichen Bereich zu konstatierende Verwirrung um den Begriff der Intervention findet ihre Fortsetzung im rechtlichen Bereich, wenn auch in neuerer Zeit speziell im deutschen Sprachbereich durch einige Publikationen[3] ein gewisser Klärungsprozeß eingesetzt hat. Der Begriff wird sowohl für rechtswidrige[4] wie auch für rechtmäßige[5] Maßnahmen verwendet. Er wird begrenzt auf die Bemühungen um die Erreichung eines Zieles in einem fremden Land unter Einsatz von militärischen Mitteln[6] oder so definiert, daß er neben dem Einsatz militärischer Mittel auch den Einsatz anderer Druckmittel, z. B. wirtschaftlicher Macht oder nichtmilitärischer subversiver Tätigkeiten, mit umfaßt.[7] Schließlich wird vertreten, daß mit der Verankerung des völkerrechtlichen Gewaltverbotes in der Charta der Vereinten Nationen und der Definition des Aggressionsbegriffes durch die UN-Generalversammlung durch ihre Resolutionen 3314 (XXIV)[8] die Verwendung des Interventionsbegriffes auf militärische Maßnahmen nicht mehr angebracht erscheine. Das Interventionsverbot sei vielmehr als selbständiges völker-

[3] Zu nennen sind hier insbesondere die Werke von *Axel Gerlach*, Die Intervention — Versuch einer Definition, Hamburg 1967; *Detlev Christian Dicke*, Die Intervention mit wirtschaftlichen Mitteln im Völkerrecht, Baden-Baden 1978; *Hanspeter Neuhold*, Internationale Konflikte — verbotene und erlaubte Mittel ihrer Austragung, Wien — New York 1977; *ders.*, Die Intervention aus völkerrechtlicher Sicht, in: *Czempiel/Link*, S. 33—53.

[4] So die heute wohl überwiegende Ansicht, siehe statt aller: *Brun-Otto Bryde*, Die Intervention mit wirtschaftlichen Mitteln, in: FS Schlochauer, Berlin 1981, S. 227—245 (228); *Gerlach* (Anm. 3), S. 127; *Wilhelm A. Kewenig*, Die Anwendung wirtschaftlicher Zwangsmaßnahmen im Völkerrecht, in: Berichte DGVR Heft 22 (1982), S. 7—35 (14).

[5] Nach dieser Betrachtungsweise, die neben dem allgemeinen Sprachgebrauch im völkerrechtlichen Bereich ihren Ursprung im diplomatischen Sprachgebrauch hat, ist zu einer Intervention nahezu jede außenpolitisch relevante Tätigkeit eines Staates zu zählen. Ihren wertenden Charakter erhält der Begriff erst durch den die Völkerrechtswidrigkeit ausdrückenden Zusatz „verbotene Intervention". Siehe dazu: *P. H. Winfield*, The History Of Intervention in International Law, in: BYIL 3 (1922—23), S. 130—149 (130); *Neuhold*, Internationale Konflikte (Anm. 3), S. 269—270.

[6] Eine solche Betrachtungsweise wird besonders in den Äußerungen angloamerikanischer Autoren gesehen, siehe dazu: *Wilhelm Wengler*, Völkerrecht, Bd. II, Berlin 1964, S. 1040; *Dicke* (Anm. 3), S. 170; *Gerlach* (Anm. 3), S. 54; eine ausdrückliche Begrenzung des Interventionsbegriffes auf militärische Maßnahmen findet sich bei *Amos S. Hershey*, The Essentials of International Public Law, New York 1912, S. 147 f. Bei anderen Autoren scheint sich die Begrenzung auf militärische Maßnahmen aus den für Interventionen beispielhaft aufgezählten Ereignissen zu ergeben, siehe dazu die Zitierung von *L. Oppenheim/H. Lauterpacht*, International Law, Bd. 1: Peace, 8. Aufl., London/New York/Toronto 1955, S. 305 bei *Gerlach* (Anm. 3), S. 54 und *Dicke* (Anm. 3), S. 170.

[7] *Georgios Paschos*, Die wirtschaftliche Intervention im Völkerrecht der Gegenwart, Thessaloniki 1974, S. 20.

[8] UN Doc. Res. 3314 (XXIX) vom 14. Dez. 1974.

rechtliches Verbot neben das Gewaltverbot getreten und in seinem Anwendungsbereich auf nicht-militärische Maßnahmen begrenzt.[9]

Ausgehend von der Feststellung, daß die staatliche Souveränität Schutzgut des Interventionsverbotes ist, verbietet sich aus völkerrechtlicher Sicht eine Betrachtungsweise, die mit dem Begriff der Intervention nur eine bloße Einwirkung als solche, eine Interzession oder Einflußnahme verbindet. Damit würde dem Interventionsbegriff seine wertende Aussage genommen werden. Des Zusatzes „verbotene" Intervention bedarf es nicht, da der Begriff selbst die Verletzung der Souveränität durch eine Einmischung in die inneren Angelegenheiten eines anderen Staates bezeichnet. Der Begriff „Interventionsverbot" allerdings benennt den Tatbestand dieser völkerrechtlichen Norm. Eine „erlaubte" Intervention kann es angesichts der engen Verknüpfung zwischen diesem Begriff und seinem Schutzgut, der Souveränität eines Staates, nicht geben. Allenfalls wäre es denkbar, daß ein Verstoß gegen diesen Verbotstatbestand durch andere Umstände gerechtfertigt werden könnte und so seinen Charakter als völkerrechtliches Delikt verlieren würde.[10]

Einen wesentlichen Schwerpunkt der traditionellen Diskussion um das Interventionsverbot bildet die Frage nach den verwendeten Mitteln, d. h. die Frage, ob es zur Erfüllung des in dem Interventionsverbot als Voraussetzung enthaltenen Zwangselements der Anwendung militärischer Gewalt bedarf. Dem steht die Position gegenüber, nach der es auch andere als militärische Zwangsmittel gibt, mit denen der betroffene Staat so beeinflußt werden kann, daß man von einer Beeinträchtigung seiner eigenen Angelegenheiten und damit von einer Intervention sprechen kann. Es ergibt sich insofern eine Unterteilung in einen „klassischen" und einen weiten Interventionsbegriff. Es stellt sich allerdings die Frage, ob diese vor allem in der deutschen völkerrechtlichen Literatur vorgenommene Unterteilung auf tatsächlichen inhaltlichen Unterschieden beruht oder ob hier nicht in Überzeichnung historisch bedingter unterschiedlicher Erscheinungsformen eine solche Differenzierung lediglich konstruiert wurde.

---

[9] *Gaetano Arangio-Ruiz,* The UN-Declaration on Friendly Relations and the System of the Sources of International Law, Alphen aan den Rijn 1979, S. 123; *Bryde* (Anm. 4), S. 229; *Neuhold,* Intervention (Anm. 3), S. 33.

[10] Hierzu zu zählen wäre nach dem hier zugrunde liegenden Verständnis insbesondere der Tatbestand der sog. humanitären Intervention. Sie ist nicht als eigenständiges Rechtsinstitut, sondern allenfalls als ein Fall einer durch die Verpflichtung zum Schutz eigener Staatsangehöriger „gerechtfertigter" Intervention anzusehen. Zu dem Problem der humanitären Intervention siehe insbesondere: *Ulrich Beyerlin,* Humanitarian Intervention, in: EPIL 3 (1982), S. 211—215 (214); *Alfred Verdross/Bruno Simma,* Universelles Völkerrecht — Theorie und Praxis, 3. Aufl., Berlin 1984, S. 291; *Christian Tomuschat,* Gewalt und Gewaltverbot als Bestimmungsfaktoren der Weltordnung, in: EA 36 (1981), S. 325—334 (330).

1. Der „klassische" Interventionsbegriff

Nach dem sog. „klassischen" Interventionsbegriff wird die Intervention, um eine häufig zitierte Formulierung zu verwenden, als „dictatorial interference by a State in the affairs of another State"[11] bzw. als „autoritative Einmischung eines fremden Staates in die Angelegenheiten eines anderen unabhängigen Staates"[12] definiert. Die Definitionen anderer Autoren, die dem sog. „klassischen Interventionsbegriff" zugerechnet werden, reichen von „the interference by a State in the domestic or foreign affairs of another in opposition to its will"[13], „das Eingreifen in die inneren oder äußeren Angelegenheiten eines fremden Staates"[14] bis zu „gewaltsame oder von Zwangsandrohung begleitete Einmischung in die (inneren) Angelegenheiten eines anderen Staates"[15].

Neben allen Differenzierungen[16] in den verwendeten Formulierungen soll der sog. „klassische" Interventionsbegriff sich aus der Betonung des Elements der militärischen Gewalt entweder aus dem Text der Formulierung selbst[17] oder aber aus den vom Autor gewählten Beispielen[18] ergeben. Folge dieser Betrachtungsweise ist, daß das Interventionsverbot nach dem „klassischen" Interventionsbegriff insofern als ein „enger" Begriff anzusehen ist, als der Gebrauch oder die Androhung militärischer Gewalt als notwendiger Bestandteil vorhanden sein muß. Insofern läge eine Deckung zwischen Interventions- und Gewaltverbot vor. Im Umkehrschluß ist daraus zu folgern, daß jene bei *Gerlach* bzw. *Dicke* aufgezählten Autoren die Verwendung anderer Methoden in keinem Fall als verboten im Sinne des Interventionsverbotes ansehen würden.

---

11 *Oppenheim/Lauterpacht* (Anm. 6), S. 305.

12 *J. C. Bluntschli,* Das moderne Völkerrecht der zivilisierten Staaten als Rechtsbuch dargestellt, 3. Aufl. Nördlingen 1878, S. 269.

13 *Charles Cheney Hyde,* International Law — Chiefly as Interpreted and Applied by the United States, Bd. 1, 2. Aufl., Boston 1947, S. 246.

14 *Hermann Mosler,* Die Intervention im Völkerrecht, Berlin 1937, S. 8.

15 *Karl Strupp,* Grundzüge des positiven Völkerrechts, 5. Aufl., Bonn-Köln 1932, S. 98.

16 Auf eine ausführliche Auflistung der vertretenen Definitionen kann angesichts der umfänglichen Zusammenstellungen in den Arbeiten u. a. von *Gerlach* ([Anm. 3], S. 53 ff.) und *Dicke* ([Anm. 3], S. 167 ff.), die neben den deutschen und angloamerikanischen auch Autoren anderer Rechtsbereiche berücksichtigen, verzichtet werden.

17 Siehe dazu z. B. die Zitate bei *Gerlach* (Anm. 3) von *Oppenheim/Lauterpacht* (S. 54); *Hershey* (S. 54); *Winfield* (S. 54); *Fenwick* (S. 55); *Fawcett* (S. 57).

18 Bezeichnend für die übertriebenen Klassifizierungsbemühungen ist die Einteilung von *Verdross* (Völkerrecht, 4. Aufl., Wien 1959, S. 167). Obwohl *Dicke* ([Anm. 3], S. 168) die durch *Gerlach* ([Anm. 3], S. 61) vorgenommene Klassifizierung zu Recht kritisiert, stellt er ausschließlich darauf ab, daß *Verdross* nicht ausdrücklich wirtschaftliche Mittel nennt, obwohl *Verdross* auch Einmischung eines Staates „durch Agenten, durch die Presse oder durch Radiowellen" als mögliche Verbotstatbestände ansieht.

2. Der weite Interventionsbegriff

Grundlage des weiten Interventionsbegriffes[19] ist die Erkenntnis, daß das Schutzgut des Interventionsverbotes, die Souveränität, nicht nur durch militärische Gewalt, sondern auch mit anderen Mitteln, z. B. wirtschaftlichen Maßnahmen, beeinträchtigt werden kann. Während der enge Interventionsbegriff sich einseitig an dem Respekt vor der territorialen Integrität ausrichtet und ihren Schutz vor gewaltsamen militärischen Maßnahmen von außen beinhaltet, verweisen die Vertreter des weiten Interventionsbegriffes darauf, daß zwar die territoriale Integrität ein wesentliches Element der Souveränität ausmacht, daß der hinter dem Begriff „Souveränität" stehende Anspruch auf Selbstbestimmung aber auch den Anspruch auf Entscheidungsgewalt beinhaltet, der allein durch die Regeln des Völkerrechts und die eingegangenen völkerrechtlichen Vertragsverpflichtungen begrenzt werden kann.[20] Dieser Anspruch auf Selbstbestimmung kann nicht nur durch das Mittel der militärischen Gewalt, sondern auch durch eine Vielzahl von anderen Methoden verletzt werden.[21] Zur Begründung dieser Ansicht, die die Souveränität und damit die staatliche Entscheidungsautonomie als das Schutzgut des Interventionsverbotes besonders betont, wird u. a. verwiesen auf die Ausformung, die der Interventionsbegriff nicht zuletzt durch die Resolutionen der Vereinten Nationen zur „Inadmissibility of Interventions in the domestic Affairs of States"[22] und zur „Declaration on Principles of International Law Concerning Friendly Relations"[23] gewonnen hat.

3. Kritik der Klassifizierung

Faßt man die vor allem im deutschen Sprachbereich vorgenommene Klassifizierung zusammen, so ergibt sich, daß das tragende Element für die Einteilung der in der Literatur verwendeten Interventionsbegriffe in

---

[19] *Kewenig* (Anm. 4), S. 15; *Bryde* (Anm. 4), S. 230; *Neuhold*, Internationale Konflikte (Anm. 3), S. 272 ff.; *ders.*, *Intervention* (Anm. 3), S. 33; *Charles F. Ritterband*, Universeller Menschenrechtsschutz und völkerrechtliches Interventionsverbot, Bern 1982, S. 353; *Wehser* (Anm. 1), S. 48; *ders.*, in: *Eberhard Menzel/Knut Ipsen*, Völkerrecht, 2. Aufl., München 1979, S. 198 ff.; eine umfassende Auflistung der Vertreter eines weiten Interventionsbegriffes findet sich bei *Gerlach* (Anm. 3), S. 66 ff. und *Dicke* (Anm. 3), S. 177 ff. Beide berücksichtigen Autoren aus verschiedenen Sprachbereichen.

[20] *Ann Van Wynen Thomas/A. J. Thomas*, Non-Intervention The Law and Its Imports in the Americas, Dallas 1956, S. 68.

[21] *Bernt Graf zu Dohna*, Die Grundprinzipien des Völkerrechts über die freundschaftlichen Beziehungen und Zusammenarbeit zwischen den Staaten, Berlin 1973, S. 130; *Wolfgang Friedmann*, The Changing Structure of International Law, London 1964, S. 270 f.

[22] GA-Res. 2131 (XX), Ziff. 1, angenommen ohne Gegenstimmen bei zwei Enthaltungen bzw. Nichtteilnahme (Großbritannien und Malta).

[23] GA-Res. 2625 (XXV), 2. Abschnitt.

eine „klassische" und eine „weite" Definition die Verwendung und das Verständnis des Begriffes „Gewalt" ist. Anknüpfend an die grundlegenden Ausführungen im anglo-amerikanischen Schrifttum bei *Hershey*[24] oder *Oppenheim/Lauterpacht*[25] wird aus der Verwendung der Begriffe „dictatorial" bzw. „autoritativ" der Begriff der Gewalt reduziert auf seine Bedeutung als militärische Gewalt. Eine solche Reduktion der unter dem „klassischen" Interventionsbegriff zusammengefaßten Meinungen erscheint aber nicht angebracht.[26] Vielmehr zeigt eine nähere Betrachtung der unter dem „klassischen" Interventionsbegriff zusammengefaßten Ansichten, daß die wenigsten unter ihnen Interventionen nur auf militärische Maßnahmen beschränkt sehen wollen. Zur Begründung der Klassifizierung wird auf die von den Autoren gewählten Beispiele verwiesen.[27] Dabei ist aber zu bedenken, daß diese Beispiele zur Illustration des Prinzips ausgewählt wurden und keinen über die zuvor gegebene Begriffsbestimmung hinausgehenden, einengenden Charakter haben sollten. Zudem boten sich als Beispiele gerade die typischen militärischen Interventionen des 19. Jahrhunderts an, ein Jahrhundert, das einerseits als Blütezeit der Interventionen[28] dargestellt wird, in dem andererseits nichtmilitärische Interventionsmöglichkeiten aus Gründen der damals noch geringeren wirtschaftlichen Verflechtung und technischen Entwicklung in einem wesentlich geringeren Maße vorhanden waren.

Im Rahmen der Klassifizierungsbemühungen wird u. a. *Hershey* sowohl von *Gerlach*[29] als auch *Dicke*[30] zu den Vertretern des „klassischen" Interventionsbegriffes gezählt. Dabei wird allerdings übersehen, daß *Hershey*[31] zwar das Erfordernis der Gewalt als Mittel der Intervention betont, „intervention by forcible means" und die „forcible intervention" als „dictatorial (i. e. as implying the use or threat of force) interference in the affairs of another nation" definiert. Selbst in dieser grundlegengen Begriffsbestimmung erfolgt aber eine eindeutige Festlegung auf militärische Maßnahmen nicht. Er betont lediglich die Notwendigkeit der Existenz von Gewalt, einem Begriff, der auch nach dem weiten Interven-

[24] *Hershey* (Anm. 6), S. 148.

[25] *Oppenheim/Lauterpacht* (Anm. 6), S. 305.

[26] Zu dieser Kritik siehe: *Bryde* (Anm. 2), S. 230, Fn. 24; *Neuhold*, Intervention (Anm. 10), S. 39.

[27] *Gerlach* (Anm. 3), S. 56 hinsichtlich der Einteilung von *Fawcett*; *Dicke* (Anm. 3), S. 170 hinsichtlich der Einteilung von *Oppenheim/Lauterpacht*.

[28] *Josef Soder*, Die Problematik des völkerrechtlichen Interventionsverbotes. Eine Untersuchung des Art. 2 Abs. 4 der Charta, in: VN 28 (1970), S. 48—54 mit zahlreichen Beispielen.

[29] *Gerlach* (Anm. 3), S. 54.

[30] *Dicke* (Anm. 3), S. 170.

[31] *Hershey* (Anm. 6), S. 150 f.

tionsbegriff als ein bestimmendes Merkmal für das als völkerrechtswidrig angesehene Verhalten anzusehen ist,[32] der aber vom Wortsinn her nicht notwendigerweise auf die Verwendung militärischer Mittel begrenzt ist. Allerdings stellten die mit militärischen Mitteln durchgeführten Interventionen für eine lange Zeit die deutlichsten Beispiele und prägten so die Bedeutung des Begriffes.

Ähnlich gelagert ist die Situation bei *Oppenheim/Lauterpacht*, die zwar die Formulierung „dictatorial interference" für die Begriffsbestimmung der Intervention, die ursprünglich von *Hershey* stammt, aufgegriffen und vertieft haben; aber gerade diese Vertiefung in der gegenüberstellenden Formulierung „not interference pure and simple"[33] zeigt den Zweck der verwendeten Formulierung. Er liegt nicht in der bewußten Beschränkung des Interventionsbegriffes auf militärische Maßnahmen, sondern vielmehr in der Abgrenzung von Maßnahmen, die zwar auf den anderen Staat einwirken, deren Einfluß aber nicht das erforderliche Maß an Zwang erreicht, als daß bereits von einer Intervention gesprochen werden könnte. Die Verwendung der Formulierung „dictatorial" stellt sich danach als ein Versuch dar, die erlaubte Einflußnahme — „interference pure and simple" — von der verbotenen Intervention abzugrenzen. Gerade die Gegenüberstellung der beiden Begriffe bei *Oppenheim/Lauterpacht* macht diese Funktion des Adjektivs „dictatorial" deutlich. Sein Wortsinn ist, wie es eine auf militärische Gewalt begrenzende Ausdeutung erfordern würde, gerade nicht auf das Schutzgut nur der territorialen Souveränität begrenzt. In seiner Übersetzung als „gebieterisch" umfaßt sie gerade eine Situation, in der dem Betroffenen nur eine geringe Entscheidungsautonomie verbleibt — mag dies durch die tatsächliche Übernahme der militärischen Gewalt im eigenen Land bzw. eine entsprechende Drohung oder durch eine durch andere geeignete Faktoren herbeigeführte Situation verursacht worden sein.

Zu einem ähnlichen Ergebnis kommen die meisten anderen angloamerikanischen Autoren, beispielsweise *Quincy Wright*[34] und *Fawcett*. Sie werden von *Gerlach* zu den Vertretern des „klassischen" Interventionsbegriffes gerechnet.[35] Zwar definiert *Wright* die Intervention als „... dictatorial interference for political purposes in the internal affairs of a state or in its relations with other states" und verlangt, daß „only if force is applied or threatened for purposes other than the protection

---

[32] Vereinzelte Ansichten, die selbst auf das Merkmal Zwang oder Gewalt bei der Definition des Gewaltbegriffes verzichten wollten, haben sich nicht durchgesetzt; siehe dazu *Wehser* (Anm. 1), S. 41, Fn. 47; *Gerlach* (Anm. 3), S. 26, Fn. 109.

[33] *Oppenheim/Lauterpacht* (Anm. 6), S. 305.

[34] *Quincy Wright*, Is Discussion Intervention?, in: AJIL 50 (1956), S. 102—110.

[35] *Gerlach* (Anm. 3), S. 56.

of a right under international law is the term ‚intervention' applied"[36], so daß diese Definition für sich genommen als eine Bestätigung der Einteilung durch *Gerlach* angesehen werden könnte. Dabei ist jedoch zu beachten, daß diese Definition bei einer Diskussion der Frage gebraucht wurde, ob Stellungnahmen vor dem Forum der Vereinten Nationen als Intervention i. S. d. Art. 2 Abs. 7 der Satzung der Vereinten Nationen anzusehen seien.[37] Dieser Zusammenhang macht deutlich, daß auch *Wright* die Verwendung des Elementes „force" nicht als Ausschließungskriterium für andere Formen der Zwangseinwirkung, die die Intensität der militärischen Einwirkung erreichen, verstanden wissen wollte. Vielmehr bemühte er sich, dem Argument entgegenzutreten, bereits die Diskussion über eine einen Staat betreffende Frage auf dem Forum der Vereinten Nationen falle unter das Verbot des Art. 2 Abs. 7 der Charta. Diese fehlende Begrenzung auf militärische Gewalt wird zudem aus dem zweiten Halbsatz seiner Definition deutlich. Hier sieht er auch die Beziehungen eines Staates mit anderen Staaten als Schutzgut des Interventionsverbotes an. Dieses Schutzgut kann aber auch mit nicht-militärischen Mitteln verletzt werden. Wie *Oppenheim/Lauterpacht* scheint auch *Wright* das Element „force" als Abgrenzungsmerkmal gegenüber nicht unter den Interventionsbegriff fallende Einwirkungen von außen verstehen zu wollen. Zwar erwähnt er nicht ausdrücklich die Möglichkeit anderer Mittel zur Zwangseinwirkung — ein Umstand, der wohl letztlich zu der Klassifizierung geführt hat — er schließt diese aber auch nicht ausdrücklich aus.

Dem bisher gefundenen Ergebnis der fehlenden Berechtigung für eine Einteilung der Interventionsdefinitionen in „klassische" und „weite" Definitionen scheinen die Äußerungen von *Fawcett*[38] zu widersprechen, der ausschließlich militärische Maßnahmen unter dem Begriff der Intervention untersucht. Dieses ist aber auch das Ziel seiner Arbeit. *Fawcett* grenzt lediglich thematisch andere Maßnahmen, die nicht mit militärischen Mitteln durchgeführt werden, aus dem Bereich seiner Betrachtungen aus, ohne damit ausdrücklich auszusprechen, daß es Interventionen mit anderen Mitteln nicht gibt[39]. Auch bei ihm fehlt eine Anknüpfung für eine Klassifizierung in den „klassischen" Interventionsbegriff.

Von den deutschsprachigen Autoren, die von *Gerlach*[40] und *Dicke*[41] als Vertreter des „klassischen" Interventionsbegriffes aufgeführt werden,

[36] *Wright* (Anm. 34), S. 106.

[37] Näheres zu Art. 2 Abs. 7 SVN siehe unten S. 46 ff.

[38] *J. E. S. Fawcett*, Intervention in International Law — A Study of Some Recent Cases, in: RdC 103 (1961 II), S. 347—423.

[39] *Fawcett* (Anm. 38), S. 348.

[40] *Gerlach* (Anm. 3), S. 64.

[41] *Dicke* (Anm. 3), S. 169.

sollen hier die einschlägigen Arbeiten von *Hettlage* und *Mosler* stellvertretend für die anderen Autoren daraufhin untersucht werden, inwieweit ihre Ausführungen die Einordnung unter den „klassischen" Interventionsbegriff in seiner Begrenztheit auf militärische Aktionen rechtfertigen. Beide Autoren stellen ihren Arbeiten ausführliche Untersuchungen des Schutzgutes der Intervention, der Souveränität, voraus und definieren den Rechtsbegriff der Intervention als das „... objektiv gebieterische Eingreifen eines Staates in die ihm fremden Beziehungen zweier oder mehrerer anderer Staaten ohne die Zustimmung beider oder eines von ihnen und namentlich in die inneren Angelegenheiten eines Staates, ohne Rücksicht auf den Willen dieses Staates, in der Absicht, entweder den zeitigen Stand der Dinge in ihm aufrechtzuerhalten oder zu ändern"[42] bzw. „... das unter Anwendung oder Androhung des Einsatzes der staatlichen Macht erfolgende Eingreifen eines Staates in die inneren oder äußeren Angelegenheiten eines fremden Staates".[43]

Für *Hettlage* läßt sich aus dem Wortlaut dieser Definition eine Begrenzung auf militärische Gewaltmaßnahmen nicht entnehmen. Aber auch aus seinen übrigen Darlegungen, die insbesondere hinsichtlich ihres Verständnisses eines relativierten Souveränitätsbegriffes[44] erstaunlich modern anmuten, wird deutlich, daß seine analytischen Bestrebungen sich nicht auf eine Betrachtung der durch militärische Gewalt und Verletzung der territorialen Integrität herbeigeführten Willensbeeinflussung des fremden Staates beschränken. Vielmehr unterliegt seiner Betrachtung jede Maßnahme, die geeignet ist, das von ihm geforderte „gebieterische Eingreifen" zu erfüllen.

Bei *Mosler* tritt dieses Bemühen, auch Zwangseinwirkungen durch nicht-militärische Maßnahmen einzubeziehen — wie bei den Klassifizierungsversuchen wohl übersehen worden ist —, nicht nur in der Definition, sondern auch in den von ihm gewählten Beispielen zutage. Dies ergibt sich aus seiner Betrachtung der Beeinflussung durch Propaganda — ein offensichtlich nicht-militärisches Instrument —, die er dann als verbotene Intervention ansieht, wenn sie „... auf die Gestaltung der innenpolitischen Verhältnisse des anderen Staates Einfluß zu nehmen versucht".[45] Deutlich wird aus diesem Beispiel, daß er auch andere als militärische Maßnahmen als Mittel ansieht, mit denen eine Intervention vorgenommen werden kann.

---

[42] *Karl Hettlage*, Die Intervention in der Geschichte der Völkerrechtswissenschaft im System der modernen Völkerrechtslehre, in: Niemeyers Zeitschrift für internationales Recht 27 (1927), S. 11—88 (15).

[43] *Mosler* (Anm. 14), S. 8.

[44] *Hettlage* (Anm. 42), S. 49.

[45] *Mosler* (Anm. 14), S. 52 oben.

Faßt man die vorgebrachte Kritik an der Unterteilung des Interventionsbegriffes zusammen, so läßt sich feststellen, daß eine Grundlage für eine Differenzierung in einen klassischen und einen weiten Interventionsbegriff nicht vorhanden oder zumindest überzeichnet worden ist. Lediglich die verwendeten Formulierungen weichen erheblich voneinander ab. Dabei zeichnen sich die neueren Definitionen dadurch aus, daß sie die Möglichkeit nicht-militärischer Interventionen ausdrücklich erwähnen und damit das angesichts der modernen Einwirkungsformen spezifische Interventionsproblem zu erfassen versuchen. Im Kern stimmen die Definitionen darin überein, daß sie die Begrenzung der Freiheit eines Staates in dem ihm vom Völkerrecht belassenen eigenen Bereich durch von außen kommende oder angedrohte Zwangs- bzw. Gewaltmaßnahmen als völkerrechtswidrig ansehen, wobei diese Zwangs- bzw. Gewaltelemente nicht auf *vis absoluta* im militärischen Sinn begrenzt sind.

Insgesamt besteht der Eindruck, als basiere die Einteilung in die beiden Gruppen des Interventionsbegriffes weniger auf einer im Definitorischen liegenden begrifflichen Unterscheidung als vielmehr auf der Frage, ob ausdrücklich die Möglichkeit z. B. der wirtschaftlichen Intervention angesprochen wird. Dabei ist jedoch der historische und der thematische Zusammenhang der jeweiligen Definitionen zu beachten. Erst das Zusammenwirken der seit dem II. Weltkrieg immens wachsenden wirtschaftlichen Interdependenz und des zu einem ähnlichen Zeitpunkt sich durchsetzenden Verbots der Gewaltanwendung in den internationalen Beziehungen führten zur Betonung der Interventionsmöglichkeiten im Sinne des sog. weiten Interventionsbegriffs. Die unter dem „klassischen" bzw. dem „weiten" Interventionsbegriff zusammengefaßten Definitionen sind nicht als einander ausschließende Gegensätze anzusehen. Vielmehr zeigt die zunehmende Betonung z. B. der wirtschaftlichen Einwirkungsmittel die historische Entwicklung bei der Bemühung um die völkerrechtliche Ächtung desselben Phänomens: der Nichtachtung der Eigenständigkeit eines anderen Staates unter erheblicher Verletzung seines Anspruches auf Selbstbestimmung und damit die Verletzung seiner — wie auch immer verstandenen — Souveränität.

II. Das Interventionsverbot in der Praxis der Satzungen und Resolutionen internationaler Organisationen

Eine der wesentlichen Quellen für die Klärung der inhaltlichen Grenzen zwischen der unzulässigen Ausübung von Druck mit wirtschaftlichen Mitteln und der zulässigen Beeinflussung eines anderen Staates liegt nicht nur in den Formulierungen, die das Interventionsverbot in Satzungen gefunden hat, sondern auch in seinen Ausgestaltungen in bi- und multilateralen Verträgen, Resolutionen und sonstigen internationalen Übereinkommen. Diese völkerrechtliche Praxis soll im folgenden daraufhin untersucht werden,

— welche Formulierungen für das Interventionsverbot selbst verwendet wurden

— und welche Kriterien angeboten werden, um die Intervention von der nicht zu beanstandenden Interzession abzugrenzen.

In dieser Praxis könnten, bei gleichzeitigem Vorliegen einer entsprechenden Rechtsüberzeugung, Ansätze zu einer Gewohnheitsrechtsbildung enthalten sein. Zu dieser Gewohnheitsrechtsbildung können, jedenfalls nach der neuesten Rechtsprechung des IGH im Nicaragua-Fall, auch die Resolutionen der Vereinten Nationen beitragen. Dies gilt danach jedenfalls für solche Resolutionen, die, wie die Resolution 2625 (XX) der UN-Generalversammlung über freundschaftliche Beziehungen und Zusammenarbeit zwischen den Staaten, mit breiter Zustimmung angenommen worden sind. In der Zustimmung zu solchen Resolutionen sah der IGH in dem Urteil ausdrücklich den Ausdruck einer entsprechenden Rechtsüberzeugung.[46]

Das Interventionsverbot kann in der Praxis internationaler Verträge auf eine längere Tradition[47] zurückblicken. In die vorliegende Betrachtung sollen allerdings — mit einer Ausnahme — nur Formulierungen solcher Übereinkommen Eingang finden, die nach dem Zweiten Weltkrieg abgeschlossen worden sind. Diese Begrenzung rechtfertigt sich daraus, daß mit der Niederlegung des völkerrechtlichen Gewaltverbotes in Art. 2 Abs. 4 SVN ein Zustand beendet worden ist, der von einigen Autoren als eine „schiefe Schlachtordnung"[48] angesehen wurde. Dieser

---

[46] Military and Paramilitary Activities in and against Nicaragua *(Nicaragua v. United States of America)*, Judgment of the Court, *paras* 187 ff.

[47] *Helmut Rumpf*, Der internationale Schutz der Menschenrechte und das Interventionsverbot, Baden-Baden 1982, S. 46—47 mit einer kurzen Analyse der in den vor dem Zweiten Weltkrieg geschlossenen Verträgen enthaltenen Interventionsverbote. Ursprünglich wurden Interventionsverbote ausdrücklich lediglich in bilateralen Nichtangriffs-Verträgen niedergelegt. Siehe dazu *Nicolai Alexandrovitch Ouchakov*, La Compétence Interne des Etats et la Non-intervention dans le Droit International Contemporain, in: RdC 141 (1974 I), S. 5—80 (5 f.), zitiert bei *Ritterband* (Anm. 19), S. 303.

[48] *Georg Dahm*, Völkerrecht Bd. 1, Stuttgart 1968, S. 202; ähnlich *Bryde* (Anm. 3), S. 234—235, der auf die ursprüngliche Koexistenz von *ius ad bellum* und dem Interventionsverbot hinweist. Andere Autoren, die das Verhältnis von Interventions- und Gewaltverbot untersuchen, weisen auf die Notwendigkeit hin, angesichts der heutigen Koexistenz von dem absoluten Kriegsverbot des Art. 2 Abs. 4 SVN und dem Interventionsverbot beide Begriffe inhaltlich sauber voneinander zu trennen und sie in einer Art „Realkonkurrenz" nebeneinander zu stellen. Siehe dazu: *Neuhold*, Intervention (Anm. 3), S. 34; *ders.*, Internationale Konflikte (Anm. 3), S. 272. Begründet wird die Forderung nach sauberer inhalt-

Zustand zeichnete sich dadurch aus, daß bis zur Einführung des Kriegsverbotes dem *liberum ius ad bellum* ein — zumal nach dem damaligen absoluten Souveränitätsverständnis — absolutes Interventionsverbot, ein Verbot jeglicher Einmischung gegenüberstand. Schließlich hat das Interventionsverbot gerade in der Zeit seit dem Zweiten Weltkrieg deswegen eine besondere Bedeutung erlangt, weil infolge der technischen Entwicklung und der zunehmenden Interdependenz der Volkswirtschaften der verschiedenen Länder die Einflußmöglichkeiten, aber auch die Beeinflussungsmöglichkeiten stark zugenommen haben.[49] Diese zunehmende Verflechtung insbesondere auf wirtschaftlichem Gebiet hat dazu geführt, daß von verschiedenen Seiten von einer „strukturellen Divergenz zwischen der Territorialität der Staatenordnung und der Transterritorialität der Wirtschaftssysteme"[50] gesprochen wurde. Angesichts der durch die Interdependenz erhöhten Intensität der wechselseitigen Beeinflussung der Staaten untereinander bei gleichzeitiger Erhaltung der Lenkungs- und Ordnungsfunktion des Staates im gegenwärtigen System der internationalen Beziehungen wächst die Bedeutung, die dem Interventionsverbot zukommt. Aufgabe des Interventionsverbotes ist es, den Bereich der eigenen Angelegenheiten eines Staates, deren eigenständige Regelungsmöglichkeit seine Qualität als Staat ausmacht, aber auch voraussetzt, gegen Beeinflussungen von außen durch andere Staaten oder internationale Organisationen zu schützen, ohne sich dabei den tatsächlichen Bedingungen der Interdependenz und der daraus fol-

licher Trennung zwischen dem Interventions- und dem Gewaltverbot damit, daß durch die wechselseitige Überlappung beider Prinzipien ihnen die Wirksamkeit genommen werden könne. Ähnlich: *Arangio-Ruiz* (Anm. 3), S. 121; *Hans Kelsen*, The Draft Declaration on Rights and Duties of States, in: AJIL 44 (1950), S. 259—276 (268), die auf die Gefahr der Redundanz des Interventionsverbotes hinweisen, das in dem Anwendungsbereich einer anderen Norm verwendet wird. Unter den gegenwärtigen Bedingungen des Friedenssicherungssystems durch die an politischen und weniger rechtlichen Maßstäben ausgerichteten zuständigen Organe der Vereinten Nationen erweist sich die Ablehnung des von *Neuhold* geprägten Satzes „Doppelt genäht hält besser" (Internationale Konflikte [Anm. 3], S. 272) trotz des Bedürfnisses nach sauberer juristischer Begriffsbildung aus politischen Erwägungen als nicht wünschenwert. Die Verwendung des Interventionsbegriffes bei militärischer Gewalt erleichtert die Kennzeichnung und rechtliche Beurteilung von Maßnahmen, die gegen das Gewaltverbot verstoßen, bei denen aber aus politischer Rücksichtnahme die Verwendung des Begriffes der Aggression vermieden wird. Siehe dazu: *Ulrich Scheuner*, Intervention und Interventionsverbot, in: VN 28 (1980), S. 149—156 (153); ähnlich *Arangio-Ruiz* (Anm. 9), S. 123, der dieses Verhalten mit dem Bemühen „to save the feeling of the culprit" erklärt.

[49] *Bryde* (Anm. 4), S. 234—235; *Thomas Oppermann*, Nichteinmischung in innere Angelegenheiten, in: AVR 14 (1969/70), S. 321—342 (334—335); *Kewenig*, Wirtschaftliche Zwangsmaßnahmen (Anm. 4), S. 10; zur Interdependenz siehe nur: *Karl Zemanek*, Interdependence, in: EPIL 7 (1984), S. 275—278.

[50] *Karl Matthias Meessen*, Völkerrechtliche Grundsätze des internationalen Kartellrechts, Baden-Baden 1975, S. 17, 201; *Luzius Wildhaber*, Multinationale Unternehmen und Völkerrecht, in: Berichte DGVR Heft 18 (1978), S. 7—71 (17).

genden Notwendigkeit der wechselseitigen Beeinflussung zu entziehen. Aufgabe der folgenden Ausführungen wird demgemäß sein, unter Berücksichtigung der Souveränität als dem Schutzgut des Interventionsverbotes die Grenze zu bestimmen, ab der die Einflußnahme des einen Staates auf den anderen als Verstoß gegen die Souveränität und damit als völkerrechtliches Delikt anzusehen ist.

Die Bestimmung dieser Grenze — die Abgrenzung zwischen verbotener und erlaubter Einwirkung — gehört zu den völkerrechtlichen Fragen, die eine abschließende Antwort bisher nicht gefunden haben. Die Ursache dafür liegt nicht zuletzt darin, daß hier eine der Verwerfungslinien liegt, an dem die traditionellen Betrachtungen über den Staat als einem territorial begrenzten Herrschaftsgebilde mit einem Ausschließlichkeitsanspruch für die Regelungskompetenz innerhalb dieses Gebietes in Konflikt gerät mit den Gegebenheiten der modernen Staatenwelt, in der einzelnen staatlichen Akteure in ihren Handlungen stark voneinander abhängig sind und sich gegenseitig bedingen.[51]

Die Anwendung wirtschaftlichen Druckes stellt sich als ein Mittel der Interessenaustragung in einer zunehmend interdependenten Staatenwelt dar. Die Frage ist indes, wann die Grenze der zulässigen Ausnutzung der sich aus der Interdependenz ergebenden wechselseitigen tatsächlichen Abhängigkeitsverhältnisse der beteiligten Staaten überschritten wird, wann der sich aus der Souveränität ergebende Anspruch der Staaten, trotz der vorhandenen Abhängigkeiten in ihrer grundlegenden Qualität als Staat nicht beeinträchtigt zu werden, mißachtet wird, wann damit der wirtschaftliche Druck zum wirtschaftlichen Zwang wird. Die rein verbale Differenzierung zwischen zulässigem Druck und unzulässigem Zwang schafft aber ebensowenig materielle Kriterien für die notwendige Unterscheidung beider den Willensprozeß in anderen Staaten beeinflussenden Maßnahmen wie die Verwendung der Formulierungen „Intervention" und „Interzession".

1. Satzungen regionaler Organisationen

Regelungen über das Bestreben, den Einfluß eines Staates oder einer internationalen Organisation auf die Angelegenheiten eines anderen Staates zu begrenzen, finden sich in einer Vielzahl von Verträgen.[52] Zu

---

[51] *Kewenig*, Wirtschaftliche Zwangsmaßnahmen (Anm. 4), S. 22; *Bryde* (Anm. 4), S. 223; *Neuhold*, Intervention (Anm. 3); *Oppermann* (Anm. 49), S. 340; so auch *Heinrich Kipp*, Zum Problem der gewaltsamen Intervention in der derzeitigen Entwicklungsphase des Völkerrechts, in: FS Peters, S. 393—433 (394), obwohl *Kipp* im Gegensatz zu den hier vertretenen Autoren von einem Interventionsbegriff ausgeht, der Intervention nicht notwendigerweise als ein verbotenes Handeln ansieht (S. 397—398).

[52] Eine schematische Übersicht über wesentliche Verträge, in denen ein Interventionsverbot enthalten ist, findet sich bei: *Rumpf* (Anm. 47), S. 105/106.

nennen sind hier zunächst verschiedene regionale Internationale Organisationen, die in ihren Satzungen entsprechende Formulierungen aufgenommen haben. Zu ihnen gehören Art. 8 des Paktes der Arabischen Liga[53], Art. III Ziff. 2 der Charta der OAU[54] sowie Art. 3 des Bagdad-Paktes vom 24. Februar 1955[55] und Art. 8 des Warschauer Paktes vom 14. Mai 1955[56]. Schließlich enthält auch Art. 15 (18) bzw. Art. 16 (19) der Satzung der Organisation der amerikanischen Staaten (OAS)[57] ein Interventionsverbot.

a) Art. 8 des Paktes der Arabischen Liga, Art. 3 Bagdad-Pakt, Art. 8 Warschauer Pakt

Unterzieht man diese Satzungen regionaler internationaler Organisationen einer näheren Betrachtung, so läßt sich hinsichtlich der Frage,

---

[53] UNTS 70 (1950), S. 237—262. Einen Überblick über Entstehungsgeschichte und Inhalt des Paktes gibt: *Philip W. Ireland*, The Pact of the League of Arab States, in: AJIL 39 (1945), S. 797—800; *Mufeed Shihab*, League of Arab States, in: EPIL 6 (1983), S. 20—24; *B. Boutos-Ghali*, La Ligue des Etats Arabes, in: RdC 137 (1972 III), S. 1—81; *Robert W. MacDonald*, The League of Arab States, in: *Francis A. Beer* (Hrsg.), Alliances: Latent War Communities in the Contemporary World, New York et al. 1970, S. 237—261.

Das Prinzip der Nichteinmischung wird auch erwähnt in der am 28. Februar 1972 in Kraft getretenen „Charter of the Islamic Conference", englischer Text in: UNTS 914 (1974), S. 111—116. In dem Text der Charta wird in Art. II lit. B Ziff. 2 als anzuwendendes Prinzip „Respect of the right of self-determination, and non-interference in the domestic affairs of member States" genannt. Eine nähere Ausgestaltung in dem Text der Charta erfolgt nicht. Siehe dazu: *Hasan Moinuddin*, Die Organisation der Islamischen Konferenz (OIC) als Forum politischer und wirtschaftlicher Kooperation, Bochum 1984, S. 52—62.

[54] UNTS 479 (1963), S. 70—89; deutsche Übersetzung in: EA 18 (1963), D 314; siehe zum Interventionsverbot der OAU umfassend: *Philip Kunig*, Das völkerrechtliche Nichteinmischungsprinzip, Baden-Baden 1981, S. 195 ff.; allgemein zur OAU siehe: *Emmanuel G. Bello*, Organisation of African Unity, in: EPIL 6 (1983), S. 270—276.

[55] Abgedruckt in: UNTS 233 (1956), S. 199—217; AJIL 51 (1957), S. 502—504; eine nähere Beschreibung des Bagdad-Paktes, der 1959 in die Central Treaty Organisation (CENTO) umbenannt wurde, findet sich bei: *Christian Rumpf*, Central Treaty Organisation, in: EPIL 6 (1983), S. 73—75 m. w. N.; *Guy Hadley*, CENTO — The Forgotten Alliance, Brighton 1971; *Bosorg Alavi*, Der Bagdad-Pakt, in: Deutsche Außenpolitik 3 (1958), S. 375—384. Im Jahre 1979 wurde die CENTO aufgelöst, siehe *Rumpf*, a.a.O., S. 75.

[56] UNTS 219 (1955), S. 3—33; abgedruckt in: *Robin Alison Remington*, The Warszaw Pact — Case Studies in Communist Conflict Resolution, Cambridge 1971, S. 201—206.

[57] UNTS 119 (1952), S. 48—97; die ursprüngliche Charta wurde 1967 revidiert und einzelne neue Artikel aufgenommen. Siehe: Protocol of Amendments to the Charter of the Organisation of American States — Protocol of Buenos Aires, in: UNTS 721 (1970), S. 324—389; ILM 6 (1967), S. 310—355 (313). Die geänderten Ziffern der einschlägigen Artikel wurden im folgenden in Klammern hinter dem zitierten Artikel genannt. Der Inhalt dieser Artikel ist von der Revision nicht erfaßt worden. Zu dieser Reform der OAS-Charta siehe *Gerhard Kutzner*, Die Organisation der Amerikanischen Staaten (OAS), Hamburg 1970, S. 132—134.

ob in diesen Verträgen Formulierungen zu finden sind, die geeignet erscheinen, bei der inhaltlichen Ausfüllung der Grenzen des Interventionsverbotes nützlich zu sein, zunächst feststellen, daß der Formulierung „non-interference in the internal affairs", die in Art. 3 des Bagdad-Paktes oder Art. 8 des Warschauer Paktes Verwendung findet, eine nähere inhaltliche Gestaltung nicht zu entnehmen ist.[58] Legte man diesen Formulierungen zudem die hier verwendete Sprachregelung zugrunde, so würde durch sie jegliche Beeinflussung verboten werden. Eine gewisse Besonderheit stellt die Formulierung des Interventionsverbotes in Art. 8 des Paktes der Arabischen Liga insofern dar, als hier als Schutzgut speziell die Regierungsform eines anderen Staates genannt wird und Maßnahmen verboten sind, die auf eine Änderung der Regierungsform eines anderen Staates abzielen. Insbesondere von arabischen Autoren wird allerdings darauf hingewiesen, daß dieser Respekt vor der Regierungsform eines anderen Mitgliedstaates der Arabischen Liga unter dem Vorbehalt der Vereinbarkeit mit dem pan-arabischen Gedanken steht und daß bei Abweichungen von dieser Vorgabe Interventionen möglich sind.[59] Dieser Gedanke ist aber weniger aus dem Text des Paktes als vielmehr aus der hinter ihm stehenden Ideologie einer insofern „beschränkten Souveränität arabischer Staaten" zu entnehmen.[60]

b) Art. 15 und 16 der Satzung der OAS

Der Text des Art. 15 (18) der Satzung der OAS umfaßt neben dem Verbot der Intervention mit bewaffneter Gewalt auch alle anderen Formen der Einmischung in die politischen, wirtschaftlichen und kulturellen Angelegenheiten eines Staates.[61] Hintergrund dieser weit gefaßten Formulierung waren die Erfahrungen, die die lateinamerikanischen Staaten während des 19. und 20. Jahrhunderts mit Einmischungen der unterschiedlichsten Arten in ihre inneren Angelegenheiten gemacht haben. Hauptsächlicher Urheber dieser Maßnahmen waren die Vereinigten Staaten, die nach eigenen Angaben z. B. in der Zeit zwischen 1812 und 1932 allein in den Staaten Lateinamerikas 31mal bewaffnet ein-

---

[58] So auch *Oppermann* (Anm. 49), S. 329; *Gerlach* (Anm. 3), S. 49.

[59] *Boutros-Ghali* (Anm. 53), S. 26; andere Autoren betonen demgegenüber die prinzipielle Verpflichtung zur Beachtung des Respekts vor der Regierungsform in einem anderen Mitgliedstaat ohne Einschränkungen; siehe dazu: *Ezzeeldin Foda*, The Projected Arab Court of Justice, The Hague 1957, S. 31.

[60] Damit ist ein Gedanke angesprochen, der politische oder kulturelle Hegemonialvorstellungen in die rechtliche Diskussion um die Reichweite des Interventionstatbestandes einzubeziehen sucht.

[61] Siehe speziell zum Interventionsverbot des Art. 15 OAS-Satzung *Kutzner* (Anm. 57), S. 184; *Arangio-Ruiz* (Anm. 9), S. 118 ff.; *Claudio Grossmann*, Het Beginsel van Non-interventie in de Organisatie van Amerikaanse Staten vermit een latijus — amerikaans Gezichtspunt, Diss. Rijksuniversiteit Utrecht 1979, S. 183.

griffen.[62] Erst kürzlich ist ein Verstoß der Vereinigten Staaten gegen Art. 15 (18) und auch gegen Art. 18 (21) der OAS-Charta, der in den internationalen Beziehungen der amerikanischen Staaten die Verwendung von Gewalt („the use of force") verbietet, wegen des Einsatzes amerikanischer Truppen am 25. Oktober 1983 auf Grenada gerügt worden.[63] Die Bemühungen vor allem der lateinamerikanischen Staaten um die rechtliche Begrenzung der Eingriffe der Vereinigten Staaten in ihre inneren Angelegenheiten reichen zurück bis zum Ende des 19. Jahrhunderts und waren Gegenstand der Debatten auf den verschiedenen interamerikanischen Konferenzen.[64] Ausdrücklich ausgesprochen wurde die Kritik an der Einmischungspolitik der USA von den lateinamerikanischen Delegationen auf der VI. Interamerikanischen Konferenz in Havanna im Jahre 1928.[65] Die Anerkennung des Nichteinmischungsgrundsatzes durch die USA erfolgte dann auf der VII. Interamerikanischen Konferenz in Montevideo im Jahre 1933 und fand Eingang in die „Konvention über Rechte und Pflichten der Staaten".[66] Damit wurde einer alten Forderung lateinamerikanischer Autoren Rechnung getragen. Diese hatten sich gegen die in den Vereinigten Staaten vertretene Ansicht von einem Interventionsrecht oder einer doch weitgehenden Anerkennung von Ausnahmen des Nichteinmischungsgrundsatzes ausgesprochen und ein striktes Interventionsverbot gefordert.[67] Der Grund für diese beson-

[62] Department of State Bulletin vom 31. Juli 1950, S. 178—179 (zitiert nach: *Kutzner* [Anm. 57], S. 184).

[63] *Christopher C. Joyner*, The United States Action in Grenada — Reflections in the Lawfulness of Invasion, in: AJIL 78 (1984), S. 131—144 (140); siehe zu dem Einsatz amerikanischer Truppen gegen Grenada auch die Anmerkungen von *John Norton Moore*, Grenada and the International Double Standard, in: AJIL 78 (1984), S. 145—168; *Detlev F. Vagts*, International Law under Time Pressure: Grading the Grenada Take-Home Examination, in: AJIL 78 (1984), S. 169—172; *Francis A. Boyle et al.*, letter: International Lawlessness in Grenada, in: AJIL 78 (1984), S. 172—175; *Edward Gordon/Richard B. Bilder/Arthur W. Rovine/Don Wallace*, International Law and the United States Action in Grenada: A Report, in: Int'l Law. 18 (1984), S. 331—380 (358—359).

[64] Für eine ausführliche Darstellung der Vorgeschichte der Charta von Bogota siehe neben vielen anderen nur: *Niels Brandt*, Das Interamerikanische Friedenssystem. Idee und Wirklichkeit, Hamburg 1971, S. 53 ff.; *Kutzner* (Anm. 57), S. 17 ff.; *Ann van Wynen Thomas/A. J. Thomas, Jr.*, The Organization of American States, Dallas 1963, S. 3—32; *F. V. Garcia-Amador*, Organization of American States, in: EPIL 6 (1983), S. 276—281; *Charles G. Fenwick*, The Organization of American States, Washington 1963, S. 59—79; *Ernesto Dihigo*, Legality of Intervention under the Charter of the Organization of American States, in: ASIL 51 (1957), S. 91—100 (92).

[65] *Brandt* (Anm. 64), S. 62, 68.

[66] Convention on Rights and Duties of States, unterzeichnet am 26. Dezember 1933, Treaty Series 1935—1937, Nr. 881; Art. 8 dieser Konvention lautet: „No state has the right to intervene in the internal or external affairs of another". Dazu siehe auch: *Thomas/Thomas*, Non-Intervention (Anm. 20), S. 62; *Thomas/Thomas*, Organization (Anm. 64), S. 159.

[67] Siehe dazu die bei *Brandt* (Anm. 64), S. 67, Fn. 230 zitierten Autoren: *Thomas/Thomas*, Non-Intervention (Anm. 20), S. 63.

dere Forderung nach Anerkennung des Nichtinterventionsgrundsatzes lag in dem fast schon traditionellen Ausgeliefertsein der lateinamerikanischen Staaten gegenüber den Einmischungen aus Europa und den Vereinigten Staaten.[68] Ihren bisherigen Abschluß fand die Anerkennung des Prinzips der Nichtintervention in dem Vertragssystem der amerikanischen Staaten in der Charta von Bogotà. Die schon in der Montevideo-Konvention über Rechte und Pflichten der Staaten angedeutete Einbeziehung auch anderer als bewaffneter Zwangsmaßnahmen in das Interventionsverbot[69] wurde nun ausdrücklich in Art. 15 und 16 der OAS-Charta angesprochen. Diese Artikel lauten:

Art. 15 (18):

> „Kein Staat und keine Staatengruppe hat das Recht, sich direkt oder indirekt, aus welchem Grunde es auch sei, in die inneren und äußeren Angelegenheiten eines anderen Staates einzumischen. Dieser Grundsatz verbietet nicht nur die Anwendung bewaffneter Macht, sondern auch jede andere Form von Einmischung oder Bedrohung der Persönlichkeit des Staates oder seiner politischen, wirtschaftlichen und kulturellen Grundlagen."

Art. 16 (19):

> „Kein Staat darf Zwangsmaßnahmen wirtschaftlichen oder politischen Charakters ergreifen, um den souveränen Willen eines anderen Staates durch Gewalt zu beeinflussen und Vorteile irgendwelcher Art von ihm zu verlangen. Auch darf er die Anwendung solcher Zwangsmaßnahmen nicht unterstützen."

Untersucht man das in Art. 15 (18) der Satzung der Organisation der amerikanischen Staaten (OAS) enthaltene Interventionsverbot hinsichtlich der Fragestellung, ob sich in dieser Vorschrift Hinweise für die Abgrenzung verbotener von erlaubter Beeinflussung finden lassen, so ist zunächst auffällig, daß als Schutzobjekt sowohl die inneren als auch die äußeren Angelegenheiten eines Staates genannt werden. In Satz 2 dieses Artikels wird dann festgestellt, daß eine solche Verletzung nicht nur durch bewaffnete Gewalt begangen werden kann, sondern durch jegliche Form der Einmischung oder versuchten Bedrohung der „Persönlichkeit" des Staates oder seiner politischen, wirtschaftlichen oder kulturellen Grundlagen. Im Hinblick auf Zwangsmaßnahmen wirtschaftlichen oder politischen Charakters verbietet der insofern gegenüber

---

[68] *Arangio-Ruiz* (Anm. 9), S. 119; dazu: *Scheuner* (Anm. 47), S. 150.

[69] Art. 11 der Montevideo-Convention, der einen Teil der Rechtsfolgen des Interventionsverbotes des Art. 8 regelt, erkennt eine territoriale Aneignung oder einen anderen Vorteil nicht an, wenn er durch Waffengewalt oder andere Zwangsmaßnahmen erfolgte.

Art. 15 (18) speziellere[70] Art. 16 (19), den souveränen Willen eines anderen Staates durch Gewalt zu beeinflussen, um dadurch Vorteile irgendwelcher Art von ihm zu erlangen. Faßt man den Schutzbereich beider Artikel zusammen, so dienen sie auch im Hinblick auf wirtschaftliche Maßnahmen einem umfassenden Schutz der Mitgliedstaaten der OAS.

Ansatzpunkte für eine Differenzierung zwischen erlaubter und unerlaubter Beeinflussung eines anderen Staates lassen sich finden, wenn man die Formulierung „interference" bzw. „Einmischung" in Art. 15 nicht als Bezeichnung für jegliche Einmischung verstehen würde, sondern sie als Bezeichnung für eine verbotene Einmischung begreifen würde. Eine solche „wertende" Betrachtungsweise wird durch die sich anschließenden, durch „oder/or" verbundene Formulierung „Bedrohung der Persönlichkeit des Staates oder seiner politischen, wirtschaftlichen und kulturellen Grundlagen" nahegelegt. Zwar fragt es sich, wie diese Begriffe ihrerseits auszulegen sind und wann die darin angedeuteten Grenzen der Beeinflussung überschritten werden, wann z. B. die „Persönlichkeit eines Staates" verletzt ist. Jedenfalls aber wird damit ein Vorgehen bezeichnet, durch das der betroffene Staat substantiell in seinen wesentlichen Grundlagen erfaßt und verändert wird. Die textliche Verbindung zwischen „interference" und den nachfolgenden Formulierungen durch „oder/or" deutet eine inhaltliche Gleichwertigkeit an, die sich auch im materiellen Sinn der gewählten Begriffe niederschlägt. Aus dieser Gleichstellung folgt, daß der Begriff „interference" im Sinne der OAS-Charta im Lichte der nachfolgenden Wertungen einschränkend interpretiert werden muß. Er umfaßt nicht jegliche Einflußnahme, sondern deutet an, daß es zur Erfüllung des angesprochenen Verbotes einer qualifizierten Einflußnahme bedarf.

Ähnliche Ansatzpunkte für die Abschichtung eines erlaubten Bereiches der Beeinflussung lassen sich auch in Art. 16 (19) finden. Hier könnte man argumentieren, daß die Erlangung eines Vorteils nur dann verboten wäre, wenn die Beeinflussung des souveränen Willens durch Gewalt (force) erfolge. Insofern scheint bei näherer Betrachtung der Schutz gegen Einwirkungen mit wirtschaftlichen Mitteln nicht so umfassend, wie es häufig vorgetragen wird.[71] Das eigentliche Problem liegt in der inhaltlichen Ausfüllung so unbestimmter Begriffe wie „Bedro-

---

[70] Eine Andeutung in dieser Richtung findet sich bei *Kutzner* (Anm. 57), S. 186, der Art. 16 als weitere Präzisierung des Grundsatzes von Art. 15 ansieht; ähnlich: Inter-American Institute of International Legal Studies, The Inter-American System — Its Development and Strengthening, New York 1966, S. 7.

[71] *Gerlach* (Anm. 3), S. 48 m. w. N. aus der Literatur; *Georg Schwarzenberger*, The Fundamental Principles of International Law, in: RdC 87 (1955 I), S. 195—383 (224) „... the prohibition is so wide as to be in danger of defeating its own end". Dieser Satz wird häufig zitiert, ist in seinem Zusammenhang allerdings nicht näher belegt bzw. kein Ergebnis einer längeren Herleitung.

hung der Persönlichkeit eines Staates und seiner politischen, wirtschaftlichen und kulturellen Grundlagen" bzw. in der Frage, wann die Beeinflussung des souveränen Willens eines Staates so intensiv ist, daß man von Gewalt (force) sprechen kann. Die Beeinflussung des souveränen Willens mit Vorteilsabsicht allein reicht jedenfalls nicht aus.

Die hier gesuchten materiellen Anforderungen für das Vorliegen der Voraussetzungen einer Intervention liegen somit in der Bedrohung der „Persönlichkeit" des Staates oder seiner politischen, wirtschaftlichen und kulturellen Grundlagen (Art. 15) bzw. in einer so starken Intensität der Maßnahmen wirtschaftlicher und politischer Natur, daß man bei der Beeinflussung des souveränen Willens zur Erlangung eines Vorteils von Gewalt sprechen kann (Art. 16). Eine inhaltliche Klärung dieser Begriffe ist dem Text der Charta nicht zu entnehmen. Neben der auch in den anderen angesprochenen Satzungen enthaltenen Anerkennung des Grundsatzes der Nichtintervention werden damit Formulierungen genannt, die die notwendigen Wertungen andeuten[72] und die weitere Diskussion erheblich beeinflussen.

2. Satzung und Resolutionspraxis der Vereinten Nationen

a) Die Bestimmung des Art. 2 Abs. 7 SVN

Auf der regionalen und insbesondere auch auf der universellen Ebene ist es ein wesentliches Attribut einer internationalen Organisation, daß sich die Handlungen und Beschlüsse der Organisation mit Angelegenheiten befassen, deren Regelung im Interesse aller Mitglieder liegt. Bei diesen an sich erwünschten Handlungsweisen der Organisation besteht indes die Möglichkeit, daß die behandelten Themenbereiche über das Gebiet des allgemeinen Interesses hinaus Angelegenheiten betreffen, für deren Einbeziehung die Mitgliedstaaten keine Kompetenz übertragen haben und die diese zu ihrem eigenen ausschließlichen Regelungsbereich zählen. Die internationale Organisation könnte damit die ihr verliehenen Kompetenzen überschreiten. Ausdruck des Schutzbedürfnisses des Mitgliedstaates gegenüber diesen seine Souveränität verletzenden Vorgehensweisen ist im Falle der Vereinten Nationen die Bestimmung des Art. 2 Abs. 7 SVN. Diese Bestimmung lautet:

> Aus dieser Charta kann eine Befugnis der Vereinten Nationen zum Eingreifen in Angelegenheiten, die ihrem Wesen nach zur inneren Zuständigkeit eines Staates gehören, oder eine Verpflichtung der Mitglieder, solche Angelegenheiten einer Regelung auf Grund dieser Charta zu unterwerfen, nicht eingeleitet werden; die Anwendung

---

[72] Dieser Gedanke wird später im Rahmen der Herleitung eines Kriterienkataloges vertieft werden.

von Zwangsmaßnahmen nach Kapitel VII wird durch diesen Grundsatz nicht berührt.

Für die Beantwortung der Frage nach den Grenzen der zulässigen Einwirkung zwischen zwei Staaten ist eine Analyse des Art. 2 Abs. 7 SVN insofern nur von begrenztem Wert, als dieser Artikel schon von seinem Wortlaut her — entgegen anderslautenden Behauptungen[73] — ausschließlich auf das Verhältnis zwischen den Vereinten Nationen und dem betroffenen Staat anwendbar ist.[74] Er hat hier die Funktion einer Kompetenzzuweisung zwischen den Vereinten Nationen und dem jeweiligen betroffenen Mitgliedstaat. Berücksichtigt man diesen speziellen Anwendungsbereich, so könnten aber gleichwohl aus dem verwendeten Zuweisungsmechanismus Rückschlüsse gezogen werden, die für die Herausbildung eines zwischen den Staaten anwendbaren Kriterienkatalogs nutzbar gemacht werden könnten.

Die Vorschrift des Art. 2 Abs. 7 SVN stellt als Prinzip der Satzung der Vereinten Nationen fest, daß es allen Organen der Organisation nicht gestattet ist, in den den Staaten zur Regelung vorbehaltenen Bereich der „domestic jurisdiction" einzugreifen. Die Vorschrift des Art. 2 Abs. 7 SVN stellt insofern keine Neuerung dar, als auch in Art. 15 Abs. 8 der Satzung des Völkerbundes eine ähnliche Bestimmung enthalten war.[75] Eine Art. 2 Abs. 7 SVN stark ähnelnde Vorschrift ist weiter in Art. 1 Abs. 3 der Satzung der UNESCO enthalten.[76]

---

[73] Stellungnahme von *Cristescu* (Rumänien) während der Beratungen des Special Committee on Principles of International Law (Prinzipiendeklaration) am 23. Oktober 1964, UN Doc. A/AC.119/SR.26, *para.* 7; Stellungnahme von *Chammas* (Libanon) am 14. März 1966, UN Doc. A/AC.125/SR.8, *para. 19;* Stellungnahme von *Castaneda* (Mexiko) am 22. September 1964, UN Doc. A/AC.119/SR.30, *paras* 4—113 mit einem interessanten Überblick über die Entstehung des Interventionsverbotes aus lateinamerikanischer Sicht.

[74] So für viele *Leland M. Goodrich/Edvard Hambro/Anne Patricia Simons,* Charter of the United Nations, 3rd ed., New York 1969, S. 63; *Neuhold,* Intervention (Anm. 3), S. 40; *Wehser* (Anm. 1), S. 31; *Dohna* (Anm. 21), S. 107; *Ritterband* (Anm. 19), S. 325, 327; *Hans Kelsen/Robert W. Tucker,* Principles of International Law, 2nd ed., New York et al. 1966, S. 295.

Ganz ausdrücklich auch die Stellungnahme von *Schwebel* (USA) während der Beratungen der Prinzipiendeklaration, UN Doc. A/AC.119/SR.30, *para.* 23.

[75] Art. 15 Abs. 8 der Völkerbundssatzung lautet:

„If the dispute between the parties is claimed by one of them, and is found by the Council, to arise out of a matter which by international law is solely within the domestic jurisdiction of that party, the Council shall so report, and shall make no recommendation as to its settlement."

Eine Darstellung der Entstehungsgeschichte von Art. 15 Abs. 8 der Völkerbundssatzung findet sich u. a. bei *Hans Wehberg,* Der nationale Zuständigkeitsbereich der Staaten nach der Satzung der Vereinten Nationen, in: AVR 2 (1950), S. 259—298 (264). Der Anwendungsbereich von Art. 15 Abs. 8 VBS ist gegenüber Art. 2 Abs. 7 SVN insofern noch zusätzlich begrenzt, als er nur für den Fall der Schlichtung einer Streitigkeit zwischen den Mitgliedstaaten zur Anwendung kommt. Der Artikel gibt den betroffenen Parteien die Möglichkeit, geltend zu

Die wesentlichen Unterschiede zwischen Art. 15 Abs. 8 der Völkerbundssatzung und Art. 2 Abs. 7 SVN liegen in folgenden Punkten und sind das Ergebnis eines langwierigen Verhandlungsprozesses auf der Konferenz von San Franzisco:[77]

Im Gegensatz noch zu der Formulierung, die in dem Vorschlag von Dumberton Oaks[78] in Paragraph 7 von Sektion A des Kapitels 8 enthalten war,[79] fehlt in dem für alle Organe der Vereinten Nationen verbindlichen[80] Art. 2 Abs. 7 SVN insbesondere der Hinweis auf das Völkerrecht als bestimmenden Faktor der Reichweite des den Staaten vorbehaltenen Hoheitsbereiches. Weiterhin ist es nach der endgültigen Formulierung nur noch erforderlich, daß der fragliche Komplex *„essentially* within the domestic jurisdiction" fällt, während Art. 15 Abs. 8 der Völkerbundssatzung und der Vorschlag von Dumbarton Oaks die Formulierung „solely" verwandten und damit den Anwendungsbereich des Vorbehaltes stärker eingeschränkt verstanden.

Mit diesen Unterschieden in den Formulierungen des Interventionsverbotes sollte — wie sich besonders deutlich aus einem Bericht des amerikanischen Chefunterhändlers und späteren Außenministers *John Foster Dulles* an den amerikanischen Präsidenten[81] ergibt — ein ausschließlich durch rechtliche Kriterien bestimmter Ansatz, zu dem sich insbesondere die Völkerbundsatzung bekannt hatte, ersetzt werden durch eine auch politischen Erwägungen Raum gebende Betrachtung, die

---

machen, daß die Angelegenheit einen Fall ihrer nationalen Jurisdiktion betreffe. Falls der Rat diese Ansicht teilt, dürfte nur noch ein Bericht erstattet, aber keine Empfehlung ausgesprochen werden. Siehe dazu: *Dahm* (Anm. 48), S. 216; *Wehberg*, a.a.O., S. 265.

[76] UNTS 4 (1947), S. 275—301; deutscher Text in: BGBl. 1971 II, S. 473, in Kraft getreten für die Bundesrepublik Deutschland am 11. 5. 1951.

[77] Die Entstehungsgeschichte von Art. 2 Abs. 7 SVN wird ausführlich beschrieben u. a. von *Lawrence Preuss*, Article 2, Paragraph 7 of the Charter of the United Nations and Matters of Domestic Jurisdiction, in: RdC 74 (1949 I), S. 553—650 (570—604); *Wehberg* (Anm. 75), S. 266—274; *M. S. Rajan*, United Nations and Domestic Jurisdiction, 2nd. ed., Bombay 1961, S. 32—47; *Rosalyn Higgins*, The Development of International Law through the Political Organs of the United Nations, London/New York/Toronto 1963, S. 58 ff.; *Verdross/Simma* (Anm. 10), S. 159 m. w. N. Fn. 1.

[78] „Proposals for the Establishment of a General International Organisation", wiedergegeben in: *Goodrich/Hambro/Simons* (Anm. 74), S. 665—674.

[79] Diese Vorschrift lautet:

„The provisions of paragraphs 1 to 6 of Section A should not apply to situations or disputes arising out of matters which by international law are solely within the domestic jurisdiction of the states concerned".

[80] *Verdross/Simma* (Anm. 10), S. 160.

[81] Charter of the UN: Report to the President on the Results of the San Francisco Conference by the Chairman of the U.S. Delegation, the Secretary of State, June 26, 1945, abgedruckt in: Department of State Publication 2349, Conference Series 71, 1945, S. 4.

insgesamt das Selbstverständnis der Vereinten Nationen schon von Beginn an prägte. Eine ausschließlich an objektiven völkerrechtlichen Normen orientierte Begrenzung des vorbehaltenen Bereiches wurde durch die Streichung des Völkerrechts als Bezugspunkt und die Erweiterung durch die Hinzufügung der Formel „essentially" in eine von politischen Urteilen bestimmte Abgrenzung umgewandelt.[82]

Mit diesen von vielen Autoren[83] kritisierten Änderungen sollte der Befürchtung Rechnung getragen werden, daß die neugeschaffene Organisation zu stark auf die innerstaatlichen Angelegenheiten Einfluß nehmen könnte[84] — eine Befürchtung, die den amerikanischen Senat bei der Beratung der Satzung des Völkerbundes veranlaßt hatte, einem Beitritt der Vereinigten Staaten nicht zuzustimmen. Die vordergründig vorgetragenen Argumente, daß das Völkerrecht ständiger Änderungen unterworfen und schwierig zu bestimmen sei, ob eine Situation zu den eigenen Angelegenheiten zähle[85], kann nicht darüber hinwegtäuschen, daß die neugewählte Formulierung keineswegs präziser ist,[86] sondern allenfalls politischen Erwägungen deutlichen Raum gibt.

Unabhängig von der Frage, ob sich die ursprüngliche Intention des Art. 2 Abs. 7 SVN durchgesetzt hat oder ob — wie zahlreiche Beispiele zeigen — in der Praxis der Vereinten Nationen den vorgenommenen Abänderungen vor allem im menschenrechtlichen Bereich keine Beachtung geschenkt wird,[87] bleibt doch festzustellen, daß für die vorliegende,

[82] Ähnlich *Dahm* (Anm. 48), S. 218. Es sollte damit nach Ansicht von *Dulles* eine „technical and legalistic formula" abgeschafft und damit der Weg frei gemacht werden für eine neue, mit größeren Machtmitteln ausgestattete Organisation, deren Einflußmöglichkeit auf die inneren Angelegenheiten allerdings zu beschränken seien. So eine Stellungnahme von *Dulles*, zitiert bei *Preuss* (Anm. 77), S. 575 mit einer kritischen Anmerkung S. 576.

[83] Siehe dazu nur *Hans Kelsen*, The Law of the United Nations, New York 1951, S. 776 ff.; *Alf Ross*, The Provision concerning „domestic jurisdiction" in Art. 2 (7) of the Charter of the United Nations, in: ÖZöffR 2 (1950), S. 562—571 (564); *Higgins* (Anm. 77), S. 66.

[84] *Preuss* (Anm. 77), S. 571, allerdings bezogen auf die ursprüngliche Formulierung des Dumbarton Oaks Proposals; *Wehberg* (Anm. 75), S. 264/265 über die Entstehungsgeschichte des Art. 15 Abs. 8 VBS und die Bemühungen, mit dieser Klausel Bedenken des amerikanischen Senats zu beseitigen.

[85] *Dulles*, Report to the President (Anm. 81), S. 44.

[86] *Ritterband* (Anm. 19), S. 401; *Dahm* (Anm. 48), S. 219; *Wehberg* (Anm. 75), S. 270 f.; *Joseph H. Kaiser*, Internationale und nationale Zuständigkeit im Völkerrecht der Gegenwart, in: Berichte DGVR Heft 7 (1965), S. 1—23 (20).

[87] So z. B. *Hersch Lauterpacht*, International Law and Human Rights, Cambridge 1968, S. 176; *Ritterband* (Anm. 19), S. 447; *Alfred Verdross*, Plea of Domestic Jurisdiction before an International Tribunal and a Political Organ of the United Nations, in: ZaöRV 28 (1968), S. 33—40 (35); bedauernd auch *Heribert Köck*, Ist Art. 2 Ziff. 7 Satzung der Vereinten Nationen tot?, in: ÖZöffR 22 (1971), S. 327—361 (359), jeweils mit zahlreichen Beispielen aus der Praxis der Vereinten Nationen.

Die notwendige Öffnung des den Staaten ursprünglich vorbehaltenen Raumes ist nicht, wie es noch *Dulles* gefordert hatte, durch die vage Klausel des Art. 2

an rechtlichen Kriterien ausgerichtete Betrachtung der Aussagewert von Art. 2 Abs. 7 SVN in der Betonung der domestic jurisdiction als dem Schutzbereich liegt, dessen Verletzung eine unzulässige Intervention darstellt. Es wurde befürchtet, die neugeschaffene Organisation, der man insbesondere mit den Vorschriften der Art. 55 und 56 SVN einen neuen, sozialstaatlichen Auftrag gegeben hatte, könnte eine zu große Eigendynamik entwickeln und mit ihren Maßnahmen zu stark in den vorbehaltenen Bereich der Staaten eindringen.

Diese Bedenken mögen nach dem damaligen Völkerrechtsverständnis auch im Nachhinein als berechtigt erscheinen. Sie können jedoch hinsichtlich der Begrenzung des zulässigen Handlungsspielraums im zwischenstaatlichen Bereich keine Berücksichtigung finden. Dies gilt insbesondere hinsichtlich der in der Literatur vorgenommenen Definitionsbemühungen des Begriffes der Intervention, die häufig von den Meinungsunterschieden über die Reichweite des Interventionstatbestandes des Art. 2 Abs. 7 SVN und nicht von Erwägungen des allgemeinen Völkerrechtes geprägt waren.[88]

Für die weitere Erörterung der Grenzen zulässiger Einwirkung mit wirtschaftlichen Mitteln als zwischenstaatliches Problem wird die Bedeutung der Interventionsdefinition des Art. 2 Abs. 7 SVN, über ihre mangelnde direkte Anwendbarkeit hinaus, deswegen eingeschränkt, weil der den Staaten vorbehaltenen Bereiches zu weit ausgedehnt wurde. Dies gilt insbesondere wegen der Verwendung der Formulierung „essentially" und der damit verbundenen Öffnung für nicht-völkerrechtliche Argumentation bei der Bestimmung des vorbehaltenen Bereiches. Obwohl auch Art. 15 Abs. 8 der Völkerbundsatzung lediglich innerhalb der Organisation eine auf das Verfahren nach Art. 15 begrenzte Bedeutung hatte,[89] so macht dieser Artikel doch deutlich, daß das Interventions-

---

Abs. 7 SVN und ihre Berücksichtigungsmöglichkeit politischer Faktoren erfolgt, vielmehr hat sich die Anerkennung z. B. menschenrechtlicher Fragestellungen durch eine Schrumpfung des vorbehaltenen Bereiches vollzogen, so daß sich die Staaten insbesondere in diesem Bereich ihrer ursprünglich inneren Angelegenheiten nicht mehr durch Hinweis auf ihre nationale Souveränität einer von außen vorgetragenen Kritik entziehen können. Dieser Schrumpfungsprozeß des vorbehaltenen Bereiches führt im Ergebnis zu einem Wandel des Völkerrechts vom ursprünglichen Koordinationsrecht zu einem auch mit materiellrechtlichen Vorgaben befrachteten Subordinationsrecht.

[88] Dies gilt insbesondere hinsichtlich der Meinungsverschiedenheit innerhalb der amerikanischen Literatur, die insbesondere die Frage der Zulässigkeit von Erörterungen einer Problemstellung im Sicherheitsrat oder der Generalversammlung betrachtete. Als Beispiel sei auf den Beitrag von *Wright*, Is Discussion Intervention? (Anm. 34) verwiesen. So auch: *Hermann Mosler/Hans Otto Bräutigam*, Staatliche Zuständigkeit, in: *Strupp/Schlochauer*, WVR III, S. 317—323 (318).

[89] *Wehberg* (Anm. 75), S. 265 mit Hinweis auf verschiedene Schiedsverträge der Zeit vor dem Zweiten Weltkrieg, die ähnliche Klauseln enthielten.

verbot mit einem durch rechtliche Maßstäbe bestimmten Bereich der eigenen Angelegenheiten eng verbunden ist. Ein Verstoß gegen das Interventionsverbot liegt vor, wenn die Maßnahme des handelnden Staates in diesen Bereich eindringt.

Gleichwohl sind die Formulierungen des Interventionsverbotes in Art. 2 Abs. 7 SVN bzw. Art. 15 Abs. 8 der Völkerbundsatzung für sich genommen deswegen für die Gesamtdiskussion wichtig, weil in ihnen nicht, wie in einer Reihe anderer Verträge, auf einzelne Aspekte des zu schützenden Bereiches — wie etwa die Regierungsform in der Satzung der Arabischen Liga — verwiesen wird, sondern daß hier mit der Erwähnung des domaine réservé bzw. der domestic jurisdiction der letztlich zu schützende Bereich genannt wird. In der Unsicherheit über die Grenzen dieses vorbehaltenen Bereiches zeigt sich einerseits eine große Schwäche — es fehlt ein einfach zu bestimmendes Kriterium — andererseits liegt hier eine große Stärke, weil mögliche Wandlungen in dem Völkerrechtsverständnis einbezogen werden können. Die weitere Bestimmung dieses Bereiches wird sich in dem Spannungsfeld vollziehen müssen zwischen den Interessen an der Erhaltung des Staates als grundlegendem Ordnungs- und Leitungssystem und seiner Einflechtung in einen wertsetzenden Bezugsrahmen, der sich aus der voranschreitenden Anerkennung ehemalig innerstaatlicher Angelegenheiten zu Angelegenheiten von internationalem Interesse ergibt.

b) Entwicklung des Interventionsverbots in der Praxis der Vereinten Nationen

Von besonderer Bedeutung für die Entwicklung des Interventionsverbotes ist die Resolutionspraxis der Vereinten Nationen, die u. U. zu einer Gewohnheitsrechtsbildung beitragen könnte. Die VN bilden das Forum, auf dem die Entwicklungsländer ihre auf den Konferenzen der Blockfreien von Bandung 1955, Belgrad 1961, Kairo 1964, Lusaka 1970 und zuletzt New Delhi 1983[90] gestellten Forderungen nach einem weit-

[90] Die Texte der auf diesen Konferenzen gefaßten Deklarationen sind — zumindest auszugsweise — abgedruckt in:

— Communique of the Asian-African Conference, Bandung 1955, in: A New International Economic Order, Selected Documents 1945—1976, compiled by: *Alfred George Moss/Harry N. M. Winton,* UNITAR Document Service no. 1, S. 2—5;

— Belgrade Declaration of Non-Aligned Countries, 1961, in: *op. cit.,* S. 6—10;

— Cairo Declaration of Non-Aligned Countries, 1964, in: *op. cit.,* S. 91—96;

— Lusaka Declaration on Peace, Independence, Development, Co-operation and Democratisation of International Relations, 1970, in: *op. cit.,* S. 114—117;

— Political Declaration of the Fourth Conference of Non-Aligned Countries, Algier 1973, NAC/ALG/CONF. 4, abgedruckt in: UN Doc. A/9330/annex;

— Political Declaration of the Fifth Conference of Heads of State or Governgehenden Verbot jeder Einmischung Ausdruck verliehen. Im folgenden soll untersucht werden, ob die von diesen Forderungen beeinflußten Resolutionen und Deklarationen der Vereinten Nationen, die sich mit dem Interventionsverbot befaßt haben und bei deren Beratungen zu diesem Thema die zunächst sehr unterschiedlichen Ansichten miteinander konfrontiert wurden, zu einer inhaltlichen Klarstellung des Interventionsverbotes beigetragen haben und welche Konsequenzen aus einem etwaigen Ergebnis zu ziehen sind. Betrachtet werden sollen dabei die „Declaration on the Inadmissability of Intervention in the Domestic Affairs of States and the Protection of their Independence and Sovereignty" aus dem Jahre 1965,[91] die „Declaration on Principles of International Law Concerning Friendly Relations and Co-operation among States in Accordance with the Charter of the United Nations" (Prinzipiendeklaration") aus dem Jahre 1970[92], die „Charta der wirtschaftlichen Rechte und Pflichten der Staaten" aus dem Jahre 1974[93] und schließlich die „Declaration on the Inadmissibility of Intervention and Interference in the Internal Affairs of States"[94].

aa) Prinzipiendeklaration

Auf eine Schilderung des Verlaufes der Beratungen zu dieser Entschließung der Vereinten Nationen soll hier weitgehend verzichtet werden.[95] Als wichtigstes Ergebnis der Beratungen kann zunächst fest-

---

ment of Non-Aligned Countries, Colombo 1976, NAC/Conf. 5/*para.* 5, abgedruckt in UN Doc. A/31/197, annex 1;
— Djarkarta NAC/Conf. 6/*para.* 8;
— New Delhi 1983, NAC/Conf. 7/Rev. 2.

[91] UN Doc. GA Res. 2131 (XX) vom 21. Dezember 1965; dieses war nicht die erste Resolution der Vereinten Nationen, die sich mit dem Problem der Intervention beschäftigte. Andere Resolutionen waren die „Essentials of Peace Resolution" (UN Doc. GA Res. 290 [IV] vom 1. 12. 1949); „Peace Through Deeds Resolution" (UN Doc. GA Res. 380/1 [V] vom 17. 11. 1950); „Declaration Concerning the Peaceful Coexistence of States" (UN Doc. GA Res. 1236 [XII] vom 4. 12. 1957) sowie der Deklarationsentwurf der ILC „On Rights and Duties of States" (UN Doc. GA Res. 375 [IV] vom 6. 12. 1949).

[92] UN Doc. GA Res. 2625 (XXV) vom 24. 10. 1970.

[93] UN Doc. GA Res. 3281 (XXIV) vom 12. 12. 1974; abgedruckt in: ILM 14 (1975), S. 251 ff.

[94] UN Doc. GA Res. 36/103 vom 9. 12. 1981; deutsche Übersetzung in VN 30 (1982), S. 182—183.

[95] Vgl. dazu *Nicholas Greenwood Onuf,* The Principle of Non-intervention, the United Nations, and the International System, in: IO 25 (1971), S. 209—227 (214 ff.); *Jochen Abr. Frowein,* Freundschaft und Zusammenarbeit unter den Staaten — Die UN-Resolution über freundschaftliche Beziehungen als Ausdruck wichtiger Strömungen im heutigen Völkerrecht, in: EA 28 (1973), S. 70—76; *Robert Rosenstock,* The Declaration of Principles of International Law concerning Friendly Relations: A Survey, in: AJIL 65 (1971), S. 713—735; besonders ausführlich *Hanspeter Neuhold,* Internationale Konflikte (Anm. 3), S. 300—331; *Tomislav Mitrovic,* Non-Intervention in the Internal Affairs of States, in: Sahovic, Principles, S. 219—275 (219—223).

gehalten werden, daß die Entwicklungsländer im Rahmen der Beratungen über die Prinzipiendeklaration zu dem Thema des Prinzips des Gewaltverbotes bis in die letzte Sitzungsperiode gefordert hatten, wirtschaftlichen und politischen Druck in das Gewaltverbot des Art. 2 Abs. 4 SVN mit einzubeziehen.[96] Sie stießen dabei auf den entschiedenen Widerstand der westlichen Staaten.[97] Es handelte sich dabei um eine Diskussion, die sich auch noch nach der Verabschiedung der Prinzipiendeklaration im Rahmen der Bemühungen um die Aggressionsdefinition fortsetzte. In beiden Fällen konnten sich die Entwicklungsländer nicht durchsetzen.

Ebenfalls im Rahmen der Beratungen um die Prinzipiendeklaration — diesmal allerdings zu dem Thema des Interventionsverbotes — ließen die Entwicklungsländer relativ früh von ihrer Forderung ab, Art. 2 Abs. 4 SVN als Grundlage des Interventionsverbotes aufzufassen.[98] Dieser scheinbare Widerspruch findet seine Erklärung darin, daß die Entwicklungsländer — im Gegensatz vor allem zu dem Vertreter der USA[99] — ausgehend von einem auch wirtschaftlichen und politischen Druck umfassenden Interventionsbegriff in dem Interventionsverbot eine eigenständige, vom Gewaltverbot unabhängige Rechtsgrundlage erblickten, während vor allem die USA auch für das Interventionsverbot die Rechtsgrundlage in dem Gewaltverbot des Art. 2 Abs. 4 SVN sahen, es allerdings auf die Anwendung militärischer Maßnahmen beschränkt wissen wollten. Diese Position der Vereinigten Staaten erklärt sich indes nur scheinbar mit dem sog. „klassischen" Interventionsbegriff, der in der Tat lediglich militärische Maßnahmen als Interventionen ansieht und damit auch Art. 2 Abs. 4 SVN für anwendbar erklären würde. Ähnlich wie die als Beleg für den „klassischen" Interventionsbegriff zitierten Autoren behauptet aber auch der Leiter der amerikanischen Delegation *Schwebel*[100] nicht, daß es außerhalb militärischer Aktionen keine Maßnahmen gäbe, die unter das Interventionsverbot fielen. Allerdings ist seiner Ansicht nach in der Charta der Vereinten Nationen selbst keine Verbotsnorm enthalten, die die Intervention zwischen Staaten verbietet. Auf diesen Umstand und insbesondere auf die aus seiner Sicht gegebene Begrenzung des Auftrages des Special Com-

---

[96] Siehe dazu die Stellungnahmen von *Elias* (Nigeria), UN Doc. A/AC.119/SR.7, *paras* 22 f.; *San Maung* (Burma), UN Doc. A/AC.119/SR.7, *para.* 19.

[97] Siehe dazu die Stellungnahmen von *Arangio-Ruiz* (Italien), UN Doc. A/AC.113/SR.7, *para.* 6; *Riphagen* (Niederlande), UN Doc. A/AC.119/SR.7, *para.* 8; *Schwebel* (USA), UN Doc. A/AC.119/SR.7, *paras* 12—13; vgl. auch *Arangio-Ruiz* (Anm. 9), S. 99; *Dohna* (Anm. 21), S. 56.

[98] *Dohna* (Anm. 21), S. 110.

[99] Stellungnahme von *Schwebel* (USA), UN Doc. A/AC.119/SR.29, *paras* 9, 12—13; *ders.*, UN Doc. A/AC.119/SR.32, *para.* 25.

[100] UN Doc. A/AC.119/SR.29, *paras* 7—8.

mittee[101] auf die Erörterung der in der Charta der Vereinten Nationen verankerten Prinzipien gründet er seine Ablehnung, das Problem der Intervention mit wirtschaftlichen Mitteln in den Prinzipienkatalog mit einzubeziehen.

Es handelt sich dabei um ein formales Argument, das zwar die politische Aussage impliziert, daß aus Sicht der USA eine Debatte zu diesem Thema in den Gremien der Vereinten Nationen nicht wünschenswert erschien; doch ist damit nicht das rechtliche Argument verbunden, daß es eine Intervention mit wirtschaftlichen Mitteln nicht gäbe. Dieser Zusammenhang wird deutlich, wenn *Schwebel* nach der Feststellung, daß das Nichtinterventionsprinzip zwischen Staaten nicht in Art. 2 Abs. 4 enthalten ist, ausführt, daß „... the international community has means of meeting that challenge (die Intervention) without affirming that the Charter said what it did not say."[102]

Berücksichtigt man diesen Zusammenhang, so erweist sich, daß die von verschiedenen Autoren[103] als Kompromiß bewertete Formulierung des Interventionsverbotes in der Prinzipiendeklaration zwar einen solchen beinhalten mag; dieser Kompromiß besteht aber — wie hier gezeigt wurde — nicht darin, daß etwas formuliert wurde, das nicht der rechtlichen Überzeugung der beteiligten westlichen Staaten entspräche und dem daher schon aus diesem Grunde rechtliche Bedeutung nicht zukäme. Er besteht vielmehr darin, daß sich die westlichen Staaten im Zuge der Verhandlungen um die Prinzipiendeklaration gezwungen sahen, sich der Aufnahme eines Prinzips nicht mehr zu widersetzen, dessen rechtliche Grundlage sie nicht bestritten, das aber angesichts der Reichweite der Formulierungen der Entwicklungsländer zu extensiv erschien und dessen Einbeziehung sie mit formellen Gründen (keine Verankerung in der Satzung) zu bekämpfen versuchten. In dem Verzicht auf die formelle Begrenzung der Regelungsmaterie der Deklara-

---

[101] Er bezieht sich hier auf die der Arbeit des Special Committee zugrunde liegende Resolution der Generalversammlung (Res. 1966 XVIII).

[102] Stellungnahme von *Schwebel* (USA), UN Doc. A/AC.119/SR.29, *para.* 8; zumindest überzeichnet ist daher auch die Behauptung von *Mitrovic* (Anm. 95), S. 220, die dahin geht, die Vereinigten Staaten würden dem Prinzip der Nichtintervention generell die Anerkennung absprechen. An den vier von dem Autor herangezogenen Belegstellen fehlt eine Stellungnahme von amerikanischer Seite völlig. Lediglich in der 825. Sitzung des VI. Komitees ist eine Stellungnahme von *Plimpton* (USA) enthalten. Hier tritt der Redner aber der Behauptung entgegen, Art. 2 Abs. 7 SVN gelte auch in dem Verhältnis zwischen Staaten. Die Existenz eines Interventionsverbotes wird aber nicht generell bestritten, sondern lediglich die Abgrenzung zur erlaubten Einflußnahme als schwierig bezeichnet (UN Doc. A/C.6/SR.825, *para.* 8). Abgelehnt wird von amerikanischer Seite allerdings — zu Recht — eine Interventionskonzeption, die jegliche Einflußnahme verbieten will.

[103] *Dohna* (Anm. 21), S. 111; *Harald Stemberg*, Die Charta der wirtschaftlichen Rechte und Pflichten der Staaten, Berlin 1983, S. 65.

tion auf „principles embodied in the Charter" liegt der Kompromiß, nicht aber in der grundlegenden Frage der Existenz der Rechtsregel.[104] Auf seiten der Entwicklungsländer bestand der Kompromiß darin, daß sie die Verankerung des Interventionsverbotes in Art. 2 Abs. 4 nicht mehr forderten.

Das Ergebnis der Bemühungen war einerseits die Begrenzung des Gewaltverbotes auf militärische Maßnahmen — dies stellt einen Erfolg der westlichen Länder dar —, andererseits die Anerkennung des Verbotes der Intervention mit wirtschaftlichen Mitteln auch in der Prinzipiendeklaration — dies ist ein Erfolg der Entwicklungsländer.

bb) Interventionsdeklaration

Wesentlich beeinflußt wurde die Arbeit des Special Committee an dem Prinzip der Nichtintervention[105] von der am 21. 12. 1965 von der Vollversammlung verabschiedeten „Declaration on the Inadmissibility of Intervention"[106]. Diese Deklaration wurde auf der Grundlage eines

[104] Daß die Ablehnung der westlichen Staaten sich im wesentlichen gegen die Verankerung des Verbotes wirtschaftlichen Druckes in Art. 2 Abs. 4 SVN richtete und nicht gegen ein solches Verbot überhaupt, wird deutlich an einer Stellungnahme *Sinclairs* (Vereinigtes Königreich). Im Anschluß an eine Ablehnung der Anknüpfung an Art. 2 Abs. 4 SVN führt er aus: „... that was not to say that all forms of economic and political pressure which threatened the territorial integrity and political independence of another State were permissible: they might well constitute illegal intervention" (UN Doc. A/AC.125/SR.29, *para.* 39). Die grundsätzliche Anerkennung dieses Rechtsprinzips bei gleichzeitiger Ablehnung seiner Einbeziehung in die Prinzipiendeklaration unter Hinweis auf die Abgrenzungsschwierigkeiten wird deutlich an einer früheren Stellungnahme *Sinclairs* während der Sitzungen des Special Committee im Dezember 1963: „It would be all too easy to categorise as intervention what amounted to no more than the ordinary staff of diplomatic intercourse. It would be equally all too easy to claim that certain forcible measures taken in relation to another State did not amount to Intervention. In his delegation view therefore it would be unwise and unprofitable for the Committee to attempt to define that word, because any undue extention of the concept would stultify the growth of international co-operation and any undue restriction would leave States without protection against what were very real dangers" (UN Doc. A/AC.119/SR.26, *para.* 5). Auch aus Sicht zumindest eines Teils der Entwicklungsländer stellt nicht jeder wirtschaftliche oder politische Druck eine Intervention dar. Dies wird u. a. deutlich an einer Stellungnahme *Castanedas* (Mexiko): „... It must, of course, be recognized that the interplay of mutual influence and exercise of certain pressures were a part of international relations." (UN Doc. A/AC.119/SR.30, *para.* 8).

[105] Einen zusammenfassenden Überblick über die Arbeit des Special Committee zu diesem Prinzip gibt *Dohna* (Anm. 21), S. 103 ff.

[106] GA Res. 2131 (XX), abgedruckt in GAOR, XX, Supplement No. 14, S. 11 und bei *Dohna* (Anm. 21), S. 278—280. Die Anfänge dieser Deklaration gehen auf einen von der Sowjetunion eingebrachten Entwurf zurück (UN Doc. A/C.1/L.343/REV.1), der als Reaktion auf die Eskalation des Vietnamkrieges und das Eingreifen amerikanischer Truppen in der Dominikanischen Republik erfolgte. Dies wird deutlich in der Präambel des Resolutionsentwurfes. Siehe dazu: *Ritterband* (Anm. 19), S. 335; *Neuhold,* Internationale Konflikte (Anm. 3), S. 304.

von den Entwicklungsländern eingebrachten Formulierungsvorschlages[107] mit 109 Ja-Stimmen, keiner Nein-Stimme und bei nur einer Enthaltung angenommen.

Inhaltlich weist der Text der Resolution 2131 in wesentlichen Teilen Ähnlichkeiten mit Art. 15 (18) der OAS-Charta auf. Er spricht in seinen ersten beiden operationellen Artikeln ein ähnlich weit gefaßtes Interventionsverbot aus und verbindet dieses in den weiteren Artikeln mit Fragen der kulturellen Identität und schließlich in Art. 6 mit Fragen der Selbstbestimmung, der Beseitigung der Rassendiskriminierung und des Kolonialismus.

Das Abstimmungsverhalten der westlichen Länder, sowohl in dem mit der Ausarbeitung beauftragten 1. Komitee[108] als auch in der Generalversammlung, erscheint verwunderlich angesichts der weiten Formulierung des Interventionsverbotes. Die beteiligten westlichen Staaten haben mit ihrem Abstimmungsverhalten über die Resolution 2131 (XX) sich nicht gegen eine Formulierung gewandt, die ein sehr weites Interventionsverbot enthält.[109] Zwar wurde gegenüber dem ursprünglichen Vorschlag der Entwicklungsländer[110] das Wort „interfere" durch „intervene" ersetzt. Damit sollte nach westlichem Verständnis eine gewisse inhaltliche Wertung angedeutet werden, die im Gegensatz zu „interfere" nicht jegliche Beeinflussung unter Verbot stellt. Diese rein sprachliche Veränderung kann aber nicht darüber hinweg täuschen, daß die westlichen Staaten damit ein Interventionskonzept nicht verhindert haben, dem sie in anderen Gremien prinzipiell ablehnend gegenüberstanden.

Eine politische Erklärung für das Abstimmungsverhalten stellen die damaligen besonderen politischen Umstände in der Dominikanischen Republik nach der Landung der US-Truppen dar.[111] Zudem handelte es sich um eine Resolution, die von dem mehr politisch ausgerichteten 1. Komitee beraten wurde, in dem nach westlicher Ansicht Kompromisse weniger weitreichende Folgen für die Verbindlichkeit einer gefundenen Formulierung haben als in dem mehr rechtlich ausgerichteten Special

---

[107] UN Doc. A/C.1/L.364 and ADD. 1, angenommen ohne Änderung als Res. 2131 (XX).

[108] Im 1. Komitee stimmten 100 Länder bei 5 Enthaltungen (Australien, Belgien, Großbritannien, Neuseeland, Niederlande) und keiner Gegenstimme für die Resolution (Bericht des 1. Komitees, UN Doc. A/6220 vom 21. 12. 1965).

[109] So neben vielen anderen auch *Gerlach* (Anm. 3), S. 45; *R. J. Vincent*, Nonintervention and International Order, Princeton 1974, S. 239 „Clearly, this declaration went well beyond not only the obligations of the Charter, but also beyond the most comprehensive of the tradition doctrines of nonintervention."

[110] UN Doc. A/C.1/L.353/Rev. 4 and Add. 1.

[111] *Heribert Golsong*, Das Problem der Rechtsetzung durch internationale Organisationen (insbesondere im Rahmen der UN), in: Berichte DGVR Heft 10 (1971), S. 1—50 (36); *Onuf* (Anm. 95), S. 216.

Committee.[112] Eine solche Differenzierung zwischen einem politischen und einem rechtlichen Forum sollte aber nicht den Eindruck mangelnder Koordination der Verhandlungsführung[113] in dem Special Comittee und dem 1. Comittee entstehen lassen.

Durch die Annahme der Resolution 2131 (XX) waren die Vertreter der westlichen Staaten in der 2. Sitzung des Special Committee im Jahre 1966 insofern in eine schwierige Lage gebracht worden, als einerseits die Weite des Interventionsbegriffes in der verabschiedeten Resolution ihrer bisherigen ablehnenden Position widersprach, sie aber andererseits die Resolution als politisches Faktum nicht ignorieren konnten. Den Versuchen der Entwicklungsländer und der Länder des Ostblocks, die Arbeiten an dem Nichtinterventionsprinzip in dem Special Committee einzustellen und an dessen Stelle die Resolution in die Prinzipiendeklaration zu übernehmen, traten die westlichen Delegierten u. a. mit dem Hinweis auf den politischen Charakter, den fehlenden rechtlichen Gehalt und die inhaltliche Unschärfe der Resolution entgegen.[114]

Der letztlich in der Prinzipiendeklaration angenommene Text zu dem Interventionsverbot entspricht in wesentlichen Teilen der Res. 2131 (XX). Abänderungen finden sich lediglich in einzelnen Formulierungen und in dem Weglassen von zwei Absätzen, die für das Interventionsverbot keine direkte Bedeutung hatten.[115]

Betrachtet man die beiden Resolutionen unter dem Blickwinkel, ob der Interventionsbegriff einen eigenständigen, von dem Gewaltverbot unabhängigen Regelungsbereich erhalten hat, der Maßnahmen militärischer Gewalt nicht mehr umfaßt, sondern ausschließlich auf nichtmilitärische Verhaltensweisen anzuwenden ist, so zeigt der Befund ein zwiespältiges Ergebnis:

Vor dem Hintergrund der Ablehnung der Einbeziehung wirtschaftlicher Maßnahmen in das Gewaltverbotsprinzip ist festzustellen, daß einerseits das Interventionsprinzip getrennt vor dem Gewaltverbot in einem eigenen Prinzip definiert wurde, so daß sich hier eine Trennung beider Prinzipien andeutet. Andererseits wird diese Trennung insofern nicht konsequent durchgeführt, als die gewählte Formulierung des Nichtinterventionsprinzips im zweiten Satz des Art. 1 auch „armed inter-

---

[112] *Onuf* (Anm. 95), S. 218; *Neuhold,* Internationale Konflikte (Anm. 3), S. 324.

[113] *Neuhold,* Internationale Konflikte (Anm. 3), S. 323.

[114] Siehe dazu den zusammenfassenden Bericht des Berichterstatters des Special Committee *Riphagen* (Niederlande) über die Sitzung im Jahre 1966, UN Doc. A/6230, *paras 133 ff.,* besonders *paras* 294, 297 ff.; *Golsong* (Anm. 111), S. 36; *Dohna* (Anm. 21), S. 117; *Neuhold,* Internationale Konflikte (Anm. 3), S. 324.

[115] Eine Analyse der weiteren Unterschiede zwischen beiden Resolutionen findet sich bei: *Scheuner* (Anm. 47), S. 150; *Vincent* (Anm. 109), S. 241—242 (speziell Fn. 21).

vention" erwähnt. Fraglich ist, welche Folgerungen aus der Erwähnung der „armed intervention" in Satz 2 des Art. 1 des Nichtinterventionsprinzips zu ziehen sind. Einmal könnte man mit *Neuhold*[116] resignierend feststellen, daß mit dieser Formulierung die auch von ihm angestrebte klare Abgrenzung „nach oben" keine Anerkennung gefunden hat, sondern durch die unveränderte Übernahme von Art. 15 (bzw. Art. 18) der OAS-Charta und der entsprechenden Formulierung der Resolution 2131 (XX) kein Fortschritt in Richtung auf eine eindeutige Abgrenzung erzielt wurde.

Angesichts der Debatten zu beiden Prinzipien im Special Committee und der sich darin widerspiegelnden Anerkennung der unterschiedlichen oder zumindest nicht deckungsgleichen Rechtsgrundlagen für diese Prinzipien könnte man andererseits mit *Dohna* vertreten, daß die Erwähnung der „armed intervention" lediglich als Abweichen von der grundsätzlichen Trennung beider Prinzipien eine gewisse Überschneidung oder Ausdehnung zum Gewaltverbot hin enthält, die der ausdrücklichen Erwähnung bedarf, um ihren Ausnahmecharakter zu dokumentieren, da unter „Interventionen im eigentlichen Sinne nur Maßnahmen nicht-militärischen Charakters zu verstehen (seien), und daher das Interventionsverbot als solches auch nur diese Maßnahmen (erfaßte)."[117]

Betrachtet man die Interventions- und Prinzipiendeklaration unter dem Blickwinkel der Abgrenzung zwischen erlaubter und unerlaubter Einwirkung auf einen anderen Staat, so ist bei einer Analyse der Gang der Verhandlungen zu beachten. Ursprünglich vertraten die westlichen Staaten bei den Beratungen der Prinzipiendeklaration die Position, daß die Möglichkeit der Intervention unterhalb der Schwelle militärischer Gewalt in die Prinzipiendeklaration überhaupt nicht aufgenommen werden solle. Nachdem diese grundsätzliche Position durch die Annahme der Resolution 2131 (XX) nicht mehr haltbar war, vollzogen die westlichen Staaten — insbesondere Großbritannien — eine Wendung und brachten bei den Verhandlungen zur Prinzipiendeklaration einen eigenen Vorschlag[118] ein. Dieser Vorschlag führte — entgegen der ursprünglichen Konzeption ohne Bezug auf das Gewaltverbot des Art. 2 Abs. 4 SVN[119] — in seinem Absatz 26 auch wirtschaftliche, politische oder ähn-

---

[116] *Neuhold*, Internationale Konflikte (Anm. 3), S. 334.

[117] *Dohna* (Anm. 21), S. 112.

[118] UN Doc. A/AC.125/L.44, part III vom 19. Juli 1967; siehe dazu die Stellungnahme von *Sinclair* (Vereinigtes Königreich) UN Doc. A/AC.125/SR.71, S. 3.

[119] Die westlichen Staaten und insbesondere die Vereinigten Staaten vertraten ursprünglich die Ansicht, daß nur Art. 2 Abs. 4 SVN Grundlage des Interventionsverbotes sein könne. Siehe dazu den amerikanischen Änderungsentwurf UN Doc. A/AC.119/L.26 (abgedruckt in: GAOR, XX, Annexes, agenda item 90 and 94, S. 116 f.).

liche Mittel als mögliche Interventionsmaßnahmen an. Das weitere Bemühen der westlichen Staaten in dem Special Committee ging nun dahin, — trotz aller grundsätzlichen Bedenken hinsichtlich der Definierbarkeit der Grenzen des Interventionsverbotes[120] — die Grenzen zwischen erlaubtem, ja notwendigem Einfluß der Staaten untereinander und unerlaubtem Druck zu beschreiben. Bevor der Text des in der Prinzipiendeklaration verankerten Interventionsverbotes hinsichtlich der Frage betrachtet wird, ob in ihm solche Schranken erkennbar sind, soll wegen der wechselseitigen Beeinflussung der verabschiedeten Resolutionen zunächst der Text der Resolution 2131 (XX) untersucht werden, allerdings nur insofern, als er sich von dem Prinzip der Nichtintervention in der Prinzipiendeklaration unterscheidet.

In der hier entscheidenden Frage nach Kriterien für die Grenzziehung zwischen verbotener und erlaubter Beeinflussung mit wirtschaftlichen Mitteln ist gegen den Text der Resolution 2131 (XX) ebenso wie schon gegen die entsprechenden Bestimmungen der OAS-Charta der Vorwurf der „Schrankenlosigkeit" erhoben worden.[121] Untersucht man diesen Vorwurf anhand des Textes der Resolution 2131 (XX) und vergleicht diesen mit den entsprechenden Bestimmungen der OAS-Charta, so fällt — neben einzelnen unwesentlichen Formulierungsänderungen[122] — auf, daß mit der Ersetzung des Wortes „and" durch „or" am Ende des Satzes 1 von Abs. 2 eine inhaltliche Ausweitung erfolgte. Diese Änderung ist insofern von Bedeutung, als der Text in der Formulierung der Resolution 2131 (XX) die beiden Elemente „in order to force the sovereign will of another State" und „obtain from it advantages of any kind" nicht mehr, wie bei der OAS-Charta, in ein kumulatives Verhältnis zueinander stellt, so daß zur Erfüllung des dort beschriebenen Tatbestandes beide Elemente vorliegen müssen, sondern beide Elemente nunmehr alternativ nebeneinander stehen. Die Erfüllung eines Merkmales reicht also für die Erfüllung des Tatbestandes aus. Nach dieser Regelung würde ein reines Vorteilsstreben bei der Beeinflussung eines anderen Staates zur Verletzung des Interventionsverbotes ausreichen. Damit wäre in dieser Variante der Bezug zu der Souveränität als Schutzgut des Interventionsverbotes gefährdet, dieses jedenfalls dann, wenn man den Abs. 2 isoliert betrachtet und nicht in Bezug zu Abs. 1 setzt. Es ergibt sich somit, daß die Abgrenzungsansätze, die man in den Formulierungen der OAS-Charta erkennen könnte,[123] in der Resolution 2131

---

[120] Stellungnahme von *Monod* (Frankreich), UN Doc. A/AC.119/SR.28, S. 8—10.

[121] *Dohna* (Anm. 21), S. 123.

[122] Dazu gehört die Streichung von „Group of States" als Verbotssubjekte im Satz 1 und die Umformulierung des Satzes 2 des 1. Absatzes (bzw. Art. 15 OAS-Charta).

[123] Siehe dazu die Auslegung der Art. 15 und 16 der OAS-Charta, oben S. 42 ff.

(XX) zusätzlich noch verwässert wurden. Ihr möglicher Anwendungsbereich ist noch weiter geworden und würde wohl auch ökonomisch bedingte Lieferstops z. B. zur Erzielung eines höheren Preisniveaus umfassen. Die Unterbindung von ökonomisch motivierten Maßnahmen kann aber nicht der Zweck des Interventionsverbotes sein.

In der Prinzipiendeklaration wurde dann die ursprüngliche Formulierung der OAS-Charta wieder aufgenommen und das Wort „or" durch „and" ersetzt.[124] Damit wurde das kumulative Verhältnis wiederhergestellt, so daß nach dem endgültigen Text die Ausübung von Zwang zur Erreichung eines Vorteils gleich welcher Art nicht mehr ausreicht, wenn nicht gleichzeitig der souveräne Wille des anderen Staates beeinträchtigt wird.

Der Text des „principle of nonintervention" enthält die zentrale Aussage gleich in dem ersten Satz des ersten Absatzes:

> No State or group of States has the right to intervene, directly or indirectly, for any reason whatever, in the internal or external affairs of any other State.

Wie schon der entsprechende Text der OAS-Charta erscheint diese Formulierung zunächst äußerst weit, insbesondere dann, wenn man „to intervene" als eine Bezeichnung jeglicher Einmischung betrachtet. Eine solche Auslegung steht aber nicht im Einklang mit den nachfolgenden Sätzen dieses und des nächsten Absatzes, die den in Satz 1 dargelegten Grundsatz näher spezifizieren. Als Schutzgut der grundlegenden Definition werden in Satz 1 die inneren und äußeren Angelegenheiten genannt. Die Anführung auch der äußeren Angelegenheiten war im Special Committee Gegenstand einiger Debatten, in denen sich ein auch in der Literatur vorhandener Streit[125] widerspiegelte. Mit dem Argument, daß

---

[124] Damit wurde einer entschiedenen Forderung der westlichen Staaten nachgegeben, vgl. die Stellungnahme von *Monod* (Frankreich), UN Doc. A/AC.125/SR.12, S. 6; diese Änderung wurde in den Schlußstellungnahmen der Delegierten des Special Committee wegen der Klarstellung der doppelten Bedingtheit von seiten der Entwicklungsländer begrüßt von *Njenga* (Kenia), UN Doc. A/AC.125/SR.114, in: GAOR, XXV, Suppl. No. 18, *para.* 190, kritisch dagegen *Galvez* (Mexiko) und *Barboza* (Mexiko), ebenda, *para.* 212/*para.* 106, die trotz des geänderten Wortlautes keine Änderung gegenüber der Resolution 2131 (XX) anerkennen wollten; ähnlich die Stellungnahme von *Rossides* (Zypern) im 6. Ausschuß bei der Beratung des Entwurfes des Special Committee, in: UN Doc. A/C.6/SR.1181, *para.* 43.

[125] Gegen die Einbeziehung der äußeren Angelegenheiten in eine Interventionsdefinition des allgemeinen Völkerrechtes wendet sich u. a.: *Wilhelm Wengler*, Völkerrecht, Band II, Berlin 1964, S. 1049.

Für die Einbeziehung: *Mosler/Bräutigam*, Staatliche Zuständigkeit, in: *Strupp/Schlochauer*, WVR II, S. 319, die Fälle aufführen, in denen die staatliche Zuständigkeit (domestic jurisdiction) weiterreicht als die inneren Angelegenheiten; *Hans Reinhard*, Rechtsgleichheit und Selbstbestimmung der Völker in wirtschaftlicher Hinsicht, Berlin 1980, S. 266, Fn. 955; ausdrücklich für die Einbezieein Staat sich in seinen äußeren Angelegenheiten einen wesentlich höheren Grad an Beeinflussung gefallen lassen müsse als in seinen inneren Angelegenheiten, wird der Schutz der „domestic jurisdiction" durch das Interventionsverbot nicht auf die äußeren Angelegenheiten ausgedehnt. „Es (sei) gang und gäbe, daß ein Staat in Bezug auf die Außenpolitik anderer Staaten Wünsche und Forderungen äußert, und daß er mit legalen Druckmitteln die Durchsetzung dieser Forderung zu unterstützen versucht."[126] Gegen diese auch im Special Committee vertretene Ansicht[127] wurde nicht nur von Sprechern der Entwicklungsländer argumentiert, daß Interventionen sowohl innen- als auch außenpolitische Aspekte aufweisen können.[128]

Legt man der Frage, ob neben den inneren auch äußere Angelegenheiten in den Schutzbereich des Interventionsverbotes fallen können, die generelle Konzeption zugrunde, daß dessen Schutzbereich begrenzt wird durch die domestic jurisdiction, d. h. den Bereich, in dem die Zuständigkeit des Staates durch völkerrechtliche Regelungen nicht betroffen wird, so zeigt sich, daß es auch äußere Angelegenheiten gibt, deren Regelung dem Staat nicht durch völkerrechtliche Vorgaben entzogen worden ist. Zwar ist das Verhältnis unter den Staaten zu einem wesentlichen Teil durch völkerrechtliche Regelungen erfaßt. Damit wird es der domestic jurisdiction entzogen. Andererseits ist der Staat aber z. B. bei seinem Entschluß, einen völkerrechtlichen Vertrag zu schließen oder einen anderen Staat anzuerkennen, durch völkerrechtliche Regelungen nicht eingeengt. Dieser Bereich der äußeren Angelegenheiten gehört ebenso zu dem geschützten staatlichen Autonomiebereich wie innere Angelegenheiten, die nicht von völkerrechtlichen Regelungen erfaßt worden sind. Die Konzeption der domestic jurisdiction ist nicht begrenzt auf innere Angelegenheiten. Vielmehr ist diese Konzeption weiter und erfaßt auch seine äußeren Angelegenheiten. Ihre Grenze wird durch die Reichweite der völkerrechtlichen Regelungen beschrieben.

Wendet man die von *Schwarzenberger* geprägte Terminologie an[129], so geht es bei der domestic jurisdiction um den Schutz der rechtlichen

hung der äußeren Angelegenheiten eines Staates: *Christopher C. Joyner*, The Transnational Boycott As Economic Coercion In International Law: Policy, Place, And Practice, in: Vand. J. Transn. L. 17 (1984), S. 205—286 (233).

[126] *Wengler* (Anm. 125), S. 1049.

[127] Stellungnahme von *Bailey* (Australien), UN Doc. A/AC.125/SR.13, S. 1; zweifelnd *Blix* (Schweden), UN Doc. A/AC.125/SR.12, S. 8; *Arangio-Ruiz* (Italien), UN Doc. A/AC.125/SR.14, S. 7 wegen der Unschärfe des Interventionskonzepts.

[128] *Castaneda* (Mexiko), UN Doc. A/AC.119/SR.30, S. 10; ähnlich *Riphagen* (Niederlande), UN Doc. A/AC.119/SR.30, S. 13, der sich allerdings gegen die Aufnahme der Formulierung „innere und äußere Angelegenheiten" wendete und stattdessen auf die „domestic jurisdiction" auch im Text bezug nehmen wollte. *Sinclair* (Vereinigtes Königreich), UN Doc. A/AC.125/SR.14, S. 6 bei der Erklärung des Vorschlags vom 16. März 1966 (UN Doc. A/AC.125/L.13).

negativen Souveränität, d. h. um die Freiheit vor der Willensbeeinflussung durch andere Staaten. Es geht dabei um die Freiheit von Beeinflussungen von außen. Der innerstaatliche Willensbildungsprozeß, mag er nun nach außen oder nach innen gerichtet sein, soll geschützt werden. Wenn aber gesagt wird, daß ein Staat in seinen äußeren Angelegenheiten einer stärkeren Beeinflussung ausgesetzt ist[130] und sich dem nicht durch Hinweis auf seine domestic jurisdiction entziehen kann, so mag dies als Beschreibung der tatsächlichen Lage zutreffend sein. Auf der rechtlichen Ebene erklärt sich dieses Phänomen dadurch, daß im äußeren Bereich, d. h. in den Beziehungen der Staaten zueinander, die Regelungsdichte des Völkerrechtes traditionell wesentlich höher war, so daß hier Regelungsbereiche aufgrund der Existenz von völkerrechtlichen Vorgaben der freien innerstaatlichen Entscheidungsgewalt entzogen waren. Bei den Regelungen, die der Staat in Bezug auf die Gestaltung der innerstaatlichen Vorgänge trifft, haben die einschlägigen völkerrechtlichen Normen noch nicht eine vergleichbare Dichte angenommen. Dies führt dazu, daß im innerstaatlichen Bereich der den Staaten zur Regelung vorbehaltene Bereich, d. h. der Bereich, der nicht (oder noch nicht) durch völkerrechtliche Normen erfaßt ist, wesentlich weiter ist.

Betrachtet man unter diesem Gesichtspunkt den einschlägigen Text der Prinzipiendeklaration, so ist die Kritik an der Einbeziehung der Formulierung „innere und äußere Angelegenheiten" insofern unberechtigt, als sie meint, eine Intervention in äußere Angelegenheiten sei nicht möglich. Berechtigt ist sie, wenn man bedenkt, daß in dem operationellen Text nur das Objekt der Eingriffsmöglichkeiten genannt wird, nämlich die inneren und äußeren Angelegenheiten. Das eigentliche Schutzgut, die domestic jurisdiction, wird nur in der Überschrift erwähnt. Insofern besteht eine gewisse Diskrepanz zwischen dem Text und seiner Überschrift.[131] Aus dieser Schwäche des Textes könnte man den Schluß ziehen, daß mit der Formulierung in S. 1 des Absatzes 1 nicht nur das Objekt der Eingriffsmöglichkeiten, sondern auch die Reichweite des Schutzbereiches definiert werden sollte. Ein solches Verständnis würde sich zu Recht dem Vorwurf eines schrankenlosen Interventionsverbotes aussetzen. Als Verbot jeglicher Einflußnahme würde das Prinzip der Nichtintervention die letzte Aussagekraft verlieren.[132] Wie schon

[129] *Georg Schwarzenberger*, The Forms of Sovereignty, in: Current Legal Problems 10 (1957), S. 264—295. Diese Terminologie legt insbesondere *Dicke* (Anm. 3), S. 68 ff. seinen Ausführungen zugrunde.

[130] *Wengler* (Anm. 125), S. 1049.

[131] Auf diese Diskrepanz zwischen Titel und Text des Prinzips der Nichtintervention weist auch *Arangio-Ruiz* (Anm. 9), S. 124 hin. Für den deutschen Sprachgebrauch löst sich dieser Widerspruch allerdings insofern auf, als für „domestic jurisdiction" der Begriff „eigene Angelegenheiten" häufig gebraucht wird.

[132] Dies ist ein häufig erhobener Vorwurf. Der hier unternommene Versuch einer Auslegung der Formulierungen darf nicht darüber hinwegtäuschen, daß

ausgeführt, wäre eine solche Konzeption mangels Bezug zu den tatsächlichen Gegebenheiten der Interdependenz zwischen den Staaten, einem der prägenden Merkmale des gegenwärtigen Staatensystems, in dem auf gewisse Druckmaßnahmen nicht verzichtet werden kann[133], völlig unrealistisch.

Eine solche wörtliche Auslegung stünde aber in Übereinstimmung mit dem Zusammenhang, in dem die Formulierung sowohl durch die Überschrift als auch durch die sich anschließenden, näher konkretisierenden Aussagen zum Interventionsverbot steht. Wenn eine Diskrepanz zwischen einer Formulierung in der Überschrift und in dem Text besteht, so hat der Text als die eigentliche Aussage Vorrang.[134] Die Formulierungen der Überschrift können aber auch zur Auslegung des Textes herangezogen werden. Die in der Überschrift verwendete Formulierung „domestic jurisdiction" und die darin enthaltene wertende Begrenzung der Interventionszone auf die nicht von völkerrechtlichen Regelungen umfaßten Bereiche findet ihre Entsprechung in der näheren Ausgestaltung in Satz 2 des 1. Absatzes. Durch die Anführung des Merkmales der Einmischung in die Staatenpersönlichkeit („personality of a State") oder den Bezug auf ihre politischen, wirtschaftlichen und kulturellen Elemente wird die Grundaussage des Verbotes der Einmischung in die inneren und äußeren Angelegenheiten spezifiziert und konkretisiert.

Die Bedeutung der im Special Committee als unklarer Begriff[135] gekennzeichneten Formulierung Staatenpersönlichkeit („personality of a State") könnte man mit den staatstheoretischen Vorstellungen *Hermann Hellers* veranschaulichen. Dieser hat in seiner Auseinandersetzung mit den Souveränitätsvorstellungen *Kelsens* und der positivistischen Schule versucht, durch die Vorstellung vom Staat als Person die staatliche Einheit über die Fülle der von ihm geschaffenen positiven Normen hinaus zu erklären. „Der Jurist (muß sich) an der Spitze des staatlichen Rechtssystems ... keine bloße Norm, sondern eine souveräne lebendige Willenseinheit vorstellen. Es entspricht einem unausweichlichen juristischen

---

die vorhandene Diskrepanz vom Special Committee als Formelkompromiß, in den alle Beteiligten ihre Auslegung hineinlegen können, in den Text aufgenommen wurde.

[133] *Dohna* (Anm. 21), S. 122. Diesen Bezug zwischen dem Begriff „äußere Angelegenheiten" und der Notwendigkeit der Beachtung der Interdependenz betonte auch der britische Delegierte *Sinclair* in seiner Abschlußerklärung des Special Committee, die in diesem Punkt eine Interpretationserklärung beinhaltete, UN Doc. A/AC.125/SR.114 in: GAOR, XXV, Supplement No. 18, *para.* 231.

[134] *Arangio-Ruiz* (Anm. 9), S. 124.

[135] Siehe z. B. die Stellungnahmen von: *Blix* (Schweden), UN Doc. A/AC.125/SR.12, *para.* 12; *Aman* (Japan), UN Doc. A/AC.125/SR.13, *para.* 8.

Interesse, ... (d)ie willensbegabte souveräne Staatspersönlichkeit der unpersönlichen Rechtsordnung gegenüberzustellen".[136]

Obwohl *Hellers* Theorie zu seiner Zeit international nur geringen Einfluß hatte, lassen sich speziell bei den mittel- und lateinamerikanischen Juristen starke Bezüge zu dem Werk *Hellers* zeigen.[137] Es ist bezeichnend, daß es gerade die OAS-Charta war, in der die Konzeption von der Staatenpersönlichkeit aufgegriffen wurde und von dort ihren Weg in den Text der Prinzipiendeklaration fand.

Berücksichtigt man bei der Betrachtung der Formulierung „Staatenpersönlichkeit" ihren zu vermutenden staatstheoretischen Hintergrund in den Schriften *Hellers*, so erscheint jedenfalls die deutsche Übersetzung mit „Völkerrechtssubjektivität"[138] zumindest irreführend. Die Übersetzung mit „Völkerrechtssubjektivität" ist nur dann richtig, wenn „Subjekt" im materiellen Sinne verstanden wird. Dabei meint „Subjekt" — analog zum Privatrecht oder öffentlichen Recht — die einzelne Person als im Rechtsverkehr gleichberechtigter Träger von Rechten und Pflichten. Der Begriff „Völkerrechtssubjektivität", verstanden ausschließlich als Kennzeichnung für die Verpflichtung des Staates gegenüber der völkerrechtlichen Ordnung, sagt damit etwas über die Beziehung zwischen der Völkerrechtsordnung und der ihr unterworfenen Subjekte aus, während „personality of a State" darüberhinaus eine materielle Aussage über die rechtliche Qualität des Staates, des Subjektes selbst, trifft.

Innerhalb des Textes der Prinzipiendeklaration erfährt die Konzeption der Staatenpersönlichkeit eine nähere Ausgestaltung dadurch, daß, wie betont wurde,[139] in dem folgenden Halbsatz — verbunden durch „or" — ihre politischen, wirtschaftlichen und kulturellen Elemente angeführt wurden. Mit der Erwähnung dieser Elemente tauchen hier im 1. Absatz Formulierungen auf, die sich — ergänzt durch die zusätzliche Aufnahme des sozialen Elementes — in dem 4. Absatz des Prinzips der Nichtintervention wiederfinden.

---

[136] *Hermann Heller*, Die Souveränität — Ein Beitrag zur Theorie des Staats- und Völkerrechts, Berlin/Leipzig 1927, S. 101; zur Staatstheorie *Hermann Hellers* allgemein siehe: *Wilfried Fiedler*, Materieller Rechtsstaat und soziale Homogenität, in: JZ 39 (1984), S. 201—211 (speziell zur Stellung des souveränen Staates in der internationalen Gemeinschaft, S. 209—210).

[137] Siehe dazu: *Gael Graham*, The Forming and Informing of Article 2 (7) of the United Nations Charta, bisher (1986) unveröffentlichtes Third-year Paper, Harvard Law School, Seite 125 mit besonderem Hinweis auf die von *Heller* beeinflußten Juristen *F. A. Astudillo* und *Olea Flores*.

[138] In dem Text der deutschen Übersetzung in: Deutsche Außenpolitik 16 (1971), S. 608—613. Auf diese Schwierigkeit der Übersetzung weist *Dohna* (Anm. 21), S. 124 zu Recht hin.

[139] Stellungnahme von *Chammas* (Libanon), UN Doc. A/AC.125/SR.12, *para.* 22.

Während man gegen die Aufnahme des Absatzes 4 den von *Riphagen*[140] geäußerten Vorwurf der gelegentlichen Redundanz einiger Teile des Textes der Prinzipiendeklaration aufgreifen könnte, zeigte die gleichzeitige Aufzählung dieser Elemente in dem Prinzip der Selbstbestimmung der Prinzipiendeklaration (Prinzip 5) die starke Verknüpfung zwischen dem Nichtinterventionsprinzip und dem Selbstbestimmungsrecht. Damit wird auch inhaltlich dieser Zusammenhang zwischen dem Nichtinterventionsprinzip und dem Selbstbestimmungsrecht deutlich, eine Beziehung, die bei den weiteren Überlegungen über die Grenzen zulässigen Druckes zu berücksichtigen sein wird.

Insgesamt stellt sich der Text der Prinzipiendeklaration zum Nichtinterventionsprinzip zwar als eine Kompromißformulierung dar, in der sich die westlichen Länder — insbesondere durch den von ihnen anfangs wohl unterschätzten Einfluß der Resolution 2131 (XX) — in vielen Punkten mit ihren Vorstellungen nicht haben durchsetzen können. Dies zeigt sich an den verschiedenen Formulierungsvorschlägen. Betrachtet man aber den verabschiedeten Text unter dem hier dargelegten Blickwinkel, so erscheint er keineswegs so vage, wie ihm häufig vorgeworfen wird. Es finden sich zwar eine Reihe inhaltlicher Mängel[141], die bei einem rein juristischen Dokument dessen Wert erheblich schmälern würden. Darüber hinaus hat er aber eine klarstellende Wirkung. Diese liegt einerseits in der Anerkennung der Möglichkeit der Intervention mit wirtschaftlichen Mitteln und andererseits in der Begrenzung der Reichweite des Schutzes durch das Interventionsverbot auf die äußeren und inneren Angelegenheiten, aber nur so weit, wie sie auch von der „domestic jurisdiction" erfaßt werden. Durch den Verweis auf die Staatenpersönlichkeit wird schließlich eine Beziehung zwischen dem inhaltlichen Kern der domestic jurisdiction und dem Selbstbestimmungsrecht angedeutet. Bei aller Diskussion um die Reichweite des inhaltlichen inneren Kerns der staatlichen Zuständigkeit und die Unmöglichkeit, diesen Kern zu beschreiben, muß das Selbstbestimmungsrecht als zusätzliches Moment Berücksichtigung finden.

Mit dem angenommenen Text wurde, trotz aller Unsicherheiten über die rechtliche Verbindlichkeit von Resolutionen der Vereinten Nationen im übrigen, jedenfalls eine Richtschnur[142] für die weitere Entwicklung dieses Prinzips im Spannungsfeld zwischen staatlicher Souveränität und internationaler Interdependenz gezogen.

---

[140] Stellungnahme in der Schlußsitzung des Special Committee in UN Doc. A/AC.125/SR.114, in: GAOR, XXV, Suppl. No. 18, *para.* 164.

[141] Siehe dazu die kritische Analyse von *Arangio-Ruiz* (Anm. 9), S. 124—131.

[142] Stellungnahme von *Arangio-Ruiz* (Italien) in der Schlußsitzung des Special Committee, in: UN Doc. A/AC.125/SR.114, in: GAOR, XXV, Suppl. No. 18, *para.* 142.

cc) Charta der wirtschaftlichen Rechte und Pflichten der Staaten

Erste Auswirkungen hatten die Formulierungen der Prinzipiendeklaration bei den Beratungen über die Charta der wirtschaftlichen Rechte und Pflichten der Staaten.

Sinn der Charta der wirtschaftlichen Rechte und Pflichten, die auf eine persönliche Initiative des mexikanischen Präsidenten *Luis Echeverría* zurückgeht, ist es, die Wirtschaftsbeziehungen unter den Staaten zu regeln und auf eine neue Grundlage zu stellen. Dabei soll den Bedürfnissen der Entwicklungsländer in besonderem Maße Rechnung getragen werden. Durch die Schaffung der Grundlagen für ein „Entwicklungsvölkerrecht" sollen die Länder der dritten Welt durch gezielte Förderungsmaßnahmen in die Lage versetzt werden, die gegenwärtige „ungerechte" Verteilung wirtschaftlicher Macht zu überwinden.[143] Ziel ist dabei letztendlich die Beseitigung der durch die Ungleichgewichtigkeit wirtschaftlicher Macht verursachten Spannungen, um so neben dem durch das Gewaltverbot angestrebten „negativen Frieden" auch einen „positiven", d. h. an Kriterien der Gerechtigkeit zu messenden Frieden zu ermöglichen, der eine Ordnung beinhaltet, die soziale Gerechtigkeit und Freiheit für alle verbürgt.[144]

Das Interventionsverbot hat in die Charta Eingang gefunden in Art. 32. Dieser Artikel hat folgenden Wortlaut:

> No State may use or encourage the use of economic, political or any other type of measures to coerce another State to obtain from it the subordination of the exercise of its sovereign rights.

---

[143] *K. B. Lall*, Economic Inequality and International Law, in: IJIL 14 (1974), S. 7—12 (8); *Christian Tomuschat*, Die Charta der wirtschaftlichen Rechte und Pflichten der Staaten. Zur Gestaltungskraft von Deklarationen der UN-Generalversammlung, in: ZaöRV 36 (1976), S. 444—491 (458); *Verdross/Simma* (Anm. 10), S. 311—312 m. w. N. Fn. 2; *Knut Ipsen*, Entwicklung zur „collective economic security" im Rahmen der Vereinten Nationen, in: VN im Wandel, S. 11—31 (24 ff.).

Die Umsetzung der Folgerungen der Charta der wirtschaftlichen Rechte und Pflichten war vom 25. März—18. April 1985 Beratungsgegenstand eines zu diesem Zweck eingesetzten Ad-Hoc Komitees. Für einen Überblick über die dabei gefundenen Ergebnisse siehe den Abschlußbericht des Komitees, in: (UN Doc. A/AC.226/L.3).

[144] *Jost Delbrück*, Rechtsprobleme der Friedenssicherung durch Sicherheitsrat und Generalversammlung der Vereinten Nationen, in: VN im Wandel, S. 131—152 (138); *Otto Kimminich*, Diskussionsbeitrag, in: *Kewenig*, ebenda, S. 160—161; *Johan Galtung*, An Editorial, in: JPR 1 (1964), S. 1—4 (2); *ders.*, Violence, Peace and Peace Research, in: JPR 6 (1969), S. 167—191 (183); *Albrecht Randelzhofer*, Der normative Gehalt des Friedensbegriffs im Völkerrecht der Gegenwart — Möglichkeiten und Grenzen seiner Operationalisierung, in: Völkerrecht und Kriegsverhütung, S. 13—39 (15—21).

Bei diesem Wortlaut ist festzustellen, daß er sich gegenüber dem Text des Interventionsverbotes in der Prinzipiendeklaration insofern unterscheidet, als hier als Schutzgut allein die Verhinderung der „subordination of the exercise of its sovereign rights" genannt wird, während der Zusatz „and" bzw. „or to secure from it advantages of any kind", der bei den Verhandlungen im Rahmen der Prinzipiendeklaration eine große Rolle gespielt hat, nicht mehr erwähnt wird. Die Formulierung des Art. 32 enthält in der gegenüber der Prinzipiendeklaration gekürzten Version die entscheidende Aussage. Sie besteht darin, daß eine Intervention nur dann vorliegen kann, wenn mit der Ausübung von nichtmilitärischem Druck die Unterwerfung der souveränen Rechte des betroffenen Staates verbunden ist. Diese Formulierung des Interventionsverbotes in der Charta der wirtschaftlichen Rechte und Pflichten führt für sich genommen die Diskussion um das Interventionsverbot nicht weiter. Betrachtet man allerdings die Entstehungsgeschichte[145] des Art. 32, so zeigt sich, daß die Gegensätze, die die Beratungen über die Prinzipiendeklaration beherrschten, bei den Beratungen zur Charta weiterwirkten. Dies gilt insbesondere hinsichtlich der Frage, ob der in der endgültigen Formulierung der Charta weggefallene Halbsatz durch „and" oder „or" an die vorangegangene Aussage angeschlossen werden sollte. Der rumänische Formulierungsvorschlag[146] zum Interventionsverbot in der „Working Group on the Charter of Economic Rights and Duties of States", die im Rahmen von UNCTAD zur Beratung der Charta eingerichtet worden war,[147] enthält ebenso wie der dann dem Zweiten Ausschuß der Generalversammlung unterbreitete Text[148] die Verbindung durch „or". Nach dieser Formulierung würde eine Druckausübung zur Erlangung eines wirtschaftlichen Vorteils für die Überschreitung der Grenze des Interventionsverbotes ausreichen.

Gegen das Verbot der Druckausübung zur Erzielung z. B. eines höheren Preises für einen Rohstoff wandten sich nicht nur die westlichen Länder, sondern bezeichnenderweise auch der Vertreter des erdölexportierenden Landes Libyen.[149] Als die westlichen Länder in ihrem Änderungsantrag (UN Doc. A/C. 2/L. 1415) die Ersetzung von „or" durch „and" beantragten, entschlossen sich die Länder der „Gruppe der 77", um „langandauernde Kontroversen um die Verwendung des Wortes ‚or' zu vermeiden",[150] den zweiten Teil des Satzes zu streichen. Die westlichen

---

[145] Siehe dazu die Zusammenfassung bei *Stemberg* (Anm. 103), S. 38/39.

[146] Wiedergegeben in: UN Doc. TD/B/AC.12/2/Add. 1, S. 80.

[147] Zu diesen Vorarbeiten siehe die Darstellung bei *Stemberg* (Anm. 103), S. 22—25; *S. Azadon Tiewul*, The United Nations Charter of Economic Rights and Duties of States, in: JInt'L&Econ. 10 (1975), S. 645—688.

[148] UN Doc. A/C.2/L.1386, wiedergegeben in dem Bericht des Zweiten Ausschusses an die Generalversammlung, GAOR A/9946, S. 14.

[149] Stellungnahme von *Omar* (Libyen), UN Doc. A/C.2/SR.1649, *para.* 31.

Staaten konnten sich daher mit ihrer Forderung nach einer Verknüpfung durch „and" und damit dem angesprochenen kumulativen Verhältnis zwischen beiden Tatbestandsmerkmalen nicht durchsetzen und enthielten sich z. T. der Stimme.[151] Obwohl die letztlich angenommene Formulierung der Diskussion um das Interventionsverbot keine weiteren klärenden Momente hinzufügte, zeigt doch der westliche Änderungsantrag, daß man sich der Konzeption einer Intervention mit wirtschaftlichen Mitteln nicht verschloß.[152] Bei der Suche nach Kriterien, die den unklaren Begriff „subordination of sovereign rights" ausfüllen können, kann jedenfalls ausgeschlossen werden, daß dies durch rein wirtschaftliche Schwierigkeiten möglich ist. Vorteilsstreben für sich genommen ist kein geeignetes Abgrenzungskriterium.

dd) Deklaration über die Unzulässigkeit der Intervention und Einmischung in die inneren Angelegenheiten von Staaten

Ihren vorläufig letzten Ausdruck haben die Bemühungen um eine Inhaltsbestimmung und Formulierung der Grenzen des Interventionsverbotes gefunden in der am 9. Dezember 1981 von der Generalversammlung mit 120 gegen 22 Stimmen bei 6 Enthaltungen verabschiedeten Deklaration über die Unzulässigkeit der Intervention und Einmischung in die inneren Angelegenheiten von Staaten.[153] Die Deklaration stand im Ersten Ausschuß bei fünf aufeinanderfolgenden Sitzungen auf der Tagesordnung. Während dieser Sitzungen fand eine Beratung über den Inhalt der Deklaration jedenfalls im Plenum des Ersten Ausschusses nicht statt. Nur sehr wenige Staatenvertreter[154] nahmen auf den von Guayana im

---

[150] Stellungnahme von *Oliveri Lopez* (Argentinien), UN Doc. A/C.2/SR.1647, *para.* 10.

[151] Art. 32 wurde im Zweiten Ausschuß mit 119 Stimmen bei 11 Enthaltungen und keiner Gegenstimme angenommen. Es enthielten sich die USA, die damaligen Mitgliedstaaten der EG mit Ausnahme der Niederlande, Israel und Japan, siehe: GAOR, XXIX, Annexes, Agenda item 48, S. 25. Auffallend ist, daß Guinea-Bissau zu den zustimmenden Ländern gezählt wird, obwohl der Vertreter Guineas, *Meddy*, in der 1651. Sitzung des Zweiten Ausschusses erklärte, sein Land habe sich enthalten, siehe: UN Doc. A/C.2/SR.1651, *para.* 1. Durch die vorgenommene Streichung hatten sich Australien und Kanada umstimmen und zur Zustimmung zu Art. 32 bewegen lassen, obwohl sie ursprünglich den Änderungsantrag der westlichen Länder unterstützt hatten.

[152] *Stemberg* (Anm. 103), S. 39. Wie anläßlich der Diskussion zur Friendly-Relations-Deklaration gezeigt, war dies in der von vielen Autoren behaupteten Deutlichkeit nie der Fall.

[153] UN Doc. GA Res. 36/103 vom 9. Dezember 1981; abgedruckt in: UN Doc. A/36/51, 78—80; deutsche Übersetzung in: VN 30 (1982), S. 182—183.

[154] Zu diesen Mitgliedern der Arbeitsgruppe gehörten bis unmittelbar vor der Abstimmung neben dem Vorsitzenden der Ad-Hoc-Arbeitsgruppe, *Scotland* (UN Doc. A/C.1/36/PV.45, *paras* 24—27), u. a. der Vertreter Jugoslawiens, *Silovic* (UN Doc. A/C.1/36/PV.45, *paras* 34—36); der Vertreter Bhutans, *Dorji* (UN Doc. A/C.1/36/PV.46, *para.* 22); der Vertreter der Tschechoslowakei, *Handl* (UN Doc.

Namen der Blockfreien Länder eingebrachten Entwurf Bezug. Alle übrigen bezogen sich bei ihren Beiträgen in dem Ersten Ausschuß, zu dessen ständigen Arbeitsgebieten Fragen der Abrüstung und der internationalen Sicherheit gehören, auf die anderen, parallel zur neuen Interventions-Deklaration im Ersten Ausschuß beratenen Resolutionsentwürfe bezüglich „Development and strengthening of good-neighbourliness between Staates“[155] und „Implementation of the Declaration on the Strengthening of International Security“.[156] Beherrscht wurde die Debatte des ersten Ausschusses von Erörterungen zur weltpolitischen Lage. Wie der Vorsitzende der Arbeitsgruppe mit Bedauern feststellte[157], verweigerten insbesondere die westlichen Länder jede sachliche Mitarbeit an dem Entwurf. Es wurden kaum Änderungsanträge eingereicht und lediglich die Überweisung des Vorhabens an den Sechsten Ausschuß gefordert.

Inhaltlich ist die neue Interventions-Deklaration einseitig von dem Interessenstandpunkt der Dritten Welt geprägt. Die Einzelbestimmungen der neuen Deklaration sind in drei Abschnitten zusammengefaßt. Sie finden sich in dem zweiten Paragraphen des operativen Teils, der als Anhang der Deklaration beigefügt ist. Diese Einzelbestimmungen bezeichnen in einer Vielzahl von Regelungen u. a. die Stärkung bestehender Militärblöcke, die Schaffung neuer Militärbündnisse, die Errichtung neuer Militärstützpunkte und die Ausbildung, Finanzierung und Rekrutierung von Söldnern als verbotene Einmischung in die inneren Angelegenheiten. Besonders kritisiert wurde anläßlich der Erklärung oder nach der Stimmabgabe die Verankerung der Pflicht, keine neuen Militärbündnisse zu schaffen[158], Menschenrechtsprobleme nicht zur Einmischung in innere Angelegenheiten auszubreiten und verzerrt darzustellen[159], und keine Verleumdungskampagnen durchzuführen oder falsche und verzerrte Nachrichten zu verbreiten.[160] Insbesondere der Menschenrechtsaspekt

A/C.1/36/PV.47, *para.* 55); der Vertreter Chinas, *Liang Yufan* (UN Doc. A/C.1/36/PV.49, *para.* 21).

[155] UN Doc. GA Res. 36/101 vom 9. Dezember 1981.

[156] UN Doc. GA Res. 36/102 vom 9. Dezember 1981.

[157] Stellungnahme des Vorsitzenden der Arbeitsgruppe, *Scotland* (Guyana), UN Doc. A/C.1/36/PV.51, *paras* 38—40. Dort findet sich auch eine kurze Darstellung der Entstehungsgeschichte der Deklaration. Siehe dazu auch: *Christian Tomuschat,* Neuformulierungen der Grundregeln des Völkerrechts durch die Vereinten Nationen: Bewegung, Stillstand oder Rückschritt? — Zur Interventions-Deklaration von 1981 und zur Manila-Deklaration über Streitbeilegung, in: EA 23 (1983), S. 729—738 (731).

[158] Dies wurde als Verstoß gegen Art. 51 SNV bezeichnet, siehe Stellungnahme von *de La Gorce* (Frankreich), UN Doc. A/C.1/36/PV.51, *para.* 46; *Adamson* (Vereinigte Staaten), UN Doc. A/C.1/36/PV.51, *para.* 56; *Megalokonomos* (Griechenland), UN Doc. A/C.1/36/PV.51, *para.* 57; *Jitiko* (Fidschi), UN Doc. A/C.1/36/PV.51, *para.* 61.

[159] Stellungnahme von *Megalokonomos* (Griechenland), UN Doc. A/C.1/36/PV.51, *para.* 57; *Blomberg* (Finnland), UN Doc. A/C.1/36/PV.51, *para.* 58; *O'Connor* (Irland), UN Doc. A/C.1/36/PV.51, *para.* 61.

(Buchstabe l des II. Abschnittes) und das Verbot, wirtschaftliche Hilfsprogramme zur Einmischung in die inneren Angelegenheiten zu verwenden (Buchstabe k des II. Abschnittes), lassen den Eindruck aufkommen, die Einstellung von Hilfsprogrammen wegen Menschenrechtsverletzungen sollte illegalisiert werden.[161] Insgesamt stellen die Auflistungen von staatlichen Verpflichtungen in den Abschnitten II und III eine Sammlung von Forderungen der Länder der Dritten Welt dar, die in vielen Punkten überzogen erscheinen und in anderen Punkten, z. B. durch die Verweise auf das politische, wirtschaftliche, kulturelle und soziale Selbstbestimmungsrecht, Aspekte ansprechen, die auch schon in den früheren Deklarationen zum Interventionsverbot enthalten waren.

Für die Frage nach den rechtlichen Abgrenzungskriterien zwischen verbotener und erlaubter Einmischung können die vagen, sehr weit nach dem jeweiligen politischen Bedürfnis auslegbaren Formulierungen nichts beitragen. Greift man die Frage auf, unter die *Tomuschat* seine Ausführungen zu dieser Deklaration gestellt hat („Bewegung, Stillstand oder Rückschritt"), so erscheint die neue Intervention-Deklaration für die nähere rechtliche Konkretisierung des Interventionsverbotes eher als ein Rückschritt. Insofern ist der Beurteilung *Simmas*[162] zuzustimmen, daß „die neue Deklaration eine der Resolutionen 2131 (XX) oder 2625 (XXV) vergleichbare Bedeutung (nicht) erlangen wird".

3. Formulierungen des Interventionsverbotes in den Satzungen sonstiger internationaler Organisationen

Wenn im folgenden die Satzungen verschiedener internationaler Organisationen daraufhin untersucht werden, welche Formulierungen das Interventionsverbot in ihnen gefunden hat, so gilt allerdings dieselbe Einschränkung, die auch schon bei der Erörterung von Art. 2 Abs. 7 SVN hervorgehoben wurde. Diese Einschränkung liegt darin, daß es sich bei dem in diesen Satzungen beschriebenen Interventionsverbot um eine Kompetenzzuweisung zwischen der jeweiligen Organisation und dem betroffenen Staat handelt. Die in diesen Kompetenzzuweisungen enthaltenen Regelungen sind nicht direkt auf das bilaterale Verhältnis zwischen Staaten übertragbar. Allerdings gilt aus der Sicht des betroffenen Staates, daß auch bei Einwirkungen durch eine internationale Organisation die Souveränität als das letztendliche Schutzgut der Intervention nicht betroffen werden darf. Aus der Perspektive des betroffenen Staates

---

[160] Siehe die Stellungnahmen von *Blomberg* (Finnland), UN Doc. A/C.1/36/PV.51, *para.* 58; siehe dazu auch *Tomuschat* (Anm. 157), S. 734; *Verdross/Simma* (Anm. 10), S. 305.

[161] So auch *Tomuschat* (Anm. 157), S. 734.

[162] *Verdross/Simma* (Anm. 10), S. 306.

betrachtet, könnten insofern Abgrenzungskriterien, sofern sie entwickelt worden sind, beispielhaft auch für die gewohnheitsrechtliche Entwicklung entsprechender Kriterien im Verhältnis zwischen Staaten wirken.

a) Art. III D der Satzung der IAEA

Ein Beispiel für die Formulierungen eines Interventionsverbotes in Satzungen internationaler Organisationen findet sich in Art. III D der Satzung der Internationalen Atomenergie-Organisation (International Atomic Energy Agency, IAEA)[163]. Danach ist die IAEA bei ihren in der Satzung niedergelegten Aufgaben, die zum Teil recht weitgehende Kontroll- und Untersuchungsrechte insbesondere hinsichtlich der möglichen militärischen Nutzung beinhalten,[164] an die Beachtung der Souveränität der betroffenen Staaten („the activities of the Agency shall be carried out with due observance of the sovereign rights of States") gebunden.

Obwohl eine weitergehende positive Beschreibung dieser souveränen Rechte unterbleibt und die Satzung der IAEA daher für die vorliegende Fragestellung nicht weiter hilfreich ist, so ist sie doch als ein Beispiel dafür zu sehen, daß durch die Internationalisierung eines ehemals nationalen Regelungsbereiches im Wege eines multilateralen Vertrages der ursprünglich sehr weite staatliche Vorbehaltsbereich erheblich eingeschränkt werden kann.[165] Die Verwendung der Kernenergie ist selbst zu einem friedlichen Zweck nicht mehr ausschließlich eine eigene Angelegenheit des Vertragsstaates. Sie ist, wenn auch nur mit Zustimmung des betroffenen Staates, der Kontrolle der IAEA unterworfen, die diese Kontrolle durch vorher nicht angekündigte Inspektion durchführt und etwaige Verstöße auch ahndet.[166]

---

[163] UNTS 276 (1957), S. 3—44; BGBl. 1958 II, S. 4, eine kurze Beschreibung der IAEA findet sich bei: *Paul C. Szasz*, International Atomic Energy Agency, in: EPIL 5 (1983), S. 52—58; *Hans G. Kausch*, Die internationale friedliche Nutzung der Kernenergie im System des Nichtverbreitungsvertrages, in: Völkerrecht und Kriegsverhütung, S. 259—274 (261 ff.).

[164] Siehe dazu *Norbert J. Prill*, Völkerrechtliche Aspekte der internationalen Verbreitung ziviler Kernenergienutzung, Berlin 1980, S. 30—34; *Cord-Georg Hasselmann*, Do We Need New IAEA Safeguards?, in: GYIL 27 (1984), S. 259—302 (260 f.).

[165] *Mosler/Bräutigam*, Staatliche Zuständigkeit (Anm. 88), S. 320.

[166] Zu diesem Zweck werden jeweils Sicherheitsabkommen („safe-guard agreements") zwischen der Behörde und dem betroffenen Staat geschlossen. Die Möglichkeiten, etwaige Verstöße gegen die vertraglichen Bestimmungen zu ahnden, umfassen allerdings nur die Kürzung oder Aussetzung von gewährten Hilfen und die Rückforderung von zur Verfügung gestellten Materialen (Art. XII IAEA-Satzung). Zudem kann ein Bericht an den Sicherheitsrat oder die Generalversammlung der Vereinten Nationen erstellt und damit der Mißbrauch ziviler Kernenergienutzung bekannt gemacht werden. Siehe dazu *Prill* (Anm. 164), S. 80—81; *Szasz* (Anm. 163), S. 56.

b) Interventionsverbote in der Satzung der Weltbank und des Währungsfonds

Eine der wesentlichen Grundlagen des gegenwärtigen Weltwirtschaftssystems ist die Funktionsfähigkeit des internationalen Währungssystems, das sich auf der Grundlage der Verträge von Bretton Woods über die Errichtung der Internationalen Bank für Wiederaufbau und Entwicklung[167] und des Abkommens über den Internationalen Währungsfonds[168] entwickelt hat. Während die Internationale Bank für Wiederaufbau und Entwicklung, die zusammen mit der International Development Association (IDA) und der International Finance Corporation (IFC) die sog. Weltbank-Gruppe bildet, gemäß ihrer in Art. 1 ihrer Satzung niedergelegten Aufgabenstellung durch die Gewährung von Anleihen zur wirtschaftlichen Entwicklung — heute vor allem in den Entwicklungsländern — beitragen soll, bemüht sich der Internationale Währungsfonds, Bedingungen herbeizuführen oder zu erhalten, die u. a. einen möglichst ungehinderten Fluß von Kapitalströmen von einem Land in das andere ermöglichen sollen. Ein wesentliches Instrument zur Erreichung dieses Zieles ist für den Währungsfonds die Gewährung von — meist kurzfristigen — Krediten zur Überbrückung von Zahlungsbilanzschwierigkeiten.[169]

Die für die vorliegende Fragestellung interessante Problematik ergibt sich daraus, daß insbesondere die Vergabe der Kredite an Bedingungen geknüpft ist, die es aus Sicht der Weltbank bzw. des Währungsfonds

[167] Articles of Agreement of the International Bank for Reconstruction and Development, UNTS 2 (1947), S. 134—205; aus der umfangreichen Literatur siehe nur: *Heribert Golsong*, International Bank for Reconstruction and Development, in: EPIL 5 (1983), S. 58—64; *Joseph Gold*, The Relationship between the International Monetary Fund and the World Bank, in: Creighton Law Review 15 (1981/1982), S. 499—521 (504—506); *Roy Blough*, The World Bank Group, in: IO 22 (1968), S. 152—181; *Hans G. Petersmann*, The World Bank's Contribution to the Law of International Finance and Development (1944—1984), in: AVR 23 (1985), S. 241—269.

[168] Articles of Agreement of the International Monetary Fund, UNTS 2 (1947), S. 40—132; BGBl. 1952 II, S. 638, aus der umfangreichen Literatur siehe nur: *Joseph Gold*, International Monetary Fund, in: EPIL 5 (1983), S. 108—115; *Gold* (Anm. 167), S. 501—504. Aus der umfangreichen Literatur zum internationalen Währungsrecht und seiner Entwicklung siehe nur: *H. G. Petersmann*, The Legal Evolution of the International Monetary System since Bretton Woods, in: GYIL 25 (1982), S. 376—401; *Joseph Gold*, Developments in the International Monetary System, The International Monetary Fund, and International Monetary Law since 1971, in: RdC 174 (1982 I), S. 111—365.

[169] Obwohl formell die Kompetenzen der beiden Institutionen voneinander getrennt sind, überschneiden sich ihre Aufgaben in wesentlichen Bereichen, da die wirtschaftliche Entwicklung eines Staates dessen Zahlungsbilanz beeinflussen und andererseits eine positive Zahlungsbilanz einen guten Anstoß für die wirtschaftliche Entwicklung darstellen kann. Siehe dazu und insbesondere Begrenzung der Kompetenzen beider Organisationen: *Gold*, The Relationship (Anm. 167), S. 510—521.

den Empfängerländern ermöglichen sollen, den angestrebten wirtschaftlichen Erfolg zu erreichen und die geleisteten Kredite zurückzuzahlen. Aus der Sicht der betroffenen Empfängerländer stellen diese Bedingungen, die häufig detaillierte Formulierungen über die von der Bank bzw. dem Fonds erwarteten innenpolitischen Verhaltensformen enthalten,[170] eine starke Einschränkung ihrer Souveränität dar. Die von den Experten des Währungsfonds gemachten Vorschläge werden dem Kreditvergabevertrag nach oft langwierigen Verhandlungen mit den Regierungsvertretern des betroffenen Staates in Form eines begleitenden Schriftwechsels, eines sog. „Letter-of-intent",[171] beigelegt. Die Kritik insbesondere am Währungsfonds geht zudem dahin, daß die von den Experten des Fonds den Empfängerländern „nahegelegte" Wirtschaftspolitik sich ausschließlich an orthodoxen monetaristischen oder neoklassischen Modellen ausrichtet und andere Wirtschaftstheorien nicht berücksichtigt.[172] Ähnliche Kritik wird auch an der Praxis der Weltbank bei ihrer Überwachung über die Fortschritte an den mit Bankdarlehen finanzierten Projekten in den Entwicklungsländern geübt,[173] wobei der Weltbank vor-

[170] Hier sei nur auf die von *Rainer Tetzlaff*, Die Weltbank: Machtinstrument der USA oder Hilfe für die Entwicklungsländer, München 1980, S. 228—240 aufgezählten Beispiele aus Ägypten, der Türkei, Guyana und Sambia aus den Jahren 1977—1979 verwiesen. Weitere Beispiele finden sich bei *Gerhard Leithäuser*, Der Internationale Währungsfonds (IWF) und die eingeschränkte Souveränität nationalstaatlicher Wirtschaftspolitik in seinem Einflußbereich, in: Blätter für deutsche und internationale Politik 32 (1978), S. 290—306 (298—302).

[171] Auf die rechtliche Konstruktion soll hier nur kurz eingegangen werden. Die „letters of intent" werden durch den Währungsfonds verwendet, wenn in einer besonderen Form der Kreditgewährung einem Land ein Kredit zum Ankauf fremder Währung für eigene Währung zur Überbrückung von Zahlungsbilanzschwierigkeiten gewährt wird. Diese als „stand-by arrangements" bezeichneten Verträge (grundlegend dazu: *Joseph Gold*, The Law and Practice of the International Monetary Fund with Respect to „Stand-by-Arrangements", in: I.C.L.Q. 12 (1963), S. 1—30; *ders.*, The Stand-By-Arrangements of the International Monetary Fund, Washington 1970), sind eine Schöpfung der Praxis des Währungsfonds (*Günter Stratmann*, Der Internationale Währungsfond, Göttingen 1972, S. 194), sollen allerdings nach *Gold (op. cit.*, The Law, S. 25) eine Grundlage in Art. V der Satzung des Währungsfonds haben. Die Ausgestaltung des Stand-by-arrangements erfolgt durch zwei Dokumente. Während in dem Hauptdokument die materiellen Rechte und Pflichten der eigentlichen Kreditgewährung niedergelegt sind, enthält der beigefügte „letter-of-intent" darüber hinausgehende Bedingungen und Auflagen, von deren Erfüllung der Fonds die Valutierung abhängig macht. Der Inhalt dieses „letter-of-intent" wird nicht veröffentlicht. Bekannt geworden sind lediglich einige dieser Texte (siehe dazu die Aufzählung bei *Gold*, Stand-by-arrangements [S. 269—270] mit Quellenangaben). Ein solcher „letter-of-intent", der der Gewährung eines Kredites des Währungsfonds an Argentinien im Jahre 1962 zugrundelag, ist abgedruckt bei: *John H. Jackson*, International Economic Relations, St. Paul 1977, S. 866—868. Daraus geht einerseits die äußere Form als Absichtserklärung, andererseits die Reichweite der getroffenen Regelungen hervor. Für einen Versuch der rechtlichen Qualifizierung dieser Vertragsgestaltung siehe: *Jörg-Dietrich Kramer*, Die Rechtsnatur der Geschäfte des Internationalen Währungsfonds, Berlin 1967, S. 107—109.

[172] *Leithäuser* (Anm. 170), S. 296.

geworfen wird, daß sie bei der Beurteilung von Projekten politische Maßstäbe zugrunde lege[174] bzw. sich direkt in die politischen Angelegenheiten des betroffenen Staates einmische und dadurch gegen das entsprechende, in Art. IV, Abschnitt 10[175] niedergelegte Verbot verstoße.

Eine dementsprechende Vorschrift ist in der Satzung des Währungsfonds nicht enthalten. Allerdings findet sich eine Beschränkungsvorschrift des IMF in den sog. „Guidelines on Conditionality", in denen das Exekutivdirektorium des IMF seine Vergabepraxis regelte (Art. 4).[176]

Angesichts der in den letzten Jahren enormen Zunahme der Verschuldung der Entwicklungsländer[177] hat sich die Notwendigkeit verstärkt, zur Erhaltung der Zahlungsfähigkeit einer Reihe von Ländern umfangreiche Umschuldungsmaßnahmen vorzunehmen.[178] Daraus ergibt sich im Rahmen der Finanzwirtschaft für viele Entwicklungsländer die Problematik, daß sie von den Maßnahmen des Währungsfonds oder der Weltbank[179] abhängig werden. Die Entwicklungsländer müssen sich

---

173 Siehe dazu *Mohsen Goharin*, Die Darlehenspolitik der Weltbank insbesondere gegenüber den wirtschaftlich unentwickelten Ländern, Winterthur 1961, S. 105; *Heinz Portmann*, Die Weltbank als Kapitalleitstelle für Entwicklungsländer, Winterthur 1961, S. 45, 54. Die „General Conditions Applicable to Loan and Guarantee Agreements" der Weltbank vom 27. Oktober 1980 sind zusammen mit dem Beispiel eines Loan Agreements zwischen der Republik Panama und der Weltbank vom 7. August 1980 abgedruckt in: *Georges R. Delaume*, Transnational Contracts, Applicable Law and Settlement of Disputes, Appendix IV, Booklet B, S. 1—54.

174 Siehe beispielsweise die Angriffe des chilenischen Staatspräsidenten *Vileda* gegen die Vergabepraxis der Weltbank im Jahre 1951, zitiert von *Portmann* (Anm. 173), S. 54; siehe dazu: *Wolfgang G. Friedmann/George Kalmanoff/Robert F. Meagher*, International Financial Aid, New York 1966, S. 411; *Blough* (Anm. 167), S. 165—166.

175 Art. IV, Abschnitt 10 lautet:

The Bank and its officers shall not interfere in the political affairs of any member; nor shall they be influenced in their decisions by the political character of the member or members concerned. Only economic considerations shall be relevant to their decisions, and these considerations shall be weighed impartially in order to achieve the purposes stated in Article I.

176 Decision No. 6056 — (79/38), abgedruckt in nichtamtlicher Übersetzung in: BT-Drs. 10/1979.

177 *Barry C. Barnett/Sergio J. Galvis/Ghislain Gouraige, Jr.*, On Third World Dept, in: Harv. Int'lL.J. 25 (1984), S. 83—151 (86—98) m. w. N.; Comment, Legal Aspects of the Latin American External Debt and its Ramifications for the Development and Integration of the Americas, in: University of Miami Inter-American Law Review 16 (1984), S. 109—125 (110—113); siehe dazu die Aufarbeitung umfassenden Zahlenmaterials bei: *Dieter Münch*, Internationale Verschuldenskrise: Zwischenbilanz, in: RIW 31 (1985), S. 625—640.

178 Siehe dazu mit Fallstudien: *Henry J. Bittermann*, The Refunding of International Debt, Durham N.C. 1973; *Enrique Castro Tapia*, Mexiko's Debt Restructuring: The Evolving Solution, in: Col.J.TransL. 23 (1984), S. 1—9.

179 Der Währungsfond verfügt dabei durch die kurzfristige Reaktionsmöglichkeit auf Nichtbefolgung der in dem „Letter-of-intent" gemachten Vorgaben über ein gegenüber der Weltbank wesentlich durchsetzungskräftigeres Mittel,

in wesentlichen Bereichen der eigenen innerstaatlichen Gestaltungsmöglichkeiten externen Vorgaben beugen[180], die in den „letter-of-intent" bzw. der Vergabe- und Überwachungspraxis deutlich werden. Zwar mag der Finanzrahmen, der durch die Weltbank bzw. den Währungsfonds bereitgestellt wird, für sich genommen nicht so bedeutend sein.[181] Der von beiden Institutionen verfolgten Politik kommt aber eine besondere Bedeutung dadurch zu, daß ihrem Vergabeverhalten häufig für andere potentielle Finanziers, wie etwa die großen nichtstaatlichen Banken, eine Richtschnurfunktion zukommt.[182]

Man mag die oftmals erheblichen Einschränkungen der politischen Entscheidungsfreiheit der betroffenen Staaten damit rechtfertigen, daß hier „im Interesse" der Entwicklungsländer gehandelt werde[183], die Maßnahmen mit ihrer Zustimmung erfolgten[184], so daß es an dem für eine Intervention mit wirtschaftlichen Mitteln erforderlichen Tatbestandsmerkmal des „Zwangs" fehlen könnte.[185] Es ist ferner richtig, daß, um die Funktionsfähigkeit dieser für die wirtschaftliche Entwicklung aller Staaten notwendigen Institutionen zu erhalten, sie nicht zu einem — wie Kritiker behaupten — „Selbstbedienungsladen der Entwicklungsländer"[186] degenerieren dürfen. Dabei darf aber nicht vergessen werden, daß die autonome Verfügung eines Staates über seinen eigenen Finanzhaushalt ein wesentliches Element der inneren Souveränität[187] darstellt.

---

die solche Bedingung — jedenfalls nicht ausdrücklich — festsetzen kann. Siehe dazu: *Pieter VerLoren van Themaat*, The Changing Structure of International Economic Law, The Hague et al. 1981, S. 168.

180 *A. A. Fatouros*, On the Hegemonic Role of International Functional Organisation, in: GYIL 23 (1980), S. 9—36 (24).

181 *Hans-Bernd Schäfer*, Die Bereitschaftsabkommen des Internationalen Währungsfonds in der Kritik, in: *ders.* (Hrsg.), Gefährliche Weltfinanzen — Verschuldungsproblematik und internationale Finanzpolitik, Bonn 1980, S. 227—240 (228).

182 *E. Walter Robichek*, The International Monetary Fund: An Arbiter in the Debt Restructuring Process, in: Col.J.TransL. 23 (1984), S. 143—153, spricht in diesem Zusammenhang vom „IMF as catalyst" (S. 147). Überdies gehe die Praxis des IMF seit etwa 1982 noch darüber hinaus, indem der IMF seine Mittelvergabe von weiterer Kreditgewährung der Zentralbanken abhängig mache, siehe dazu *Ernst Löschner*, Souveräne Risiken und internationale Verschuldung, Wien 1983, S. 89 f.

183 *Portmann* (Anm. 173), S. 58.

184 *Goharin* (Anm. 173), S. 105.

185 *Paschos* (Anm. 7), S. 57; bestenfalls könnte man — mit *Galtung* — von der Anwendung „struktureller Gewalt" sprechen. Doch würde die Ausnutzung einer möglicherweise bestehenden strukturellen Gewalt für die Annahme einer Intervention wohl nicht ausreichen. *Bryde* könnte hier zu einem anderen Ergebnis kommen, da er die Existenz des im Nord-Süd-Verhältnis vorhandenen Zwangspotentials für die Möglichkeit einer Intervention mit wirtschaftlichen Mitteln gerade voraussetzt, siehe dazu *Bryde* (Anm. 4), S. 238.

186 *C. Kaps*, Der Währungsfonds darf kein Selbstbedienungsladen werden, in: FAZ vom 9. 3. 1979, zitiert bei: *Tetzlaff* (Anm. 170), S. 241.

187 *Reinhold Zippelius*, Allgemeine Staatslehre, 7. Aufl., München 1980, S. 55.

Der Entzug der inneren Souveränität und ihre — zumindest faktische — Übertragung auf eine parlamentarisch nicht legitimierte und kontrollierte internationale Organisation würde eine der Grundlagen des betroffenen Staates erschüttern.

Fragt man nun, welchen Einfluß die Praxis der Weltbank und des Währungsfonds auf die Frage nach der Abgrenzung verbotener wirtschaftlicher Intervention von zulässigen wirtschaftlichen Druckmitteln haben kann, so ist zunächst festzustellen, daß, über die Bestandsaufnahme einer potentiell — in dem hier verwendeten Sinn — interventionistischen Politik hinaus, die Formulierung des Art. IV Abschnitt 10 Satz 1 der Satzung der Weltbank mit dem Verbot „not (to) interfere in the political affairs of any member" auf den ersten Blick keine neuen Erkenntnisse oder Abgrenzungskriterien liefert. Aus der Aufnahme dieser Bestimmung in die Weltbanksatzung jedenfalls läßt sich aber erkennen, daß die Weltbank eine Begrenzung ihrer Aktivitäten für notwendig hält. Diese scheint nach dem 2. Halbsatz der Bestimmung zunächst ausschließlich in dem Verbot zu liegen, etwaige Entscheidungen von politischen Gründen abhängig zu machen. Selbst wenn man die Verwendung rein wirtschaftlicher Motive bei der Entscheidungsfindung unterstellen wollte, so könnte man aus dem Verbot des Satzes 1 und dem Abwägungsgebot des Satzes 2 („these considerations shall be weighed impartially in order to achieve the purposes stated in Art. I") — allerdings über den Wortlaut hinausgehend — einen Abwägungsmechanismus konstruieren, der es der Weltbank gebietet, bei der Entscheidungsfindung über notwendige wirtschaftliche Maßnahmen das Interesse der betroffenen Staaten an der Wahrung ihrer politischen Integrität zu beachten. Es entwickelte sich somit eine Art von Zweck-Mittel-Relation, die es der Weltbank gebietet, zur Erreichung der als wirtschaftlich notwendig erkannten Ziele möglichst wenig in die politische Entscheidungskompetenz der Entwicklungsländer einzugreifen. Bei einer solchen Betrachtung bleiben indes mehrere Fragen offen. Dazu gehören die Fragen nach der Grenze selbst eines solchen Abwägungsmechanismus' und welche Kriterien für den — schon von den vorhandenen Möglichkeiten her — wesentlich stärker betroffenen Währungsfonds gelten. Eine detaillierte Untersuchung dieses Bereiches wäre zwar erforderlich, setzt aber insbesondere bezüglich des Währungsfonds eine wesentlich verbesserte Einsichtmöglichkeit in die „Letter-of-intent" voraus, um überhaupt einen Überblick über die Reichweite der einzelnen Bestimmungen zu erhalten.

c) General Agreement on Tariffs and Trade (GATT)

Einer der grundlegenden Prinzipien des General Agreement on Tariffs and Trade (GATT)[188] besteht in der in Art. I des GATT niedergelegten

Verpflichtung der Mitgliedstaaten, die Bedingungen für die Handelsbeziehungen untereinander so gut zu gestalten, wie sie gegenüber dem Lande bestehen, dem die besten Bedingungen gewährt werden. Mit dieser sog. Meistbegünstigungsklausel soll ein möglichst freier, insbesondere von Zöllen und anderen Abgaben unbehinderter Warenverkehr ermöglicht werden.

Neben der Verpflichtung zur Gewährung der Meistbegünstigung ergibt sich aus anderen Klauseln eine Nichtdiskriminierungspflicht gegenüber den anderen Mitgliedstaaten (Art. III, V, XI, XII). Jede Verhängung einer gegen einen oder mehrere Staaten gerichteten Handelsbeschränkung, deren notwendiger Bestandteil eine diskriminierende Wirkung ist, stellt einen Verstoß gegen die genannten Grundprinzipien des GATT dar. Allerdings enthält das GATT in Art. XXI[189] eine Bestimmung, die es den Vertragsparteien unter den dort genannten Bedingungen gestattet, von den Bestimmungen des Vertrages abzuweichen. Art. XXI stellt damit eine Klausel dar, die es den vertragschließenden Parteien ermöglicht, sich im Falle der Bedrohung ihrer Sicherheit von den Bindungen des Vertrages zu lösen.

Neben dem GATT finden sich ähnliche Bestimmungen in vielen anderen bi- und multilateralen Handelsverträgen.[190] Als sog. „security exceptions" wird ihnen schon gewohnheitsrechtliche Bedeutung zugemessen, mit der Wirkung, daß selbst, wenn eine solche Klausel in einem Handelsvertrag fehlt, sie ergänzend zur Auslegung des jeweiligen Vertrages

---

[188] Englische Fassung des Textes des GATT in: GATT, Basic Instruments and Selected Documents, Bd. 4, Genf 1969, aus der umfangreichen Literatur zum GATT siehe nur: *Günther Jaenicke*, General Agreement on Tariffs and Trade, in: EPIL 5 (1983), S. 20—27 m. w. N. Weitere Nachweise bei *Werner Meng*, Streitbeilegung in GATT, in: ZaöRV 41 (1981), S. 69—102 (69, Fn. 2).

[189] Art. XXI lautet:

Ausnahmen zur Wahrung der Sicherheit

Die Bestimmungen dieses Abkommens hindern eine Vertragspartei nicht daran,

a) Auskünfte zu verweigern, deren Preisgabe nach ihrer Auffassung ihren wesentlichen Sicherheitsinteressen zuwiderläuft,

b) Maßnahmen zu treffen, die nach ihrer Auffassung zum Schutze ihrer wesentlichen Sicherheitsinteressen notwendig sind

i) in bezug auf spaltbare Stoffe oder die Rohstoffe, aus denen sie erzeugt werden;

ii) beim Handel mit Waffen, Munition und Kriegsmaterial sowie bei dem mittelbar oder unmittelbar zur Versorgung von Streitkräften dienenden Handel mit anderen Waren und Materialien;

iii) in Kriegszeiten oder bei sonstigen ernsten Krisen in den internationalen Beziehungen;

c) Maßnahmen aufgrund ihrer Verpflichtungen aus der Satzung der Vereinten Nationen zur Erhaltung des internationalen Friedens und der internationalen Sicherheit zu treffen.

[190] Siehe dazu: *Bernd Lindemeyer*, Schiffsembargo und Handelsembargo, Baden-Baden 1975, S. 479—510.

herangezogen werden kann.[191] Eine Einschränkung wird lediglich dann anerkannt, wenn sich der Vertragstext ausdrücklich gegen eine Abweichungsmöglichkeit im Falle der Bedrohung der Sicherheit ausspricht.

Es stellt sich die Frage, ob insbesondere die Klausel des Art. XXI des GATT geeignet ist, eine völkervertragliche Schranke — jedenfalls für die Vertragsparteien — beim Ergreifen von politisch motivierten Handelsbeschränkungen darzustellen. Sollte eine solche Schranke nicht bestehen, so böte der Art. XXI den Vertragsparteien eine erhebliche Mißbrauchsmöglichkeit, die nicht nur außenpolitisch motivierte Handelsbeschränkungen umfassen könnte, sondern sogar — unter lediglich formeller Berufung auf Sicherheitsinteressen — die Möglichkeit zu protektionistischen Maßnahmen eröffnen würde.[192]

Die Begründer des Abkommens haben die bestehenden Mißbrauchsmöglichkeiten erkannt, sahen aber als einzigen Schutz lediglich den Geist des Abkommens, in dem die Mitgliedstaaten diese Bestimmung auszulegen haben. Sie überließen es sogar jeder Regierung, selbst darüber zu entscheiden, wann ihre Sicherheit als bedroht und damit insbesondere die Voraussetzungen des Art. XXI (b) iii als gegeben anzusehen seien.[193] Obwohl theoretisch einem betroffenen Staat das Streitschlichtungsverfahren nach Art. XXIII GATT zur Verfügung stünde und die Anwendung dieses Verfahrens auch für die Fälle des Art. XXI GATT in der Literatur wiederholt anempfohlen wurde,[194] sind solche Verfahren selbst bei Handelsbeschränkungen zwischen einzelnen GATT-Mitgliedern in der Praxis nicht vorgekommen. Zwar haben einige der betroffenen Länder in der Vergangenheit erlassene Handelsbeschränkungen als Verstoß gegen GATT-Bestimmungen gerügt,[195] der weite Anwen-

---

[191] *Kewenig* (Anm. 4), S. 20; ähnlich *Reinhard Quick*, Exportbeschränkungen und Art. XIX GATT, Köln et al. 1983, S. 165; *Ernst Ulrich Petersmann*, 30 Jahre Allgemeines Zoll- und Handelsabkommen, in: AVR 19 (1980/81), S. 23—80 (66), die alle Art. XXI als eine für Handelsverträge übliche Klausel bezeichnen.

[192] *John H. Jackson*, World Trade and the Law of GATT, Indianapolis et al. 1969, S. 752; *Gerhard Köpernik*, Ausfuhrbeschränkungen im GATT, in: RIW/AWD 20 (1974), S. 680—684 (682); *Quick* (Anm. 191), S. 165; *Petersmann* (Anm. 191), S. 67.

[193] GATT, Basic Instruments and Selected Documents, Analytical Index (3. Revision), Genf 1970, S. 120.

[194] *Derek W. Bowett*, Economic Coercion and Reprisals by States, in: VJIL 13 (1972), S. 1—12 (4); *Jackson* (Anm. 192), S. 792 schlägt zur Mißbrauchsverhinderung zusätzlich ein Berichterstattungsverfahren durch ein GATT-Mitglied vor.

[195] Siehe dazu die Beispiele bei *Jackson* (Anm. 192), S. 749 hinsichtlich eines Streitfalles zwischen der Tschechoslowakei und den Vereinigten Staaten im Jahre 1949, S. 750 hinsichtlich des Verbotes tschechoslowakischer Exporte nach Peru und portugiesischer Waren nach Ghana. Ein Fall aus neuester Zeit, in dem Handelsbeschränkungen wohl aus politischen Gründen erlassen worden sind, stellt die Beschränkung der Zuckereinfuhrquoten aus Nicaragua in die Vereinigten Staaten dar. Obwohl das Verhalten der USA von Nicaragua auch

dungsbereich von Art. XXI konnte aber nicht eingegrenzt werden. Als in der berühmten Kontroverse zwischen *Shikata* und *Paust/Blaustein* über die Rechtmäßigkeit des arabischen Erdölembargos[196] sich *Shikata* in seiner Antwort auf den Angriff durch *Paust/Blaustein*[197] auf die Rechtfertigung der arabischen Maßnahmen durch Art. XXI und die Möglichkeit der Mitgliedstaaten berief, selbst zu bestimmen, welche Maßnahmen sie zur Wahrung grundlegender Sicherheitsinteressen für erforderlich hielten[198], entgegnet *Paust/Blaustein* lediglich, daß die angebliche Freiheit, die Sicherheitsinteressen selbst zu bestimmen, keinen textlichen Rückhalt finde und die Maßnahme grundlegenden Ideen des GATT widerspreche.[199]

Als während des Embargos gegen Argentinien durch Großbritannien und die übrigen EG-Länder[200] diese Handelsbeschränkungen im GATT-Rat behandelt wurden,[201] erhob Argentinien die Forderung nach einer konkreteren inhaltlichen Bestimmung des Art. XXI GATT. In dem die Beratungen abschließenden Beschluß des GATT-Rates[202] ist diese Forde-

---

als Verstoß gegen GATT-Bestimmungen gerügt worden ist, haben sich die USA nicht mit dem Hinweis auf Art. XXI gewehrt. In dem nach Art. XXIII GATT durchgeführten Schlichtungsverfahren ist Art. XXI GATT nicht mit einbezogen worden, siehe dazu: GATT Activities in 1983, Genf 1984, S. 46—47. Die Vereinigten Staaten kündigten als Reaktion auf einen vom GATT-Rat angenommenen Bericht lediglich an, die Maßnahmen zurückzunehmen „in the context of a solution of its broader dispute with Nicaragua". Die von den Vereinigten Staaten gegen Nicaragua am 1. Mai 1985 verhängten Wirtschaftssanktionen (siehe FAZ vom 2. Mai 1985) sind ebenfalls von Nicaragua als Verstoß gegen die GATT-Regeln im Rat des GATT gerügt worden. In diesem Fall sollen sich die USA auf ihre nationale Sicherheit und damit wohl auf Art. XXI berufen haben. Siehe dazu: „Nicaragua — Embargo vor dem GATT", in: FAZ vom 30. Mai 1985.

196 Siehe dazu die Wiedergabe der drei Artikel in: *Lillich* (Hrsg.), Economic Coercion and the New International Economic Order, Charlottesville 1976, S. 123—211.

197 The Arab Oil Weapon — A Threat to International Peace, reprinted in: *Lillich*, Economic Coercion, S. 123—152.

198 *Ibrahaim F. I. Shikata*, Destination Embargo of Arab Oil: Its Legality under International Law, in: *Lillich*, Economic Coercion, S. 155—191 (186).

199 *Paust/Blaustein*, The Arab Oil Weapon: A Reply and Reaffirmation of Illegality, in: *Lillich*, Economic Coercion, S. 205—221 (210—211).

200 Siehe dazu oben S. 26.

201 GATT-Council Minutes vom 10. August 1982, C/11/159, S. 13—22; vom 19. November 1983, C/11/165, S. 18—19.

202 Decision Concerning Art. XXI of the General Agreement, Decision of 30. Nov. 1982 (L/50926), abgedruckt in: Basic Instruments and Selected Documents, 29th Suppl., Genf 1983, S. 23—24.

Die Entscheidung hat folgenden Wortlaut:

Decision Concerning Article XXI Of the General Agreement
Decision of 30 November 1982
(L/5426)

Considering that the exceptions envisaged in Article XXI of the General rung allerdings nur noch sehr vage enthalten. Er stellt einen typischen Formelkompromiß dar zwischen der Forderung insbesondere Argentiniens und den Widerständen dagegen von seiten vor allem Großbritanniens und der Vereinigten Staaten. Man einigte sich lediglich für die Zeit bis zu der Verabschiedung einer verbindlichen Interpretationsentscheidung auf einige unverfängliche Verfahrensrichtlinien für die Anwendung des Art. XXI.

Die von Argentinien angestrebte Interpretationsentscheidung ist bis heute nicht ergangen und wohl in Zukunft auch nicht zu erwarten. Wie darüberhinaus die Erfahrungen mit den amerikanischen Beschränkungen der Einfuhrquoten für Zucker gegenüber Nicaragua zeigen, vermeiden die Vereinigten Staaten die Berufung auf den Artikel XXI und setzen sich lieber dem Vorwurf der Verletzung des GATT aus. Damit haben die Vereinigten Staaten verhindert, daß in dem durchgeführten Verfahren nach Art. XXIII die Fragen der Grenzen des Rechtes, die Bedrohung der Sicherheitsbelange selbst festzustellen, vom GATT-Rat erörtert und möglicherweise die argentinische Forderung nach verbindlicher Interpretation erneut aufgegriffen wurde. Es stellt sich insofern die Frage, ob angesichts der angeblichen Berufung der USA auf die Klausel des Art. XXI in dem neuesten Nicaragua-Embargo[203] das Begehren nach der von Argentinien angestrebten Interpretationsentscheidung erneut entstehen wird.

III. Zwischenergebnis

Faßt man die Ergebnisse der vorangegangenen Betrachtungen des Interventionsverbotes zusammen, so ist zunächst festzuhalten, daß die Differenzierung in den sog. „klassischen" und den weiten Interventions-

---

Agreement constitute an important element for safeguarding the right of contracting parties when they consider that reasons of security are involved;

Noting that recourse to Article XXI could constitute, in certain circumstances, an element of disruption and uncertainty for international trade and affect benefits accruing to contracting parties under the General Agreement;

Recognizing that in taking action in terms of the exceptions provided in Article XXI of the General Agreement, contracting parties should take into consideration the interests of third parties which may be affected;

That until such time as the CONTRACTING PARTIES may decide to make a formal interpretation of Article XXI it is appropriate to set procedural guidelines for its application;

The CONTRACTING PARTIES decide that:

1. Subject to the exception in Article XXI: a, contracting parties should be informed to the fullest extent possible of trade measures taken under Article XXI.

2. When actions is taken under Article XXI, all contracting parties affected by such action retain their full rights under the General Agreement.

3. The Council may be requested to give further consideration to this matter in due course.

[203] Siehe oben Fn. 195.

begriff überzeichnet und unangemessen erscheint. In einer Vielzahl der für den „klassischen" Interventionsbegriff herangezogenen Stellungnahmen finden sich Aussagen, die eine Begrenzung der Tatbestandsmerkmale der Intervention auf militärische Mittel nicht erkennen lassen.

Sucht man in der Praxis der Satzungen und Resolutionen internationaler Organisationen nach Anhaltspunkten für eine inhaltliche Ausgestaltung des Interventionsverbotes und nach Kriterien zur Bestimmung seiner Grenzen, so sind einerseits nicht wenige Ansätze für eine theoretische Differenzierung zwischen erlaubter und unerlaubter Beeinflussung zu erkennen. Diese Unterscheidungskriterien leiden allerdings unter großer inhaltlicher Unklarheit und sind häufig Ausdruck mühsam erzielter Formelkompromisse. Andererseits ist aus den jüngeren Ergebnissen der Arbeit der Vereinten Nationen das Resümee zu ziehen, daß die Ansätze zu einer inhaltlichen Klärung, die noch in der Charta der wirtschaftlichen Rechte und Pflichten erkennbar waren, nicht weiter verfolgt wurden. Insbesondere die „Deklaration über die Unzulässigkeit der Intervention und Einmischung in die inneren Angelegenheiten von Staaten" von 1981 trägt zu dem erforderlichen Klärungsprozeß nichts bei.

Kapitel 3: Tatbestandsvoraussetzungen eines schutzgutbezogenen Lösungsmodells der Interventionsproblematik

Auf der Suche nach der inhaltlichen Bestimmung der rechtlichen Grenzen, die das Interventionsverbot der Verhängung außenpolitisch motivierter Handelsbeschränkungen setzt, sollen im folgenden Kapitel unter besonderer Beachtung der staatlichen Souveränität als dem Schutzgut des Interventionsverbotes und der Funktion, die dieses Schutzgut in dem heutigen internationalen System hat, einzelne Tatbestandsmerkmale herausgearbeitet werden.

Dabei sollen zunächst diejenigen Tatbestandselemente herausgearbeitet werden, deren Vorliegen die Voraussetzung dafür bilden, eine Verletzung des Interventionsverbotes mit wirtschaftlichen Mitteln überhaupt in Erwägung zu ziehen. Diese Merkmale sollen daher im folgenden „konstitutive" Tatbestandsmerkmale genannt werden.[1]

Im Rahmen der sich daran anschließenden Herleitung der „ausfüllungsbedürftigen" Tatbestandsmerkmale soll dann versucht werden, unter Heranziehung allgemeiner Regeln des Völkerrechts die in diesem Rechtsgebiet vorhandenen Wertungen für die Differenzierung zwischen erlaubter und nicht erlaubter Beeinflussung eines anderen Staates nutzbar zu machen.[2]

I. Konstitutives Tatbestandsmerkmal

1. Objektives Tatbestandsmerkmal

Notwendige Voraussetzung für einen Verstoß gegen das Interventionsverbot ist das objektive Vorliegen eines Druckes, d. h. in dem speziellen Fall von außenpolitisch motivierten Handelsbeschränkungen dem Einsatz eines wirtschaftlichen Mittels, um durch die Inaussichtstellung wirtschaftlicher Nachteile bei dem betroffenen Land unter Inkaufnahme eines eigenen wirtschaftlichen Nachteils auf die Willensbildung in dem betroffenen Staat Einfluß zu nehmen und sie in eine von dem handelnden Staat gewünschte Richtung zu lenken.[3]

---

[1] Siehe dazu Seiten 82—91.

[2] Siehe dazu Seiten 92—148.

Die Ausübung eines solchen wirtschaftlichen Druckes ist für sich genommen einerseits ein notwendiges Tatbestandsmerkmal des Interventionstatbestandes. Die Tatsache wirtschaftlichen Druckes allein ist aber andererseits noch kein Indiz für dessen negativen Charakter. Wirtschaftlicher Druck kann sich auch darstellen als Interzession, als eine Einwirkung, die das Schutzgut des Interventionsverbotes nicht verletzt. Anders als unter den Vorzeichen eines absoluten Souveränitätsverständnisses, das jegliche Einflußnahme von außen als eine verbotene Einmischung ansah, kann unter den Gegebenheiten, unter denen die moderne Staatenwelt heute existiert und die durch eine starke Interdependenz gekennzeichnet sind, nicht jegliche Einflußnahme als verboten angesehen werden.[4] Ein solches Verbot hätte keine Beziehung zur realen Staatenwelt. Zudem wäre das Verbot jeglichen Druckes in den Beziehungen der Staaten nicht nur unrealistisch, sondern auch nicht wünschenswert. Angesichts des Fehlens einer effektiven zentralen Durchsetzungsgewalt in der „imperfekten" Völkerrechtsordnung besteht die Notwendigkeit, daß den Staaten, denen — mit den bekannten Ausnahmen — die Anwendung militärischer Maßnahmen durch das Verbot des Art. 2 Abs. 4 SVN rechtlich nicht mehr zur Verfügung steht, ein anderes Mittel verbleibt, um politische und rechtliche Zielvorstellungen durchzusetzen.[5] Ein völliges Verbot der Einsetzung wirtschaftlichen und politischen Druckes, dessen Nichtbefolgung für den anderen Staat mit einem spürbaren Verlust verbunden ist, würde nicht so friedenssichernd sein, wie es auf den ersten Blick erscheinen mag. Es bestünde die Gefahr, daß bestehende Interessengegensätze nicht ausgetragen und durch das Nachgeben der einen oder anderen Seite gelöst werden können, sondern der vorhandene Konflikt auf militärischer Ebene eskaliert. Zudem würde, sieht man einmal von dem Ausschluß aus internationalen Organisationen ab, ein Mittel fehlen, einen vermeintlichen oder tatsächlichen Verletzer völkerrechtlicher Verpflichtungen auf der Ebene unterhalb des

---

[3] Siehe dazu oben S. 20 die Definition der außenpolitisch motivierten Handelsbeschränkung.

[4] Diesen Zusammenhang zwischen dem Interventionsverbot und den tatsächlichen Gegebenheiten der Interdependenz betont insbesondere *Thomas Oppermann*, Nichteinmischung in innere Angelegenheiten. Zur Abgrenzung der Nichteinmischung gegenüber Intervention und Interzession, in: AVR 14 (1969/70), S. 321—342 (340); ähnlich *Brun-Otto Bryde*, Die Intervention mit wirtschaftlichen Mitteln, in: FS Schlochauer, S. 227—245 (234).

[5] *Wilhelm A. Kewenig*, Die Anwendung wirtschaftlicher Zwangsmaßnahmen im Völkerrecht, in: Berichte DGVR Heft 22 (1981), S. 7—32 (22); *Bryde* (Anm. 4), S. 223; *Hanspeter Neuhold*, Die Intervention aus völkerrechtlicher Sicht, in: *Czempiel/Link*, S. 33—53 (35); *Oppermann* (Anm. 4), S. 340; so auch *Heinrich Kipp*, Zum Problem der gewaltsamen Intervention in der derzeitigen Entwicklungsphase des Völkerrechts, in: Peters, 393—433 (394), obwohl *Kipp* im Gegensatz zu der hier vertretenen Ansicht von einem Interventionsbegriff ausgeht, der Intervention nicht notwendigerweise als ein verbotenes Handeln ansieht (S. 397—398).

völkerrechtlich Verbotenen zur Einhaltung seiner Verpflichtungen anzuhalten. Gegenüber einer Repressalie erscheint diese Maßnahme insofern als milderes Mittel, als sie nicht einem völkerrechtswidrigen Akt mit einem solchen wieder antwortet, sondern schon den Rahmen des völkerrechtlich Zulässigen nicht verläßt. Die Anwendung wirtschaftlichen Druckes stellt sich somit als ein notwendiges Mittel der Interessenaustragung in einer zunehmend interdependenten Welt dar.

Wirtschaftlicher Zwang überschreitet demgegenüber die Grenze der zulässigen Ausnutzung der sich aus der Interdependenz ergebenden wechselseitigen Abhängigkeitsverhältnisse der beteiligten Staaten untereinander und mißachtet den sich aus der Souveränität und der formellen Gleichheit der Staaten ergebenden Anspruch, trotz der vorhandenen Abhängigkeiten — die im wesentlichen Ausdruck der tatsächlichen wirtschaftlichen Machtverteilung sind — in ihrer grundlegenden Qualität als Staat und damit als gleichberechtigter Akteur im internationalen System nicht beeinträchtigt zu werden.

Betrachtet man demgemäß die Ausübung wirtschaftlichen Druckes als eine zulässige, ja unter gewissen Umständen wünschenswerte Ausübung der staatlichen Souveränität des handelnden Staates und sieht demgegenüber den Anspruch des betroffenen Staates auf Respektierung der Sphäre seiner eigenen Angelegenheiten, so stellt sich die Interventionsproblematik als ein Konflikt konkurrierender Souveränitätsansprüche dar. Aufgabe der weiteren Erörterung der Grenzen des Interventionsverbotes wird es demgemäß sein, die materiellen Kriterien darzulegen, die das Völkerrecht für diesen Souveränitätskonflikt, für die Regelung des Spannungsverhältnisses zwischen erlaubter, ja erwünschter — weil dem Friedensziel des Völkerrechts dienender — Einwirkung auf der einen Seite und dem Anspruch auf Achtung der staatlichen Souveränität auf der anderen Seite beinhaltet.

Wollte man versuchen, dieses Konkurrenzverhältnis näher zu bestimmen, so könnte man in der Terminologie *Schwarzenbergers*[6] in der zulässigen Ausübung wirtschaftlichen Druckes auf andere Völkerrechtssubjekte die Ausübung der positiven äußeren rechtlichen Souveränität sehen, die begrenzt wird durch die negative äußere Souveränität, durch den Anspruch des betroffenen Staates auf Freiheit vor äußeren Einwirkungen. Dabei bezeichnet die *positive rechtliche äußere* Souveränität den Handlungsspielraum, den die Völkerrechtsordnung einem Staat im Verkehr mit anderen Völkerrechtssubjekten zumißt, während die *rechtliche negative äußere* Souveränität den Freiheitsraum bezeichnet, den die Völkerrechtsordnung einem Staat gegenüber Einwirkungen anderer

[6] *Georg Schwarzenberger*, The Forms of Sovereignty, in: Current Legal Problems 10 (1957), S. 264—295 (268—271).

Völkerrechtssubjekte zumißt.[7] Das den objektiven Tatbestand der Intervention kennzeichnende Merkmal ist die Ausübung von Druck zum Zweck der Beeinflussung der Willensbildung in einem anderen Staat.

Obwohl noch weitere Merkmale erfüllt sein müssen, um von einer Intervention sprechen zu können, ist es aber nicht erforderlich, daß sich der mit der Ausübung des Druckes angestrebte Erfolg auch realisiert. Dies ergibt sich aus dem Konkurrenzverhältnis der beidseitigen Souveränitätsansprüche, von denen der des betroffenen Staates gerade darauf gerichtet ist, in einem gewissen Bereich seiner staatlichen Entscheidungskompetenz unbeeinflußt zu bleiben. Diese negative rechtliche äußere Souveränität schützt damit die Handlungsautonomie des betroffenen Staates in dem Bereich der eigenen Angelegenheiten, der *rechtlichen positiven inneren* Souveränität. Würde man es als notwendig ansehen, daß der angestrebte Erfolg eintritt, d. h. daß der betroffene Staat tatsächlich die vom handelnden Staat angestrebte Handlung vornimmt, so würde man nicht mehr die negative äußere Souveränität, Freiheit von äußeren Einwirkungen, sondern die positive äußere Souveränität, die nach außen gerichtete Handlungsfreiheit, als Schutzgut betrachten.

Zu diesem Ergebnis kommt in der Tat *Dicke*, der zudem mit dem Argument, es seien keine Fälle bekannt geworden, in denen der betroffene Staat sich den Wünschen des handelnden Staates gemäß verhalten habe, den Schluß zieht, daß es über den Einfluß mit rechtswidrigen Mitteln hinaus keine anderen Formen der Intervention mit wirtschaftlichen Mitteln gäbe.[8] Die Untersuchung *Dickes* verfängt sich an einer

---

[7] So die Definition bei *Detlev Christian Dicke*, Die Intervention mit wirtschaftlichen Mitteln im Völkerrecht, Baden-Baden 1978, S. 106. Eine solche Betrachtungsweise hat sicherlich den Vorteil, die verschiedenen Erscheinungsformen der Souveränität zu unterscheiden und in handhabbaren Begriffen zu erfassen. Soweit eine solche Überlegung den Weg zu einer inhaltlichen Aussage über die Grenzen des Interventionsverbotes eröffnet, ist sie begrüßenswert. Schwierigkeiten ergeben sich allerdings dann, wenn aufgrund der scheinbaren Logik eines Gedankenmodells sich Lösungen ergeben, die den eigentlichen Grundaussagen widersprechen. Für eine nähere Erörterung der Konzeption *Schwarzenbergers* und der daraus zu ziehenden Schlußfolgerungen für das Interventionsverbot siehe die Ausführungen von *Dicke*, a.a.O., S. 68 ff.; insofern ähnlich: *Charles E. Ritterband*, Universeller Menschenrechtsschutz und völkerrechtliches Interventionsverbot, Bern-Stuttgart 1982, S. 236—247.

[8] *Dicke* (Anm. 7), S. 162. *Dicke* begründet sein etwas überraschendes Ergebnis damit, daß der das Interventionsverbot mit wirtschaftlichen Mitteln kennzeichnende Zwang in seiner Form als *vis absoluta* schon aus theoretischen Gründen ausscheide, während sich Fälle von *vis compulsiva* insofern nicht ereignet hätten, als nach Ansicht des Autors es bisher in keinem Fall gelungen sei, mit wirtschaftlichem Zwang eine Verhaltensänderung des betroffenen Staates herbeizuführen. Da aber eine solche tatsächlich eingetretene Verhaltensänderung in der von dem handelnden Staat gewünschten Richtung erforderlich sei — anderenfalls sei das Schutzgut der staatlichen Souveränität nicht verletzt — gäbe es keine entsprechenden Fälle, die zur Bildung eines diese Verhaltensweisen verbietenden Gewohnheitsrechtes hatten führen können. In diesem

entscheidenden Stelle in der eigenen gedanklichen Konstruktion. Dieser Punkt liegt in seinem nicht näher begründeten Argument, „der entscheidende Teil der Souveränität (sei) die positive Souveränität[9]". Zwar sehen auch andere Autoren[10] den „Sinn und Zweck der Souveränität (darin), den Staaten einen Handlungsspielraum zu gewähren"[11], nur wenige gehen aber mit *Dicke*[12] so weit, daß sie eine Intervention mit wirtschaftlichen Mitteln — die nicht per se rechtswidrige Interventionsmittel verwendet — ausschließlich dann annehmen, wenn der betroffene Staat zu einer bestimmten Verhaltensweise veranlaßt worden ist. Diese Reduktion des Interventionstatbestandes auf den eingetretenen Erfolg wird bei *Dicke* allerdings erst in der Zusammenfassung seiner Ergebnisse deutlich, in der er gerade wegen des angeblichen Fehlens eines bisherigen Erfolges dem wirtschaftlichen Zwang den Charakter einer völkerrechtswidrigen Intervention abspricht.[13] Bei der vorangestellten Herleitung bezeichnet er als Intervention noch solche Eingriffe, mit denen die positive Souveränität beeinträchtigt werden *soll*.[14] Mit anderen Worten stellt er hier auf die Absicht der Beeinflussung und nicht ausschließlich auf den Erfolg der Beeinflussung ab.

Kennzeichnend für die Intervention ist zwar die Einschränkung des Handlungsspielraumes eines anderen Staates. Die Reduktion des völkerrechtlich relevanten Verhaltens auf eine reine Erfolgshaftung beruht

---

Zusammenhang läßt der Autor selbst den häufig zitierten Fall der Beeinflussung Argentiniens durch die Vereinigten Staaten, mit der der Eintritt Argentiniens in den Zweiten Weltkrieg auf Seiten der Alliierten herbeigeführt werden sollte, nicht als Beispiel für eine Intervention mit wirtschaftlichen Mitteln gelten. Vielmehr sieht er die Kriegserklärung an Deutschland als Ausdruck einer freien außenpolitischen Entscheidung an.

[9] *Dicke* (Anm. 7), S. 144.

[10] *Ritterband* (Anm. 7), S. 352; *Ulrich Beyerlin*, Intervention, in: Handbuch Vereinte Nationen, S. 229—233 (230).

[11] *Dicke* (Anm. 7), S. 144.

[12] Genannt sei beispielsweise *Norbert Prill*, Völkerrechtliche Aspekte der internationalen Verbreitung ziviler Kernenergienutzung, Berlin 1980, S. 172—173, der für den Fall, daß der betroffene Staat dem auf ihn ausgeübten Druck erfolgreich widerstanden hat, schon aus diesem Grunde die unwiderlegliche Vermutung aufstellt, „daß seine Entscheidungsfreiheit durch die Pressionen nicht aufgehoben worden ist" und somit im Sinne der hier verwendeten Terminologie keine Intervention vorliegt.

[13] *Dicke* (Anm. 7), S. 162. Auch *Kewenig* (Anm. 4), S. 16 führt in seinem Kriterienkatalog die Frage auf, ob die „Subordination" des betroffenen Staates tatsächlich eingetreten ist. Allerdings stellt er damit nicht — wie etwa *Dicke* oder *Prill* — für die Frage des Vorliegens einer Intervention ausschließlich auf diesen „Erfolg" ab, sondern macht das Vorliegen der Intervention bei Fehlen des „Erfolges" davon abhängig, ob er an der Widerstandsfähigkeit des Adressaten scheiterte. Anders als beim Vorliegen zu geringen Druckes erscheint ihm in diesem Fall trotz des fehlenden Erfolges eine verbotene Intervention möglich.

[14] *Dicke* (Anm. 7), S. 144.

aber auf einer Verkennung der an sich begrüßenswerten Differenzierung der verschiedenen Formen der Souveränität. Ohne nähere Begründung sieht *Dicke* im Ergebnis ausschließlich eine Verletzung der positiven äußeren rechtlichen Souveränität als tatbestandlich relevant an. Dieses Ergebnis steht in seinem Erfordernis der Verletzung der nach außengerichteten Handlungsfreiheit im Widerspruch zu den eigenen Ausführungen des Autors, der betont, daß „Völkerrechtsverletzungen stets die rechtliche negative äußere Souveränität betreffen, weil diese nach der Definition den Freiheitsraum gegenüber völkerrechtswidrigen Beeinträchtigungen beschreibt".[15] Zwar mag eine Verletzung der positiven äußeren Souveränität stets auch eine Verletzung der negativen äußeren Souveränität beinhalten, d. h. eine Beeinträchtigung der Handlungsfreiheit nach außen stets auch eine Verletzung der Freiheit von Handlungen anderer beinhalten und die negative Souveränität insofern nur dienende Funktion haben. Dies kann aber nicht heißen, daß eine Verletzung der negativen äußeren Souveränität nur durch Verletzung der eigenen positiven äußeren Souveränität möglich ist. Der durch das Interventionsverbot letztlich geschützte Bereich ist die negative äußere Souveränität, der Bereich der eigenen Angelegenheiten eines Staates. Dieser Bereich kann — muß aber nicht notwendigerweise — durch eine Beeinträchtigung der positiven äußeren Souveränität, der Handlungsfreiheit nach außen, verletzt werden. Typisch ist vielmehr die Verletzung der negativen äußeren Souveränität des betroffenen Staates durch die Ausübung der positiven äußeren Souveränität des handelnden Staates.

Die Reduktion des Interventionsverbotes mit wirtschaftlichen Mitteln auf solche Maßnahmen, bei denen der Erfolg tatsächlich eintritt, würde zudem den Verbotsmaßstab ausschließlich von der Widerstandskraft des betroffenen Staates abhängig machen und jegliches andere Verhalten nicht erfassen. Damit würde der Schutzzweck des Interventionsverbotes verschoben werden. Dieser Schutzzweck sollte es sein, einen Maßstab für zulässiges Verhalten der Staaten untereinander zu beschreiben, einen Maßstab, an dem ihr an sich nicht verbotenes Verhalten gemessen werden kann. Zulässiger Zweck auch der erlaubten Druckausübung ist gerade die möglichst erfolgreiche Beeinflussung eines anderen Staates. Nicht der Erfolg darf das Kriterium für die Erfüllung der Voraussetzungen der zu beschreibenden Verbotsnorm sein, sondern dem Verhalten, der völkerrechtlich relevanten Handlung eines anderen Staates, müssen Grenzen auferlegt werden, um auf dieser Ebene zulässige von unzulässigen Vorgehensweisen zu trennen. Um wieder die Terminologie des deutschen Strafrechts zu verwenden, handelt es sich bei der Intervention mit wirtschaftlichen Mitteln nicht um ein Erfolgs-, sondern

---

15 a.a.O., S. 145.

um ein Handlungsdelikt. Der Verbotsmaßstab muß an die Handlung angelegt werden.

Diese Handlung ihrerseits setzt als objektives Tatbestandsmerkmal die Ausübung von Druck im Sinne der hier geprägten Definition voraus.[16]

Dieser objektiv notwendige Druck auf die Willensbildung in einem anderen Land wird in der Literatur häufig unter dem Stichwort „Zwang" diskutiert.[17] Diese Formulierung, die von der Wendung „to coerce" in den verschiedenen einschlägigen Resolutionen beeinflußt ist, nimmt allerdings das Ergebnis der wertenden Betrachtung der Ausübung von Druck voraus. Um zu dem rechtlichen Ergebnis zu kommen, daß die Ausübung von Druck einen unzulässigen Zwang darstellt, muß zuvor im Rahmen einer wertenden Betrachtung anhand der noch herauszuarbeitenden Kriterien die „Verwerflichkeit" der Ausübung von zunächst nicht verbotenem Druck festgestellt werden. Insofern stellt sich die Anwendung von Zwang als das Ergebnis einer rechtlichen Analyse der Anwendung von Druck dar, im vorliegenden Zusammenhang mit wirtschaftlichen Mitteln. Die entscheidende Frage ist, durch welche Umstände dieser wirtschaftliche Druck zum wirtschaftlichen Zwang und damit zur *vis compulsiva*[18] wird.

Die Ausübung wirtschaftlichen Druckes setzt darüberhinaus voraus, daß ein wirtschaftlicher Nachteil bei dem betroffenen Staat ernsthaft in Aussicht gestellt wird und diese Maßnahme mit dem Ziel der Beeinflussung der Willensbildung in der gewünschten Richtung erfolgt. Spezielle Anforderungen an die Gegebenheiten, unter denen die Ausübung des Druckes erfolgt, sind darüberhinaus nicht erforderlich. Insbesondere

---

[16] Es ist verschiedentlich überlegt worden, ob es Interventionstatbestände gäbe, die ohne das Erfordernis von Zwang auskommen könnten. Dies wird für einige Spezialtatbestände als möglich angesehen. Siehe dazu *Bryde* (Anm. 4), S. 237 mit Verweis auf *Wilhelm Wengler*, Völkerrecht II, Berlin — Göttingen — Heidelberg 1964, S. 1042. Sieht man allerdings in dem Interventionsverbot einen Tatbestand, dessen Aufgabe darin besteht, die Grenze der zulässigen Beeinflussung unter den Staaten zu bezeichnen, so wird der notwendige Druck erst durch das Hinzutreten weiterer Umstände zum völkerrechtlichen Zwang. So betrachtet stellt sich das von *Wengler* aufgestellte Erfordernis der „Auffälligkeit" weniger als Verzicht auf das Zwangselement überhaupt, als vielmehr als Ansatz zu einer inhaltlichen Wertung der Einwirkung auf einen anderen Staat dar.

[17] *Bryde* (Anm. 4), S. 237; *Georgios Paschos*, Intervention im Völkerrecht, Thessaloniki 1974, S. 32, der allerdings gerade an der von *Bryde* zitierten Stelle sich gegen die Notwendigkeit von Zwang, allerdings für das Erfordernis von Druck ausspricht; *Axel Gerlach*, Die Intervention — Versuch einer Definition, Hamburg 1967, S. 141 ff.

[18] Die Anwendung von *vis absoluta* ist als auf militärische Maßnahmen begrenzt anzusehen und insofern für die vorliegende Untersuchung ohne Bedeutung. Siehe zur begrifflichen Bildung im Zusammenhang mit dem Interventionsverbot: *Gerlach* (Anm. 17), S. 144—145.

ist die Anwendbarkeit des Interventionsverbotes nicht schon auf der Ebene des objektiven Tatbestandes auf solche Fälle begrenzt, in denen der Einsatz von wirtschaftlichen Druckmitteln „die andere Seite in größte (existentielle) Bedrängnis bringen kann".[19] Zwar bestehen im Nord-Süd-Verhältnis extrem einseitige Abhängigkeitsverhältnisse. Der Anwendungsbereich des Interventionsverbotes aber ist nicht auf Bereiche reduziert, die nach der *Galtung'schen* Terminologie als „strukturelle Gewalt" anzusehen sind.[20] So sehr auf der objektiven Ebene die Existenz von intensivem Druck erforderlich ist, so bleibt doch das Interventionsverbot ein in allen zwischenstaatlichen Beziehungen anwendbarer Grundsatz, der die Aufgabe hat, die wechselseitigen konkurrierenden Souveränitätsansprüche zu einem Ausgleich zu bringen. Durch die Reduktion des Anwendungsbereiches des Interventionsverbotes auf das Nord-Süd-Gefälle bestünde die Gefahr, daß ausschließlich eine bestimmte weltwirtschaftliche Situation in das Interventionsverbot einbezogen werden könnte. Wie *Bryde* selbst ausführt, ist es aber nicht Aufgabe des Interventionsverbots, „strukturell interventionistische" Zustände der Weltwirtschaft zu erfassen, sondern bestimmte Handlungsformen zu verbieten. Beim Vorliegen „strukturell interventionistischer" Gegebenheiten kann allerdings die Schwelle der Unzulässigkeit der Ausübung von Druck aufgrund der besonderen Abhängigkeiten des betroffenen Landes von dem handelnden Staat besonders schnell erreicht sein. Wie noch zu zeigen sein wird,[21] handelt es sich bei der von *Bryde* hergestellten Verknüpfung zwischen der Betonung der Notwendigkeit der existentiellen Bedrängnis und den besonderen Abhängigkeiten, die aus dem Nord-Süd-Gefälle resultieren, um eine Frage der Bewertung des Zusammenhangs zwischen dem eingesetzten Mittel und dem angestrebten Zweck der Druckausübung und damit im Endeffekt um eine Frage der Verhältnismäßigkeit.

Der Tatbestand des Interventionsverbotes setzt als objektives Merkmal das Vorliegen eines Druckes auf einen anderen Staat voraus. Dieses Merkmal setzt für seine Anwendbarkeit weder die Erreichung des mit ihm angestrebten Erfolges noch das Vorliegen eines besonderen Abhängigkeitsverhältnisses voraus. Vielmehr ist das „Handlungsdelikt" des Verstoßes gegen das Interventionsverbot in allen Beziehungen zwischen Völkerrechtssubjekten anwendbar.

---

[19] So aber *Bryde* (Anm. 4), S. 237.

[20] *Johan Galtung,* Eine strukturelle Theorie des Imperialismus, in: *Senghaas,* Imperialismus, S. 29—104 (35 ff.); siehe dazu im Zusammenhang mit dem Interventionsverbot: *Philip Kunig,* Das völkerrechtliche Nichteinmischungsprinzip — Zur Praxis der Organisation der afrikanischen Einheit (OAU) und des afrikanischen Staatenverkehrs, Baden-Baden 1981, S. 30 insbesondere Fn. 66.

[21] Siehe unten S. 147.

2. Subjektives Tatbestandsmerkmal

Um dem Verbot der Intervention zu unterfallen, müssen zu dem objektiven Kriterium des Druckes noch weitere Merkmale hinzukommen, mit denen bestimmt werden kann, wann die an sich nicht völkerrechtswidrige Beeinflussung eines anderen Staates in ein völkerrechtlich verbotenes Verhalten umschlägt. Es handelt sich damit von der Struktur des dann entstandenen völkerrechtlichen Deliktes her gesehen um einen Tatbestand, der eine gewisse Ähnlichkeit zu der „conspiracy" des angelsächsischen Strafrechtes aufweist. Diese Parallelität der Problemstellungen hat bei einigen Autoren des angelsächsischen Rechtskreises dazu geführt, die Völkerrechtswidrigkeit der Ausübung wirtschaftlichen Druckes von der Schädigungsabsicht[22] des handelnden Staates abhängig zu machen. Grundlage dieser Betrachtungsweise ist die Erkenntnis, daß die durch wirtschaftliches Handeln auftretenden Folgen bei dem gegenwärtigen kompetetiven Situation der Volkswirtschaften der einzelnen Staaten, die durch starke Konkurrenz und konsequente Verfolgung des eigenen Vorteils bestimmt wird, sich im Ergebnis nicht von den Folgen einer wirtschaftlichen Intervention unterscheiden. Entscheidend soll daher die den eintretenden Schaden begleitende Schädigungsabsicht sein.

Es ist aber gerade dieser Hinweis auf die derzeitige Lage der Weltwirtschaft, die Zweifel an der Geeignetheit des subjektiven Kriteriums der Schädigungsabsicht aufkommen lassen. Zum einen würde es erhebliche Schwierigkeiten machen, die Schädigungsabsicht nachzuweisen[23]. Zum anderen — und dieser Punkt ist wohl gewichtiger — bleibt eine solche Betrachtung zu leicht im rein Ökonomischen stehen. Das Streben nach eigenem Vorteil ist Grundlage jeden wirtschaftlichen Handelns. Es würde zweifelsfrei in den nicht erstrebenswerten Bereich der rüden wirtschaftlichen Methoden zu zählen sein, wenn man diesen komparativen Vorteil nicht in der Vermehrung des eigenen Profits, sondern in der Erschwerung der wirtschaftlichen Lage der anderen Seite sehen würde. Allein aus diesem Grunde wäre aber ein solches Verhalten auf der staatlichen Ebene noch nicht als wirtschaftliche Intervention im Sinne der hier verwendeten Definition anzusehen.

---

[22] *Derek W. Bowett*, Economic Coercion and Reprisals by States, in: Economic Coercion, S. 7—18 (11); ähnlich: *Ann van Wynen Thomas/A. J. Thomas, Jr.*, Non-intervention — The Law and Its Imports in the Americas, Dallas 1956, S. 410; siehe dazu u. a. *Paschos* (Anm. 17), S. 63—64; *Euchi Fukatsu*, Coercion and the Theory of Sanctions in International Law, in: *Macdonald/Johnston*, S. 1187—2005 (1195).

[23] *Hans-Gerd Kausch*, Boycotts for Non-economic Reasons in International Trade: International and German Law Aspects, in: NordTIR 46 (1977), S. 26—36 (32).

Eine Änderung dieser Betrachtungsweise würde sich erst dann ergeben, wenn ein bestimmtes wirtschaftliches Verhalten der Staaten untereinander verpflichtend geworden wäre, wie dies mit den Bemühungen um die „Neue Weltwirtschaftsordnung" angestrebt wird[24]. Solange dieser u. a. mittels der „Charta der wirtschaftlichen Rechte und Pflichten der Staaten"[25] angestrebte Vorgang der Abschaffung der derzeitig bestehenden Weltwirtschaftsordnung nicht abgeschlossen ist, kann das Kriterium der Schädigungsabsicht allein kein ausreichender Maßstab für die Beurteilung einer Intervention mit wirtschaftlichen Mitteln darstellen.[26]

Die Ablehnung der Schädigungsabsicht als subjektives Merkmal des Tatbestandes heißt jedoch nicht, daß ein subjektives Kriterium nicht erforderlich ist. Dieses subjektive Element besteht einmal in dem auf den Entscheidungsprozeß gerichteten Änderungswillen.[27] Zum anderen ist es zu erblicken in der bewußten Inkaufnahme des Eintritts eines wirtschaftlichen Schadens bei dem betroffenen Land bei gleichzeitiger Inkaufnahme eines eigenen wirtschaftlichen Nachteils. Diese Änderungsabsicht, verbunden mit dem bewußten Inkaufnehmen des Schadens für den Fall des Ausbleibens der Willensänderung, stellt das subjektive Tatbestandselement des Tatbestandes der Intervention mit wirtschaftlichen Mitteln dar.

Die auf ein Ziel gerichtete Anwendung einer vermeintlichen oder tatsächlichen wirtschaftlichen Machtstellung unter bewußter Ausnutzung der zwischenstaatlichen Abhängigkeit zur Verfolgung eigener Zwecke begründet das konstitutive Merkmal des Interventionstatbestandes.

---

[24] Ähnlich *Bryde* (Anm. 4), S. 240.

[25] UN Doc. GA Res. 3281 (XXIV) vom 12. 12. 1984; abgedruckt in: ILM 14 (1975), S. 251 ff.

[26] Vor dem Hintergrund der Forderung, die Schädigungsabsicht als erforderliches subjektives Kriterium anzusehen, erscheint auch der Streit während der Verhandlungen der Intervention bzw. Prinzipiendeklaration um das Merkmal „and" bzw. „or to obtain advantages of any kind" insofern verständlich, als dann, wenn in die Verbindung zu dem vorangegangenen Satz mit „or" hergestellt werden würde, reines Vorteils- bzw. Nachteilsstreben als ausreichend für den völkerrechtlichen Interventionstatbestand anzusehen gewesen wäre. Insofern würden die Autoren, die die Schädigungsabsicht als Kriterium gefordert haben, die Entwicklungsländer in dieser Forderung unterstützen. Ein solches Ergebnis ist von diesen Autoren aber sicher nicht beabsichtigt worden.

[27] Wenn *Bryde* (Anm. 4), S. 239 „die autoritative Anmaßung, dem anderen Staat Vorschriften über seine eigenen Angelegenheiten" machen zu wollen, „als subjektives Merkmal des Interventionstatbestandes" ansieht, so ist diese Formulierung insofern ungenau, als er damit nicht das subjektive Merkmal beschreibt, sondern das Ergebnis einer Wertung, in der bestimmt worden ist, ob die Anmaßung „autoritativ" ist bzw. es sich bei den berührten Angelegenheiten um „eigene" Angelegenheiten des betroffenen Staates handelte. Insofern läßt er hier auf der Tatbestandsebene Elemente einfließen, die erst das Ergebnis der Subsumtion sein können.

II. Ausfüllungsbedürftige Tatbestandsmerkmale

Zulässiger Druck erfährt dann eine qualitative Änderung und wird zu unzulässigem Zwang, wenn durch die Ausübung der in dem zulässigen Druck liegenden positiven äußeren Souveränität des handelnden Staates die negative äußere Souveränität des betroffenen Staates verletzt wird. Aufgabe der folgenden Ausführungen wird es sein, die Merkmale herauszuarbeiten, die das Völkerrecht zur Regelung dieses Souveränitätskonfliktes enthält.

Betrachtet man dabei zunächst die Funktion, die die Verwendung des Begriffes „Zwang" erfüllt, der in der völkerrechtlichen Literatur und in den Verträgen und Resolutionstexten[28] der internationalen Praxis eine dominierende Rolle bei den Abgrenzungsbemühungen spielt, so wird damit bei fehlendem Vorliegen militärischer Maßnahmen ein Verhältnis angedeutet, in dem die Souveränität des betroffenen Staates verletzt ist. Aus dem Begriff „Zwang" ist nicht abzulesen, wann die mit diesem Begriff bezeichnete Überschreitung der Grenze des völkerrechtlich Zulässigen vorliegt. Ein Weg zum Verständnis der Bedeutung des Wortes „Zwang" in dem vorliegenden Zusammenhang könnte folgende Überlegung sein:

Ein wesentliches Moment im Verhältnis souveräner Staaten untereinander ist das Erfordernis formeller Gleichheit. Dieses Gleichheitspostulat der Staaten untereinander findet sich schon seit der Souveränitätslehre *Bodins* in der allen Staaten gemeinsamen ausschließlichen Unterworfenheit unter das ius[29], das spätere Völkerrecht. Aus der Kombination von wechselseitiger Unabhängigkeit und gemeinsamer, gleichberechtigter Unterworfenheit unter übergeordnete Normen hat sich im klassischen Völkerrecht ein Souveränitätsverständnis ergeben, daß die heutige Universalisierung der Staatengemeinschaft ermöglicht hat. Das Erfordernis der souveränen Gleichheit findet sich heute in Art. 2 Abs. 1 SVN und ist ein wesentlicher Bestandteil des internationalen Systems.[30]

---

[28] Verwiesen sei nur auf den lang anhaltenden Streit zwischen den Vertretern des „klassischen" und des „weiten" Interventionsbegriffs und die Debatten um die Auslegung von Art. 2 Abs. 4 SVN bzw. um die Rechtsgrundlage des Interventionsverbotes im Rahmen der Erörterungen über die (oben beschriebenen) Resolutionen der Vereinten Nationen.

[29] *Jean Bodin*, Sechs Bücher über den Staat, Buch I—III, übersetzt und mit Anmerkungen versehen von *Bernd Wimmer*, eingeleitet und herausgegeben von *P. C. Mayer-Tasch*, München 1981, I. Buch, 8. Kap., S. 213; vgl. dazu im einzelnen *Helmut Quaritsch*, Staat und Souveränität, Frankfurt/M. 1970, S. 243 ff.; *ders.*, Bodins Souveränität und das Völkerrecht, in: AVR 17 (1978), S. 257—273 (259—260, 263, 271); *Jost Delbrück*, Menschenrechte im Schnittpunkt zwischen universalem Schutzanspruch und staatlicher Souveränität, in: *Schwartländer*, Menschenrechte und Demokratie, S. 11—26 (24—25); *ders.*, Souveränität und Nationalstaat im Wandel, in: Handbuch der deutschen Außenpolitik, S. 669—675 (670).

Wenn mit der Formulierung „Zwang" — selbst im Sinne von *vis compulsiva* — ein Verhältnis angesprochen wird, in dem der eine Staat sich nicht oder kaum noch dem Willen des anderen Staates entziehen kann, so ist dabei das Element der formellen Gleichheit insofern gestört, als ein Über-/Unterordnungsverhältnis begründet wurde, ein Verhältnis, in dem der betroffene Staat nicht nur dem Völkerrecht, sondern auch dem Willen eines anderen Staates unterworfen ist. Betrachtet man aus diesem Blickwinkel die Formulierung „Zwang", so handelt es sich dabei um Druck, bei dem der handelnde Staat in seiner formellen Gleichheitsposition betroffen wird und nicht mehr als gleichberechtigtes Subjekt, sondern als Objekt des Willens eines anderen Staates im völkerrechtlichen Verkehr auftritt.

Unter diesem Aspekt gewinnen die Abgrenzungsvorschläge nach dem sog. „klassischen" Interventionsbegriff[31] und die dabei geprägten Formulierungen einen Inhalt, der in die vorgestellte Betrachtungsweise von „Zwang" paßt.

1. Abgrenzungsversuche nach den Formulierungen des „klassischen" Interventionsbegriffes

Als Grundlage des klassischen Interventionsbegriffes wird häufig die Definition von *Hershey*[32] oder *Oppenheim/Lauterpacht*[33] angesehen. Danach ist eine Intervention die „dictatorial interference by a State in the affairs of another State for the purpose of maintening or altering the actual condition of things". Diese Definition ist allerdings nicht als Grundlage des „klassischen", auf militärische Gewalt begrenzten Interventionsbegriffes zu verstehen, sondern vielmehr als ein nicht näher erläuterter Abgrenzungsversuch zwischen zulässiger und unzulässiger Beeinflussung eines anderen Staates. Die Betonung liegt auf dem Begriff „dictatorial", eine Formel, die sich in ihrer Bedeutung nicht in militärischen Aktionen erschöpft, sondern die vielmehr ein nicht näher ausgefüllter Begriff für die Qualität der Einflußnahme darstellt. Dieser Zusammenhang wird deutlich insbesondere an der ebenfalls berühmt gewordenen Formulierung *Lauterpachts*, daß ... „intervention proper is always ‚dictatorial' interference, not interference pure and simple". Insbesondere diese Klarstellung zeigt, daß *Lauterpacht* mit der Formu-

[30] „Das Völkerrecht der Gegenwart beruht auf der Idee der Souveränität und der rechtlichen (formellen) Gleichheit der Staaten", *Walter Rudolf*, New States and International Law, in: Law and State 21 (1980), S. 47—73 (47).

[31] Wie gezeigt wurde (S. 32 ff.), entbehrt die häufig verwendete Differenzierung zwischen dem sog. „klassischen" und dem „weiten" Interventionsbegriff einer zwingenden systematischen Grundlage.

[32] Siehe oben S. 33.

[33] Siehe oben S. 33.

lierung „dictatorial" einen Indikator für die Qualität der Einwirkung gefunden hat, eine Einwirkung, die sich eben nicht in einfacher Beeinflussung erschöpft, sondern darüber hinaus ein Moment des Zwangs impliziert. Es erscheint daher gerechtfertigt, als Konsequenz der Ablehnung der Differenzierung in einen „klassischen" und einen weiten Interventionsbegriff die Formulierung „dictatorial", die im Anschluß an *Hershey* und *Lauterpacht* von einer Vielzahl von Autoren des angloamerikanischen Rechtskreises verwendet wurde, als das entscheidende Kriterium anzusehen, mittels dessen zwischen erlaubter und unerlaubter Beeinflussung unterschieden werden kann. Das entscheidende Moment dabei ist die Unterordnung des betroffenen unter den Willen des handelnden Staates.

Die hier aufgezeigten Zusammenhänge sind kennzeichnend für die übrige Lehre, die nach bisher herrschender Ansicht einen „klassischen" Interventionsbegriff beinhalten soll.[34] Die Überpointierung der Klassifizierungsversuche hat dazu geführt, daß aus der besonderen Betonung der militärischen Komponente nach der historisch bedingt geringeren Beachtung der sonstigen zwanghaften Einwirkungsmöglichkeiten die Bedeutung der Formulierungen „dictatorial", „autoritativ"[35] oder „gebieterisch"[36] begrenzt wurde auf die Frage des Einsatzes militärischer Gewalt. Die Bedeutung dieser und ähnlicher Formulierungen liegt aber darin, daß mit ihnen im Sinne der hier verwendeten Terminologie ein Unterscheidungskriterium zwischen erlaubter und unerlaubter Einwirkung gesucht wurde. Die Bedeutung der Merkmale „autoritativ" oder „diktatorisch" erschöpft sich jedenfalls nicht in der Bezeichnung der Schwere des angewandten (militärischen) Zwangsmittels,[37] sondern verweist wesentlich auf die bei dem betroffenen Staat entstehende Wirkung, auf den Anspruch, mit dem ein Staat einem anderen gegenüber sich anmaßt, über dessen „eigene" Angelegenheiten als „Hauptpartei" zu bestimmen, ihn damit zum Objekt zu machen.[38]

---

[34] Siehe dazu die Kritik an dieser Klassifizierung oben S. 32 ff.

[35] Grundlegend ist insofern die Formulierung *Bluntschlis*, in: Das moderne Völkerrecht der zivilisierten Staaten als Rechtsbuch dargestellt, 3. Aufl., Nördlingen 1878, S. 26, der die Intervention als „Autoritative Einmischung eines fremden Staats in die Angelegenheiten eines anderen unabhängigen Staats" bezeichnet; ähnlich u. a. *Franz von Liszt/Max Fleischmann*, Das Völkerrecht, 12. Aufl., Berlin 1925, S. 119. Die Formulierung „autoritativ" wird u.. a. ebenfalls von *Alfred Verdross* (in: *ders.*, Völkerrecht, 5. Aufl., Wien 1964, S. 228 f.) verwendet. Bei ihm zeigt sich besonders deutlich, daß die Bedeutung von „autoritativ" in ihrem Charakter als Abgrenzungsformel und nicht in der Begrenzung der verwendeten Mittel liegt. *Verdross* nennt auch andere Mittel der Einwirkung, die eine autoritative Einmischung und damit eine Intervention darstellen können.

[36] *Heinz Haedrich*, Intervention, in: *Strupp/Schlochauer*, WVR II, S. 145.

[37] So ausdrücklich auch *Bryde* (Anm. 4), S. 229, 230, Fn. 24.

Ohne an dieser Stelle auf die zahlreichen weiteren Formulierungsversuche einzugehen, die unter dem „klassischen" Interventionsbegriff zusammengefaßt wurden, bleibt somit festzuhalten, daß die Bedeutung der dabei geprägten Formeln wie „dictatorial" oder „autoritativ" nicht in der bisher darin vermuteten Mittelbegrenzung auf militärische Maßnahmen, sondern vielmehr in ihrer Charakterisierung der Handlungsform des intervenierenden Staates liegt. Die besondere Schwäche dieser Abgrenzungsformeln liegt darin, daß zwar das Ergebnis der Beeinflussung bei dem betroffenen Staat beschrieben wird, diese Formeln darüber hinaus aber für die Beurteilung des Einzelfalles wenig aussagekräftig erscheinen. Es wurden mit ihnen keine handhabbaren Kriterien geboten, die geeignet wären, in anderen als den augenfälligen Beispielen militärischer Maßnahmen die Grenzen der zulässigen Beeinflussung aufzuzeigen.

Ansätze zu der erforderlichen Wertung der ergriffenen Maßnahmen, teilweise bereits unter besonderer Berücksichtigung der Souveränität der betroffenen Staaten als Schutzgut des Interventionsverbotes, finden sich nicht erst in dem Teil der Lehre, der nach der bisher üblichen Klassifizierung dem weiten Interventionsbegriff[39] angerechnet wird. Wenn *Gerlach* beispielsweise *Mosler* zu den Vertretern eines klassischen Interventionsbegriffes zählt,[40] so übersieht er, daß dieser Autor, der zudem schon frühzeitig den engen Zusammenhang zwischen dem Interventionsverbot und seinem Schutzgut betonte,[41] bei der Bestimmung der Reichweite des Interventionsverbotes keineswegs lediglich die verwendeten Mittel berücksichtigt. Vielmehr verwendet er die später insbesondere von *Oppermann*[42] vertretene Erkenntnis, daß die Reichweite des Interventionsverbotes von der Reichweite der den einzelnen Staaten von der Völkerrechtsordnung zur ausschließlichen Regelung vorbehaltenen eigenen Angelegenheiten bestimmt wird.[43] Von dieser Erkenntnis ausgehend, sieht er beispielsweise den wie auch immer durchgeführten Versuch der Beeinflussung der innenpolitischen Verhältnisse in einem anderen Land als (unzulässige) Intervention und damit als völkerrechtliches Delikt an.[44] Dieses Kriterium, das die Völkerrechtswidrigkeit des

---

[38] *Karl Hettlage*, Die Intervention in der Geschichte der Völkerrechtswissenschaft und im System der modernen Völkerrechtslehre, in: Niemeyers Zeitschrift für Internationales Recht XXXVII (1927), S. 11—88 (20), ihm folgend *Bryde* (Anm. 4), S. 230.

[39] Siehe dazu die Auflistungen bei *Gerlach* (Anm. 17), S. 66 f.; *Dicke* (Anm. 7), S. 177 f.; *Ritterband* (Anm. 7), S. 312.

[40] *Gerlach* (Anm. 17), S. 61.

[41] *Hermann Mosler*, Die Intervention im Völkerrecht, Berlin 1937, S. 50.

[42] *Oppermann* (Anm. 4), S. 334 ff.

[43] *Mosler* (Anm. 41), S. 50; zu dem Interventionsbegriff *Moslers* siehe: *Kunig* (Anm. 20), S. 31, Fn. 71.

[44] *Mosler* (Anm. 41), S. 52.

Verhaltens bereits in dem Versuchsstadium der Beeinflussung ansiedelt, setzt damit angesichts der modernen Formen der Propaganda, insbesondere durch den Rundfunk, die Grenze des Verbotenen recht hoch.[45] Es zeigt aber, daß *Mosler* einen ausschließlich auf das eingesetzte Mittel ausgerichteten Ansatz aufgibt zugunsten einer auf das erzielte Ergebnis abstellenden Betrachtung.

Als Ergebnis bleibt festzuhalten, daß das Zwangselement in seinen verschiedenen Formulierungen einerseits ein typischer Ansatz für die frühen Abgrenzungsbemühungen zwischen verbotener und zulässiger Einwirkung auf einen anderen Staat darstellt. Mit ihm sollten nicht nur Einwirkungen mit militärischen Mitteln erfaßt, sondern unabhängig von dem eingesetzten Mittel ein Über-/Unterordnungsverhältnis zwischen den Staaten beschrieben werden. Dieses Über-/Unterordnungsverhältnis aber kollidiert mit dem grundlegenden Verständnis von formell gleichberechtigten souveränen Staaten, das seinen Niederschlag in Art. 2 Abs. 1 SVN gefunden hat. Eine Bestimmung der Frage, wann Zwang vorliegt, kann in anderen als den militärischen Maßnahmen nur erfolgen über eine Betrachtung der völkerrechtlichen Vorgaben für die Lösung konkurrierender Souveränitätsansprüche.

2. Abgrenzungsversuche durch die Verwendung normativer Kriterien

In der Loslösung von eher starren, ausschließlich das Ergebnis der Einwirkung beschreibenden Formeln wie „dictatorial interference" o. ä. haben die Abgrenzungsbemühungen zur Verwendung von Kriterien geführt, die die Rechtswidrigkeit des Einsatzes des verwendeten Mittels zu dem angestrebten Erfolg von einem Verstoß gegen die sog. „internationalen guten Sitten" abhängig machen wollten. Mit diesem Ansatz sollte die schon beobachtete Parallelität der Interventionsproblematik zu dem ebenfalls „offenen" Tatbestand der Nötigung gewinnbringend angewendet werden.[46]

---

[45] Zur speziellen Problematik, wann Radiopropaganda als Intervention angesehen werden kann, siehe insbesondere: *Eckart Wehser*, Die Intervention nach gegenwärtigem Völkerrecht, in: *Simma/Blenck-Knocke*, S. 23—54 (51—52); *Christof Weil*, Interventions- und haftungsrechtliche Aspekte grenzüberschreitender Rundfunksendungen, Berlin 1981; *Bruno Simma*, Grenzüberschreitender Informationsfluß und domaine réservé der Staaten, in: Berichte DGVR Heft 19 (1979), S. 39—82; *Jochen Abr. Frowein*, Das Problem des grenzüberschreitenden Informationsflusses und das „domaine réservé", in: Berichte DGVR Heft 19 (1979), S. 1—35.

[46] *Bryde* (Anm. 4), S. 241; *Gerlach* (Anm. 17), S. 203 ff.; ähnlich *Rolf M. Derpa*, Das Gewaltverbot der Satzung der Vereinten Nationen und die Anwendung nichtmilitärischer Gewalt, Bad Homburg 1970, S. 59—60.

Als einer der ersten Vertreter dieser Bemühungen ist *Dahm* zu nennen. Er geht in seiner Definition zwar zunächst von dem Begriff der „dictatorial interference" aus, so wie *Oppenheim* ihn geprägt hat.[47] Er versteht aber das Merkmal „dictatorial" nicht im Sinne der Notwendigkeit einer militärischen Aktion, sondern der Erforderlichkeit der Druckausübung zwischen den betroffenen Staaten. „Keine Bedenken unter dem Gesichtspunkt der Intervention stehen daher Aktionen entgegen, mit denen ein Druck nicht ausgeübt werden soll".[48] Neben militärischen nennt *Dahm* ausdrücklich finanzielle und wirtschaftliche Druck- und Zwangsmittel als mögliche Interventionsmethoden.[49] Unter Heranziehung der parallelen Problematik, bei der ein nationales Gericht vor der Frage steht, ob „ein bestimmtes Geschäftsgebaren unlauteren Wettbewerb darstellt oder eine Erpressung enthält"[50], versucht er, den Maßstab für ein noch duldbares Verhalten in den Rechtsanschauungen der gesitteten Welt, in Anstand und Treu und Glauben zu finden. Diese Verhaltensregeln im internationalen Rechtsleben faßt *Dahm* unter dem von ihm untechnisch verstandenen Begriff der „Sozialadäquanz" zusammen.[51] Im übrigen weist *Dahm* auf die Bedeutung des sachlichen Gegenstandes hin, in den eingegriffen wird. Eingriffe in die „inneren" Angelegenheiten eines Staates stellten eine Intervention dar.

Einen ähnlichen Ansatz bei der Suche nach Bestimmungsmerkmalen der „Verwerflichkeitsgrenze" vertritt *Berber*, der es als Intervention ansieht, wenn mit Mitteln, die als solche nicht verboten sind, „versucht wird, in einer gegen die guten Sitten, gegen Treu und Glauben verstoßenden Weise, unter Ausnützung einer überlegenen Machtlage, arglistig, heimtückisch in den Bereich der freien Selbstbestimmung eines anderen Staates einzugreifen".[52] Als Schutzgut nennt er die Behinderung des Selbstbestimmungsreches des betroffenen Staates. Wie *Dahm* verwendet *Berber* wertende, allerdings ausfüllungsbedürftige Begriffe, deren Vorteil darin besteht, daß mit ihnen das komplexe Begrenzungsproblem

---

[47] *Georg Dahm*, Völkerrecht, Bd. 1, Stuttgart 1958, S. 202.

[48] Ebenda.

[49] *Dahm* (Anm. 47), S. 204.

[50] *Dahm* (Anm. 47), S. 206; siehe dazu den Beitrag von *Sandrock* bei der Diskussion des Referates von *Kewenig* und die Erwiderung *Doehring* bzw. *Kewenig* in: Berichte DGVR Heft 22 (1981), S. 65—66 bzw. 86—87.

[51] *Dahm* (Anm. 47), S. 32; *Dahm* verwendet den Begriff der Sozialadäquanz — wie *Dicke* insofern richtig feststellt (Anm. 7, S. 179) — nicht im Sinne der Terminologie des deutschen Rechtes, sondern sieht in den vorher dargestellten Regeln ein Verhaltensmuster, die er mit dem Begriff der Sozialadäquanz zusammenfaßt. Keinesfalls will *Dahm* hier — wie *Gerlach* (Anm. 17), S. 193 und wohl auch *Paschos* (Anm. 17), S. 67 f. anzunehmen scheinen — Elemente des nationalen deutschen Rechtes in das Völkerrecht übertragen. Siehe dazu auch *Bryde* (Anm. 4), S. 241.

[52] *Friedrich Berber*, Lehrbuch des Völkerrechts, I. Band — Allgemeines Friedensrecht, München 1960, S. 186.

nicht auf einen statischen Terminus festgelegt wird, sondern die deutlich zeigen, daß zur völkerrechtlichen Beurteilung einer Druckausübung mit wirtschaftlichen Mitteln eine Vielzahl von Faktoren zu berücksichtigen sind. Das Verdienst der Darlegungen von *Dahm* und *Berber* liegt darin, den von ihnen nur mit recht weitgefaßten Begriffen beschriebenen Grenzbereich einer inhaltlichen Wertung zugänglich gemacht zu haben. Damit war der Anstoß gegeben zu einem weitergehenden Versuch der Konkretisierung und Ausfüllung der Begriffe. In dieser Notwendigkeit der weiteren Konkretisierung lag aber auch die entscheidende Schwäche der vorgeschlagenen Abgrenzungsformeln, da in der gegenwärtigen Lage des Völkerrechts, die insbesondere durch das Hinzutreten einer großen Anzahl von neuen Akteuren in Gestalt der durch den Entkolonialisierungsprozeß entstandenen jungen Staaten gekennzeichnet ist, es an einer solchen gemeinsamen Rechts- und Grundwertüberzeugung[53] fehlt, die mit einer gewissen Sicherheit eine verläßliche inhaltliche Ausfüllung so weiter Begriffe wie „Rechtsanschauungen der gesitteten Welt", „Anstand" oder „Treu und Glauben" erlauben würde.[54]

Dieser Mangel an einer gemeinsamen Rechts- und Grundwertüberzeugung kann insbesondere nicht dadurch ausgeglichen werden, daß durch die Verwendung der von *Dahm* untechnisch verstandenen Formulierung[55] der Sozialadäquanz diese inhaltlich mit einem Verweis auf das deutsche Straf-, Zivil- und insbesondere Arbeitsrecht aufgefüllt wird. *Gerlach* rechtfertigt diese direkte Übertragung unter Hinweis auf den Charakter der Sozialadäquanz als „allgemeines Rechtsprinzip, dessen Bedeutung sich keineswegs auf ein Rechtsgebiet beschränk(e)".[56] Die vorhandene Parallelität der Problemstellungen, die darin besteht, daß ein bestimmtes Verhalten „an sich" nicht rechtswidrig, innerhalb einer bestehenden Gemeinschaft vielmehr notwendig ist und den gegebenen Normen entspricht, das aber bei Hinzutreten bestimmter qualifizierender Merkmale in Rechtswidrigkeit umschlägt, rechtfertigt nicht, Erkennt-

---

[53] *Kewenig* (Anm. 4), 6. 16; ähnlich *Doehring* in der Diskussion zum Referat *Kewenigs*, a.a.O., S. 86.

[54] Diesem Bedenken ist auch der Vorschlag *Wenglers* (Anm. 16, S. 1042) ausgesetzt, der die wertende Komponente des Eingriffs in der „besonders auffälligen Form" sieht, in der die Beeinflussung erfolgt. Obgleich *Wengler* sich bemüht, mit einer Reihe von Beispielen eine Konkretisierung anzustreben, und insbesondere nicht fast jede Beeinflussung für rechtswidrig und verboten hält (so aber *Dicke* [Anm. 7, S. 185] in seiner Kritik an *Wengler)*, so ist doch der Wertungsrahmen nur vage zu ersehen. Der Wert der Ausführungen *Wenglers* besteht in der Betonung der Notwendigkeit der Wertung im Einzelfall. Diese Betonung hat allerdings nur relativen Erkenntniswert, weil ein nachvollziehbarer Maßstab für die „Auffälligkeit" nicht formuliert wird. So auch *Paschos* (Anm. 17), S. 67.

[55] Siehe dazu die Kritik an *Gerlach* (Anm. 17), S. 193 bei *Dicke* (Anm. 7), S. 179 und *Bryde* (Anm. 4), S. 241.

[56] *Gerlach* (Anm. 17), S. 187.

nismethoden des nationalen deutschen Rechts direkt ins Völkerrecht zu übertragen. Allgemeine Prinzipien der deutschen Rechtsordnung mögen innerhalb des Systems übertragbar sein, sie können aber nicht — jedenfalls nicht direkt — in das von wesentlich heterogeneren Vorstellungen geprägte Völkerrecht übernommen werden[57].

3. Schutzgutorientierter Lösungsansatz

Die Verneinung der Möglichkeit, nationale Wertungskriterien ins Völkerrecht zu übernehmen und mit ihnen die Grenzen der „Verwerflichkeit" zu bestimmen, heißt nicht, daß im Völkerrecht keine Maßstäbe enthalten sind, die geeignet wären, den Konflikt der konkurrierenden Souveränitätsansprüche bei der Verhängung außenpolitisch motivierter Handelsbeschränkungen aufzulösen und für die Beurteilung im konkreten Einzelfall nutzbar zu machen. Diese Wertungskriterien für die Beantwortung der Frage, bis zu welchem Punkt ein Staat die Einflußnahme durch einen anderen Staat hinnehmen muß, ergeben sich vielmehr aus der von *Gerlach* ausgeklammerten Frage[58] nach der Reichweite der dem Staat vom Völkerrecht belassenen eigenen Angelegenheiten.

Grundsätzlich sind zur Bestimmung der Grenze der zulässigen Beeinflussung eines anderen Staates zwei unterschiedliche Methoden denkbar. Einmal könnte man das Maß der „unzulässigen" Intervention nach den Erfordernissen des Bestandes an Souveränität in dem betroffenen Staat bestimmen. Diese Betrachtungsweise „von innen", die danach fragt, wieviel Souveränität dem einzelnen Staat unbedingt erhalten bleiben muß, um den Anforderungen als selbständiger Akteur im internationalen System gerecht werden zu können, steht eine Betrachtungsweise gegenüber, die das Ausmaß der staatlichen Souveränität „von außen" danach bestimmt, was die Staatengemeinschaft als „unzulässige" Intervention ansieht.

Bei dem Bemühen um eine vollständige Erfassung der Grenzen der zulässigen Beeinflussung der Staaten stehen sich beide Methoden allerdings nicht als Gegensätze gegenüber. Erforderlich erscheint es vielmehr, sie als einander ergänzende Varianten desselben Bestimmungsproblems aufzufassen. Was die Betrachtungsweise „von innen" aus noch darzulegenden Gründen nicht leisten kann, wird durch die Betrachtungsweise „von außen" vervollkommnet. Im Rahmen der Erörterung der Elemente des „ausfüllungsbedürftigen" Tatbestandes soll daher zunächst im Zuge eines „jedenfalls" Argumentes erörtert werden, wann der Erfolg der Maßnahme ausreicht, um von einer Intervention sprechen zu können. Da

---

57 So auch *Dicke* (Anm. 7), S. 181.

58 *Gerlach* (Anm. 17), S. 7.

mit diesem Erfolg der Verlust der Staatlichkeit des betroffenen Staates angesprochen ist, erscheint für diesen Komplex eine Betrachtungsweise „von innen" erforderlich. Darüber hinaus ist damit aber die Frage, ob, wenn der Verlust an Staatlichkeit noch nicht eingetreten ist, die beeinflussende Handlung selbst die Grenze der Zulässigkeit überschreitet. Hier soll dann unter Anknüpfung an die Handlung selbst mit der Heranziehung einzelner Verbotsnormen die Grenze der noch als „zulässig" angesehenen Einwirkung bestimmt werden.

a) Erfolg der Maßnahme als Kriterium für die Tatbestandsmäßigkeit der Einwirkungshandlung

aa) Wandlung der Funktion des modernen Souveränitätsbegriffs

Um die angesprochenen Wertungskriterien näher zu beleuchten, ist es allerdings erforderlich, sich zunächst über die Funktion des Schutzguts des Interventionsverbotes, der staatlichen Souveränität, unter den Bedingungen der modernen Staatenwelt des ausgehenden 20. Jahrhunderts Klarheit zu verschaffen.

Der Begriff der Souveränität war seit den Zeiten *Jean Bodins* erheblichen Schwankungen unterworfen.[59] *Bodin* definierte die Souveränität, die „summa potestas", als „in cives ac subditos legibus soluta potestas".[60] Die Absolutheit dieses Herrschaftsanspruches hatte eine zweifache Komponente, als sie neben dem Herrschaftsanspruch nach innen die Freiheit von den von Menschen gemachten Gesetzen („lex") eines anderen beinhaltet. Trotz dieses absoluten Anspruches auf Herrschaft nach innen und Unabhängigkeit von den Gesetzen eines anderen Herrschers nach außen findet der von seiner etymologischen Bedeutung her komparativistische Sinn des Wortes „Souveränität"[61] seine Entspre-

[59] Siehe dazu die ausführlichen Darstellungen von: *E. N. van Kleffens,* Sovereignty in International Law, in: RdC 82 (1953 I), S. 1—130 (40—83); *Georg Jellinek,* Allgemeine Staatslehre, 3. Aufl. 1913, 7. Nachdruck, Darmstadt 1960, S. 435—474; *Prodromos Dagtoglou,* Souveränität, in: Evangelisches Staatslexikon, S. 2321—2330; *Hans Kelsen,* Der Wandel des Souveränitätsbegriffes, in: Volkssouveränität, S. 164—178; *Djura Ninčić,* The Problem of Sovereignty in the Charter and the Practice of the United Nations, The Hague 1970, S. 1—15; *Werner von Simson,* Die Souveränität im rechtlichen Verständnis der Gegenwart, Berlin 1965, S. 24—31; *Alfred Verdross/Bruno Simma,* Universelles Völkerrecht — Theorie und Praxis, 3. Aufl., Berlin 1984, S. 25—33; *Luzius Wildhaber,* Sovereignty and International Law, in: *Macdonald/Johnston,* S. 425—452 (425—431).

[60] *Jean Bodin,* De Republica, Buch I, Kap. 8; in der deutschen Übersetzung von *Wimmer:* „Höchste und von den Gesetzen entbundene Gewalt gegen Bürger und Schutzgenossen".

[61] Siehe dazu u. a. *Ritterband* (Anm. 7), S. 223; *Dicke* (Anm. 7), S. 54—55; *Quaritsch,* Staat und Souveränität (Anm. 29), S. 249: der Ursprung des Wortes liegt in dem spätlateinischen „superanus" und nicht in „supremus".

chung in der Definition *Bodins,* als diese Freiheit von der „lex" die Gebundenheit durch das „ius", das göttliche Recht, das Naturrecht und einem bestimmten Teil des *ius gentium* nicht ausschließt.[62] Die wesentliche Aufgabe dieses Souveränitätsbegriffes lag darin, die Legitimationskette staatlicher Herrschaft nach Wegfall der Autorität des Kaisers, insbesondere Karls V., zu schließen und die Stellung des französischen Königs vor allem nach innen zu sichern.[63] Diese Kombination von Unabhängigkeit nach außen und effizienter Herrschaft nach innen bei gleichzeitiger Unterworfenheit unter das allerdings bei *Bodin* noch sehr rudimentär ausgebildete „ius gentium", dem späteren Völkerrecht, war ein wesentlicher Baustein der modernen Staatenwelt, mit dem die rechtliche Gleichheit der Staaten untereinander begründet wurde und die damit die Entstehung der modernen Staatenwelt überhaupt erst ermöglicht hat.[64]

Im Zuge der Wandlung des Souveränitätsbegriffes, als Stichworte seien nur die „Fürstensouveränität", „Volkssouveränität" oder „Parlamentssouveränität" genannt, wurde mit verändertem Ergebnis die Frage beantwortet, wem die Souveränität zustehen solle.[65] Während diese Fragestellung auf das Problem gerichtet war, wer im Inneren des Staates Träger der Souveränität war, rückte die Frage des Verhältnisses der jeweiligen souveränen Staaten zueinander erst im Laufe der Zeit in den Blickwinkel. War trotz aller Absolutheit im Inneren der Souveränitätsbegriff *Bodins* nach außen durch die allen Staaten gemeinsame Unterworfenheit unter das *ius* gekennzeichnet, so löste sich der Souveränitätsbegriff bei *Hobbes*[66] von dieser relativierten Bedeutung und erhob auch im Außenverhältnis durch die Leugnung der Unterworfenheit des Souveräns unter das göttliche Recht — das ius — einen absoluten Anspruch.[67] Aus dem später vorwiegend in Deutschland durch *Fichte, von Savigny, Hegel* oder *Jhering*[68] vertretenen absoluten Souveränitätsver-

[62] „... alle Fürsten der Erde (unterstehen) den Gesetzen Gottes, dem Naturrecht und verschiedenen von den Menschen gemachten Gesetzen, die allen Völkern gemeinsam sind", zitiert nach der Übersetzung von *Wimmer* (Anm. 29), S. 213.

[63] *Quaritsch,* Staat und Souveränität (Anm. 29), S. 251.

[64] *Quaritsch,* Bodins Souveränität (Anm. 29), S. 270—272; ähnlich *Dahm* (Anm. 47), S. 154; *Karl Matthias Meessen,* Souveränität, in: Handbuch Vereinte Nationen, S. 404—411 (407).

[65] Siehe dazu: *Dagtoglou* (Anm. 59), S. 2323.

[66] *Thomas Hobbes,* Leviathan, London 1651, Kap. 18, nachgedruckt in: Hobbes' Leviathan mit einer Einleitung von *W. G. Pogson Smith,* Oxford 1958.

[67] Diese Leugnung der Unterworfenheit unter das göttliche Recht ging allerdings nur soweit, daß *Hobbes* in seiner Schrift „Leviathan" dem König das Recht zugesteht, die Reichweite dieser Bindung durch das *ius* selbst zu bestimmen. Siehe dazu *Dagtoglou* (Anm. 59), S. 2322.

[68] Siehe dazu: *Ritterband* (Anm. 7), S. 227—228; ähnlich: *Ninčič* (Anm. 59), S. 6.

ständnis entwickelte sich über die Leugnung der Souveränität bei *Kelsen* und seiner Schule[69] die heute vorherrschende Betrachtungsweise der relativen Souveränität.

Die Vielfalt der bisher vertretenen Souveränitätsbegriffe — sowohl hinsichtlich der Frage, wer im Inneren Träger der Souveränität ist, als auch in welchem Verhältnis die Souveränität eines Staates zu der eines anderen im Außenverhältnis steht — mindert einerseits die Aussagekraft dieses Prinzips, wenn man nach einer allgemeingültigen Definition sucht. Andererseits ist aber zu bedenken, daß die jeweilige Bestimmung der Souveränität „immer eine geschichtliche Antwort auf eine bestimmte geschichtliche Problemlage"[70] ist oder — etwas vorsichtiger formuliert — „die meisten als allgemein gültig vorgetragenen Definitionen der Souveränität ... nichts anderes als Beschreibungen dessen sind, was zu einer bestimmten Zeit und unter bestimmten Verhältnissen unter Souveränität verstanden wurde".[71]

Dies gilt in besonderem Maße für die Ausformung der Fürstensouveränität, mit der die damaligen absolutistischen Herrscher ihren Machtanspruch begründeten, aber auch für die Volks-[72] oder die Staatssouveränität. Zugunsten letzterer sollte im Interesse des Staatsganzen der Widerspruch zwischen Fürsten- und Volkssouveränität gelöst werden.[73] Die Betonung der Abhängigkeit der Frage nach dem Träger der Souveränität von der jeweiligen geschichtlichen Situation ändert allerdings nichts an der Bedeutung dieses Begriffs als einem wesentlichen Strukturmerkmal des Völkerrechts.

---

[69] *Kelsen* (Anm. 59), S. 172. In der sog. Wiener Schule wurde von einer Einheit zwischen Völkerrecht und Staatsrecht ausgegangen und, bei gleichzeitigem Vorrang des Völkerrechts, die Souveränität fast völlig verleugnet. Siehe dazu: *Verdross/Simma* (Anm. 59), S. 54; *Ninčić* (Anm. 59), S. 9—10; *Dagtoglou* (Anm. 55), S. 2324.

[70] *Peter Häberle,* Zur gegenwärtigen Diskussion um das Problem der Souveränität, in: AöR 92 (1967), S. 259—287 (265).

[71] *Jellinek* (Anm. 59), S. 461 ff.; zitiert bei *v. Simson* (Anm. 59), S. 29, der sich allerdings gegen den Schluß wendet, eine abstrakte Definition könne es nicht geben.

[72] Vertreten wurde die Idee von der Volkssouveränität in Ablehnung der Theorie der absoluten Fürstensouveränität von *Immanuel Kant* und *Jean-Jacques Rousseau.* Wichtigste frühe Ausprägung erfuhr der Gedanke der Volkssouveränität nach den Erfahrungen der Französischen Revolution in der Verfassung der Vereinigten Staaten, in der die Idee der Volkssouveränität übernommen wurde. Siehe dazu: *Alexis de Tocqueville,* Über die Demokratie in Amerika, in: *I. P. Mayen/Theodor Eschenburg/Hans Zbinden* (Hrsg.), Alexis de Tocqueville — Werke und Briefe, Bd. 1, Stuttgart 1959, S. 63—65; *Peter Graf Kielmansegg,* Volkssouveränität, Eine Untersuchung der Bedingungen demokratischer Legitimität, Stuttgart 1977, S. 167.

[73] Vertreten u. a. von *Otto von Gierke,* Johannes Althusius und die Entwicklung der naturrechtlichen Staatstheorien, Breslau 1880, siehe dazu: *Dagtoglou* (Anm. 59), S. 2326.

Vergegenwärtigt man sich die Situationen, in denen in der Vergangenheit die Diskussion um den Souveränitätsbegriff bedeutsam wurde, so lag seine Funktion zunächst in dem Schutz und der Konsolidierung staatlicher Hoheitsmacht in einem bestimmten Territorium. Später verlagerte sich die Diskussion um den Souveränitätsbegriff, nachdem dieser Konsolidierungsprozeß jedenfalls in den Staaten des damaligen Europa abgeschlossen war, auf die Frage nach der Trägerschaft der Souveränität im Inneren. Etwas anderes mag noch heute für die im Zuge der Entkolonialisierung entstandenen Staaten der Dritten Welt gelten, weil der oftmals schwach ausgebildeten staatlichen Hoheitsgewalt traditionelle, auf Herrschaft einzelner Stämme ausgerichtete Strukturen gegenüberstehen.

Die moderne Souveränitätsdiskussion wird dadurch gekennzeichnet, daß durch die zunehmende Technisierung und Verflechtung wirtschaftlicher Abläufe das Bild des autonomen, in sich selbst ruhenden Staates in Frage gestellt wird. Die hohe wechselseitige Abhängigkeit der Staaten untereinander auf den verschiedensten Gebieten[74] schafft in zunehmendem Maße eine Situation, in der die auf historischen Zusammenhängen beruhende territoriale Grenzziehung in Konflikt mit dem Regelungsbedürfnis der die Staaten überschreitenden Lebenssachverhalte gerät. Zur Bewältigung dieser die staatlichen Grenzen überschreitenden Sachprobleme wurden schon bei dem ersten Auftauchen eines solchen Regelungsbedarfes im 19. Jahrhundert mit der Gründung z. B. der Kommissionen für den Rhein und die Donau oder des Weltpostvereins[75] inter-

[74] Diskutiert unter dem Stichwort „Interdependenz", siehe dazu: *Karl Zemanek*, Interdependence, in: EPIL 7 (1984), S. 275—278. „Die Mobilität von Menschen, Waren, Kapital, Dienstleistungen, aber auch von Immissionen über die Grenzen hinweg, hat ein nie gekanntes Maß erreicht." (*Werner Meng*, Völkerrechtliche Zulässigkeit und Grenzen wirtschaftsverwaltungsrechtlicher Hoheitsakte mit Auslandswirkung, in: ZaöRV 44 [1984], S. 675—780 [682]); *Peter Nobel*, Internationalisierung der Tatbestände und nationalstaatliches Recht, in: Außenwirtschaft 39 (1984), S. 91—118.

[75] Die *Rheinkommission* findet ihre ursprüngliche Grundlage in den Bestimmungen der Wiener Schlußakte vom 9. 7. 1815 und wurde später ausgestaltet in der Mainzer Rheinschiffahrtsakte vom 31. 3. 1831 und der Mannheimer Rheinschiffahrtsakte vom 17. 10. 1868. Die heutige Fassung findet sich in: BGBl. 1969 II, S. 595.

Das *Donauregime* — zu unterscheiden sind die Binnen- und die Seedonau — beruht auf dem Pariser Frieden vom 30. 3. 1856. Während für die Seedonau eine Europäische Kommission mit weitreichenden unmittelbaren Verwaltungskompetenzen eingerichtet wurde, begründete man für die Binnendonau lediglich eine Uferstaatenkommission mit mittelbaren Verwaltungsbefugnissen. Siehe dazu: *Ignaz Seidl-Hohenveldern*, Das Recht der Internationalen Organisationen einschließlich der Supranationalen Organisationen, 4. Aufl., Köln 1984, S. 17—18; *Rüdiger Wolfrum*, Die Internationalisierung staatsfreier Räume — Die Entwicklung einer internationalen Verwaltung für Antarktis, Weltraum, Hohe See und Meeresboden, Berlin 1984, S. 17—18; *Verdross/Simma* (Anm. 59), S. 650—651; *Wildhaber* (Anm. 59), S. 442—443.

Der *Weltpostverein* (Universal Postal Union, UPU) wurde am 9. Oktober 1874 nationale Organisationen geschaffen. Bis heute haben die Staaten auf den verschiedensten Gebieten zur Bewältigung des Regelungsbedarfes solche Organisationen gegründet und ihnen, allerdings in höchst unterschiedlichen Graden, ehemals rein staatliche Aufgaben übertragen, um die Anforderungen der zwischenstaatlichen Koordination erfüllen zu können. Die Internationalisierung der Sachverhalte zielt tendenziell in die Richtung einer Infragestellung des auf die Existenz territorial begrenzter Staaten begründeten Systems und der damit verbundenen Unterschiede in den Zielrichtungen und Ausformungen nationaler Regelungen.[76]

Das zentrale Lenkungs- und Leitungsorgan des heutigen internationalen Systems ist aber trotz aller Internationalisierungstendenzen oder auch -notwendigkeiten der Staat. Er darf als gegenüber anderen Staaten formell gleichberechtigter Akteur nicht an der Erfüllung seiner zentralen Ordnungsfunktionen gehindert werden. Lag das Schwergewicht der Diskussion um die Souveränität in der Vergangenheit in der Notwendigkeit, innerhalb eines gegebenen Gebietes eine Zentralgewalt zu konsolidieren bzw. Formen der Herrschaft einzelner Gruppen zu legitimieren, so besteht die Funktion des Souveränitätsbegriffes heute darin, trotz der Relativierung des Souveränitätsanspruches durch die allen Staaten gemeinsame Unterworfenheit unter das Völkerrecht die Erfüllung der staatlichen Funktionen zu schützen. Das Schwergewicht der Argumentation hat sich insofern verlagert von dem Territorium als einem unentbehrlichen Fixpunkt und der Legitimierung der Herrschaft in diesem Gebiet hin zu einer stärker auf eine Wahrung der staatlichen Funktionen bedachten Betrachtungsweise. In Bezug auf die entwickelten modernen Staaten steht nicht mehr die territorialbezogene Herrschaftsausübung in Frage, sondern, angesichts der interdependenten Sachverhalte, die funktionale Erfüllung der Lenkungs- und Leitungsbefugnisse des Staates.

Äußeren Ausdruck hat diese Verschiebung der Akzentuierung staatlicher Souveränität gefunden u. a. in dem Bereich der Jurisdiktionsgewalt, d. h. der Rechtssetzungs- und Rechtsdurchsetzungsbefugnis durch einen Staat. In Ergänzung zu den traditionellen Anknüpfungspunkten staatlicher Jurisdiktion, z. B. in dem Territorialitäts- oder dem Personalitätsprinzip, hat sich mit dem sog. Wirkungsprinzip ein Anknüpfungspunkt entwickelt[77], der anknüpft an die im Ausland mit Wirkung für das

---

zur Koordinierung des internationalen Postverkehrs geschaffen. Er hat heute den Rang einer Spezialorganisation der UNO. Siehe dazu nur: *Verdross/Simma* (Anm. 59), S. 202—203; *Hans Friedrich Leinung,* Der Weltpostverein im 110. Jahr, in: VN 32 (1984), S. 83—86.

[76] *Wildhaber* (Anm. 59), S. 440; ähnlich schon *Ulrich Scheuner,* Fünfzig Jahre Völkerrecht, in: Fünfzig Jahre Institut für Internationales Recht an der Universität Kiel, Hamburg 1965, S. 35—69 (49).

Inland gesetzten Umstände. Begrenzt wird dieses Prinzip in seiner Reichweite durch das überwiegende Interesse des betroffenen Staates, jedenfalls aber durch die schon angesprochene Wahrung seiner Lenkungs- und Leitungsfunktionen.[78] Angesichts der Notwendigkeit, die im Tatsächlichen liegenden Umstände der internationalen Interdependenz mit der Existenz territorial begrenzter Staaten als den wesentlichen Akteuren des internationalen Systems kompatibel zu machen, besteht die Aufgabe der Souveränität heute in der Wahrung des „gleichwertigen Rechtes aller Staaten auf Erhaltung der Funktionsfähigkeit als selbständige Leitungszentren".[79]

Neben der Relativierung des absoluten Souveränitätsverständnisses durch die allen Staaten gemeinsame Unterworfenheit unter das Völkerrecht — und damit die Völkerrechtsunmittelbarkeit der Staaten — ergibt sich als weitere Folge eine Begrenzung des auf der territorialen Ebene traditionell[80] als absolut angesehenen Herrschaftsanspruchs eines Staates. Nicht die Wahrung eines strikten Territorialbezuges, die jegliche Einflußnahme von außen verbieten würde, sondern die Wahrung der Funktionsfähigkeit des Staates steht im Vordergrund.[81]

Die Verpflichtung zur Wahrung dieser Funktionsfähigkeit stellt die letztendliche Schranke dar, bis zu der Einwirkungen fremder Staaten gehen dürfen. Als Ausdruck seiner Souveränität geht das legitime Bestreben eines Staates dahin, einen möglichst großen Bereich derjenigen Angelegenheiten zu beeinflussen und zu steuern, die ihn in seinen Interessen betreffen. In dem Bereich konkurrierender Souveränitätsansprüche findet die äußere Souveränität eines Staates ihre Grenzen in dem

---

[77] Aus der äußerst umfangreichen Literatur: *Michael Akehurst*, Jurisdiction in International Law, in: BYIL XLVI (1972—1973), S. 145—257 (192—206); *F. A. Mann*, The Doctrine of Jurisdiction in International Law, in: RdC 111 (1964 I), S. 9—162 (49—50); *Karl Matthias Meessen*, Völkerrechtliche Grundsätze des internationalen Kartellrechts, Baden-Baden 1975, S. 108 ff.; neuerdings: *Erik Nerep*, Extraterritorial Control of Competition under International Law, Stockholm 1983, S. 163 ff.; *F. A. Mann*, The Doctrine of International Jurisdiction Revisited After Twenty Years, in: RdC 186 (1984 III), S. 13—115 (29); *D. W. Bowett*, Jurisdiction: Changing Patterns of Authority over Activities and Resources, in: *MacDonald/Johnston*, S. 555—580 (559—560).

[78] Näheres dazu siehe oben S. 110.

[79] Siehe dazu aus der umfangreichen Literatur: *Meessen* (Anm. 77), S. 202.

[80] *Wildhaber* (Anm. 59), S. 443; *Bowett* (Anm. 77), S. 558; *Mann*, After Twenty Years (Anm. 77), S. 20.

[81] *Joseph H. Kaiser*, Internationale und nationale Zuständigkeit im Völkerrecht der Gegenwart, in: Berichte DGVR Heft 7 (1965), S. 1—25 (3); Diskussionsbeitrag von *Scheuner* zu dem Referat von *Kaiser*, ebenda, S. 66; neuerdings: *Wildhaber* (Anm. 59), S. 443, der die Relativität der Souveränität selbst in ihrem territorialen Aspekt betont, allerdings gleichzeitig die immer noch vorrangige Bedeutung der Territorialität hervorhebt. Ähnlich *Ludwig Dembinski*, Le Territoire et le Développement du Droit International, in: Schweizerisches JIR 31 (1975), S. 121—152.

gleichen Recht eines anderen Staates.[82] Insofern ergibt sich eine doppelte Schrankenkonstruktion für die Einwirkung fremder Staaten. Sie besteht einmal in der durch die Anforderungen an die Staatsqualität gesetzten Maßstäbe und stellt damit eine fixe Grenze dar, die man mit der „Wesensgehaltsgarantie"[83] der Grundrechtsdogmatik der Bundesrepublik Deutschland vergleichen könnte. Dem vorgeschaltet ist eine der „Wechselwirkung"[84] vergleichbare Konstellation, in der der Souveränitätsanspruch, d. h. der Beeinflussungsanspruch des einen Staates, in Beziehung zu setzen ist mit dem ihm gegenüber entgegengesetzten Abwehranspruch des betroffenen Staates.

Bevor auf den damit verbundenen Interessenausgleich und die ihm zugrundeliegenden Wertungen eingegangen werden soll, kann als erstes Ergebnis zunächst festgehalten werden, daß eine Intervention jedenfalls dann vorliegt, wenn der Druck und die Inkaufnahme der Schädigung dazu führen, daß der Staat in seiner Funktionsfähigkeit als Leistungszentrum und zentraler Akteur im internationalen System beeinträchtigt wird. Diese abstrakte Aussage beantwortet aber noch nicht die Frage, unter welchen Umständen dies der Fall sein kann. Erforderlich ist dazu eine Bestimmung des „Kerns" der Staatlichkeit, dessen Verletzung eine Intervention indiziert.

bb) Bestimmung des „Kerns" der Staatlichkeit

Die wesentlichen Attribute eines souveränen Staates sind seine Unabhängigkeit und die formelle Gleichheit mit anderen Staaten.[85] Der Begriff der Unabhängigkeit besagt, daß der Staat bei der Regelung seiner zur Erfüllung der Ordnungs- und Lenkungsfunktionen erforderlichen Angelegenheiten selbständig entscheiden können muß und diese Regelung nicht anderen überlassen ist.[86] Es handelt sich dabei um die Angelegenheiten, die den Kern der Staatlichkeit[87] ausmachen, dessen weitere Begrenzung die Staatlichkeit selbst tangieren würde. Die Entscheidung über wesentliche Vorgänge in diesem Bereich muß bei dem betroffenen Staat selbst liegen und verbleiben. Fraglich ist, wie man diese für den Staat konstitutiven eigenen Angelegenheiten bestimmen kann, die das sog. „domaine réservé" ausmachen.

---

[82] *Delbrück* (Anm. 29), S. 670.

[83] Siehe zu Art. 19 Abs. 2 GG aus der umfangreichen Literatur *Theodor Maunz/ Reinhold Zippelius*, Deutsches Staatsrecht, 24. Aufl., München 1982, S. 153.

[84] „Es findet eine Wechselwirkung in dem Sinne statt, daß die allgemeinen Gesetze zwar dem Wortlaut nach dem Grundrecht Schranken setzen, ihrerseits aber ... in ihrer das Grundrecht begrenzenden Wirkung wieder eingeschränkt werden müssen" (BVerfGE 7, 208).

[85] So für viele: *Meessen*, Souveränität (Anm. 64), S. 407—408.

[86] *Meessen*, Internationales Kartellrecht (Anm. 77), S. 202.

[87] *Wilfried Schaumann*, Die Gleichheit der Staaten, Wien 1957, S. 140.

Zur Vermeidung von Verwechslungen sei angefügt, daß der Begriff „domaine réservé" in dem hier verwendeten engen Sinne nicht identisch ist mit dem Begriff der domestic jurisdiction oder der staatlichen Zuständigkeit, wie er z. B. in Art. 2 Abs. 7 SVN enthalten ist und für den im französischen Text der Charta der Vereinten Nationen ebenfalls der Begriff „domaine réservé" verwendet wird.[88] Diese Begriffe unterscheiden sich dadurch, daß das „domaine réservé" im engeren Sinne für jegliche Staatlichkeit konstitutiv ist und keine weiteren Einschränkungen erlaubt, während die staatliche Zuständigkeit oder die „domestic jurisdiction", wie der StIGH bekräftigt hat[89], bestimmt wird als der Bereich der staatlichen Zuständigkeit, der von den Regelungen des Völkerrechts noch nicht erfaßt ist und die dem Staat qua dieser Eigenschaft zur Regelung zustehen.

Der Unterschied zwischen diesen beiden Definitionen besteht darin, daß eine weitere Schrumpfung der staatlichen Zuständigkeit z. B. durch die zunehmende Internationalisierung von verschiedenen Sachverhalten, die ursprünglich dem Staat zur ausschließlichen Regelung überlassen waren, möglich ist, während die wesentlichen Entscheidungen in dem Bereich des „domaine réservé" im engeren Sinne bei dem Staat selbst verbleiben müssen. In dem Augenblick, in dem beide Bereiche in ihrem Inhalt identisch sind, ist der Vorrat an internationalisierbaren Sachverhalten erschöpft. Werden darüber hinaus die wesentlichen Entscheidungen internationalisiert oder zumindest nicht mehr von dem Staat selbst gefällt, so verliert diese Herrschaftseinheit ihre Staatsqualität bzw., wenn es unter gleichzeitiger Wahrung des Gleichheitssatzes bei allen Staaten geschieht, verlieren die Staaten ihre Position als die wesentlichen Akteure des internationalen Systems. Dies mag aus den verschiedensten Gründen abzulehnen oder anzustreben sein. Die Folge einer solchen Entwicklung wäre jedenfalls eine grundlegende Änderung der heutigen Struktur des internationalen Systems.

---

[88] Es ist zu beobachten, daß der Begriff des „domaine réservé" auch in der sonstigen Literatur häufig synonym verwendet wird mit „staatlicher Zuständigkeit", „domestic jurisdiction" bzw. „eigene Angelegenheiten". Siehe z. B. *Ritterband* (Anm. 7), S. 279; *Oppermann* (Anm. 4), S. 331; *Wehser* (Anm. 45), S. 37; *Ninčić* (Anm. 59), S. 136; *Meessen* (Anm. 85), S. 408.

[89] Insbesondere in dem Rechtsgutachten zu dem Nationalitätsdekrete in Tunesien und Marokko (StIGH, Ser. B, No. 4, S. 24) hat der StIGH ausgeführt, daß die Frage, ob eine bestimmte Angelegenheit in die staatliche Zuständigkeit fällt, eine relative Frage ist, die von der Entwicklung der internationalen Beziehungen abhängt. Für nähere Einzelheiten dieses Falles siehe z. B. *Wolfgang Benedek*, Nationality Decrees in Tunis and Marocco (Advisory Opinion), in: EPIL 2 (1981), S. 197—198; eine ähnliche Formulierung hat das Institut de Droit International in einer Resolution zu diesem Thema vom 25. 10. 1954 gefunden, siehe: Annuaire de l'Institut de Droit International 45 (1954), Bd. 2, S. 292, abgedruckt in: AVR 4 (1953/54), S. 476. Artikel 1 lautet: „Le domaine réservé est celui des activités étatique où la compétence de l'Etat n'est pas liée par le droit international et varie suivant son développement."

Die Diskussion um die einem Staat zustehenden Befugnisse war bisher wesentlich geprägt von der Frage, wie die eigenen Angelegenheiten oder staatlichen Zuständigkeiten zu bestimmen seien. Dabei wurde einerseits vertreten, es gäbe einen Katalog von Zuständigkeiten, der der Internationalisierung grundsätzlich nicht zugänglich sei.[90] Demgegenüber wird angenommen, daß es keinen Bereich staatlicher Zuständigkeit gäbe, der von völkerrechtlichen Regelungen nicht erfaßt werden könne. „There is no matter that cannot be regulated by a rule of customary or contractual international law".[91] Der Bereich staatlicher Zuständigkeiten, der dem Staat vom Völkerrecht nicht verliehen, sondern von ihm nur anerkannt wird[92], sei in hohem Maße variabel und hänge in seiner Reichweite von bestehenden völkerrechtlichen Regelungen ab.

Gegen die Erstellung eines Kataloges staatlicher Zuständigkeiten spricht, daß die Aufzählung bestimmter Materien große Unsicherheiten mit sich bringt. Diese Unsicherheiten bestehen auf zeitlicher Ebene darin, daß sich das Völkerrecht ständig wandelt, daß die Bereiche der staatlichen Zuständigkeiten — wie etwa im menschenrechtlichen Bereich[93] — auf der einen Seite abnehmen, daß andererseits z. B. durch das Begehren der Länder der Dritten Welt nach „Permanent Sovereignty over Natural Resources"[94] diese Bereiche auch zunehmen können. Selbst wenn man

[90] *Wengler* (Anm. 16), S. 1045, mißt einem solchen Katalog gewohnheitsrechtliche Kraft zu; einen ähnlichen Katalog stellten auch *Hermann Mosler/Hans Otto Bräutigam*, „Staatliche Zuständigkeiten", in: *Strupp/Schlochauer*, WVR III, S. 317—323 (320) auf.

[91] *Hans Kelsen*, The Law of the United Nations, New York 1951, S. 771; ähnlich: *Lawrence Preuss*, Article 2, Paragraph 7 of the Charter of the United Nations and Matters of Domestic Jurisdiction, in: RdC 74 (1949 I), S. 553—650 (568); *Héctor Gros Espiell*, Sovereignty, Independence and Interdependence of Nations, in: Spirit of Uppsala, S. 277—296 (282); *Dahm* (Anm. 47), S. 213; *Ingo von Münch*, Internationale und nationale Zuständigkeiten im Völkerrecht der Gegenwart, in: Bericht DGVR Heft 7 (1965), S. 27—60 (50).

[92] *Kaiser* (Anm. 81), S. 12.

[93] *Jost Delbrück*, Die Rassenfrage als Problem des Völkerrechts und nationaler Rechtsordnungen, Frankfurt 1971, S. 104 ff.; *ders.*, Menschenrechte im Schnittpunkt (Anm. 29), S. 25—26; *Klaus Dicke*, Menschenrechte und Europäische Integration — Ein Beitrag zu den normativen Grundlagen der Europäischen Gemeinschaft, Kehl am Rhein — Straßburg 1985, S. 139 ff. spricht in diesem Zusammenhang von einer „normativen Distanzierung zum Staat"; *Felix Ermacora*, Human Rights and Domestic Jurisdiction, in: RdC 124 (1968 II), S. 371—451 (442—443); *Oppermann* (Anm. 4), S. 338; *Ritterband* (Anm. 7), S. 361 ff.; *Neuhold*, Intervention (Anm. 5), S. 46; *Bruno Simma*, Souveränität und Menschenrechtsschutz nach westlichem Völkerrechtsverständnis, in: EuGRZ 4 (1977), S. 235—240.

[94] UN Doc. Res. 1803 (XVII) vom 14. Dezember 1962, abgedruckt in: AJIL 57 (1963), S. 712; siehe dazu *Verdross/Simma* (Anm. 59), S. 805 ff. mit zahlreichen weiteren Nachweisen; *M. S. Rajan*, Sovereignty over Natural Resources, New Delhi 1978, S. 117 ff.; *Ria Kemper*, Nationale Verfügung über natürliche Ressourcen und die neue Weltwirtschaftsordnung, Berlin 1976, S. 77 ff.; *Christian Tomuschat*, Internationale Abhängigkeiten im Rohstoffbereich, in: Völkerrecht und internationale wirtschaftliche Zusammenarbeit, S. 149—174 (157); *Hans*

diese zeitliche Komponente ausschalten könnte, ließe sich für einen konkreten Moment eine Liste mit einer wissenschaftlichen Ansprüchen genügenden Exaktheit und dem Anspruch auf Vollständigkeit kaum erstellen.[95]

Bei dem Meinungsgegensatz ist darauf zu achten, daß nicht zwei Argumentationsebenen vermengt werden. Auf der Ebene der Begrenzung der staatlichen Zuständigkeiten oder der „domestic jurisdiction" führt die ständige Weiterentwicklung des Völkerrechts und seiner Regelungen bei grundsätzlicher Offenheit aller Bereiche für eine Internationalisierung oder Regionalisierung zu einer konkreten Aussagemöglichkeit über die Reichweite der staatlichen Zuständigkeiten. Dazu ist eine Betrachtung der zu einem bestimmten Zeitpunkt existierenden völkerrechtlichen Regelungen erforderlich. Das Ergebnis einer solchen Betrachtung ist eine Aussagemöglichkeit über die Reichweite der staatlichen Zuständigkeiten, wie sie z. B. in Art. 15 Abs. 8 VBS oder Art. 2 Abs. 7 SVN vorgesehen ist. Bei Art. 2 Abs. 7 SVN kommt allerdings zusätzlich durch die Formulierung „essentially" eine starke politische Dimension hinzu.[96] Diese Bestimmungsart der „domestic jurisdiction" mag so lange als ausreichend erscheinen, als die Diskussion ausschließlich von der Frage bestimmt ist, wie die eigenen Angelegenheiten eines Staates begrenzt werden. Im Zusammenhang mit dem Interventionsverbot war die Bestimmung der eigenen Angelegenheiten solange hinreichend, als jegliche Einmischung in diese Angelegenheiten aufgrund des absoluten Souveränitätsanspruches verboten war. Mit der Erkenntnis der Notwendigkeit, nicht jegliche Einwirkung auf die eigenen Angelegenheiten verbieten zu können oder zu wollen, wächst auch die Notwendigkeit, zu differenzieren zwischen solchen Angelegenheiten, bei denen eine Einmischung unter Umständen zulässig sein kann, und den Angelegenheiten, bei denen die zentralen Lenkungs- und Leitungsfunktionen des Staates gestört werden.

Die zweite oben angesprochene Argumentationsebene liegt demgemäß darin, daß bei der grundsätzlichen Offenheit aller Bereiche staatlicher Tätigkeit für völkerrechtliche Regelungen der „Kern" der Staatlichkeit nicht verletzt werden darf. Die grundsätzliche Existenz staatlicher Zuständigkeit darf nicht betroffen werden.[97] Das Selbsterhaltungsrecht des Staates[98] bzw. das Selbsterhaltungsminimum[99] darf nicht von der Inter-

---

Reinhard, Rechtsgleichheit und Selbstbestimmung der Völker in wirtschaftlicher Hinsicht, Berlin 1980, S. 38—55.

[95] *Fritz Ullmann*, Die ausschließliche Zuständigkeit der Staaten nach dem Völkerrecht, Bonn 1933, S. 73.

[96] Siehe oben S. 48.

[97] So auch *Kaiser* (Anm. 92), S. 14 „Nur der Typus staatlicher Zuständigkeit erscheint heute noch grundsätzlich und generell durch das Völkerrecht gewährleistet."

nationalisierung erfaßt werden. Daraus ergibt sich, daß nicht bestimmte Materien gesucht werden müssen, die unbedingt erhalten und von Einwirkungen von außen geschützt werden müssen, sondern zur Beantwortung der Frage nach dem Kern der Staatlichkeit ist eine Gesamtschau der dem Staat verbliebenen Kompetenzen erforderlich, die ihm die Funktionsfähigkeit[100] als unabhängiges Lenkungs- und Leitungsorgan erhält.

Zusammengefaßt kann man sagen, daß es keine Bereiche gibt, die für sich genommen nicht grundsätzlich der Internationalisierung zugänglich wären. Diese Internationalisierung würde aber dann, wenn sie auf universeller Ebene alle Bereiche umfassen würde, die Existenz von Staaten als derzeitig wesentliche Akteure des internationalen Systems leugnen. In einem System, in dem dem Staat wesentliche Ordnungsfunktionen obliegen, müssen ihm auch die Kompetenzen zur Verfügung stehen, um diese Funktionen auszufüllen. Diese Ordnungsfunktion besteht nach innen darin, gegenüber den ihm Unterworfenen auf der Basis einer originären Legitimation die vorhandenen Einzelinteressen zu einem Gesamtinteresse zusammenzufassen und entsprechend umzusetzen.[101] Nach außen besteht die staatliche Ordnungsfunktion weniger in der Lenkung und Leitung als vielmehr in der Verantwortlichkeit für einen bestimmten Sektor der Erdoberfläche und der Koordination der Interessen mit anderen Staaten. Zusätzlich mag sich aufgrund der zunehmenden Anerkennung der Existenz von Solidarpflichten aller Staaten eine Verantwortlichkeit für das Ganze, eine Kooperationspflicht ergeben. Als Akteur dergestalt sowohl nach innen als auch nach außen in die Pflicht genommen, erfordert die Erfüllung dieser Pflicht Möglichkeiten der Umsetzung. Die Verantwortlichkeit nach außen und der Auftrag zur Interessenumsetzung im Inneren erfordern die prinzipielle Existenz entsprechender ausschließlicher Kompetenzen. Diese notwendigen Kompetenzen mögen sich ihrem Inhalt nach wandeln oder in dem einen oder anderen Bereich durch völkervertragliche Regelungen auf andere Staaten oder zwischenstaatliche Institutionen übertragbar sein.[102] Ein Kern-

---

[98] Diskussionsbeitrag von *Scupin* in der Diskussion zu dem Referat von *Kaiser* (Anm. 92), S. 65; ähnlich *Schaumann* (Anm. 87), S. 140; *Alfred Verdross*, Observation des membres de la Commission, in: Annuaire de l'Institut de Droit International 44 (1952), S. 176—180 (177—178).

[99] *Hermann Heller*, Die Souveränität — Ein Beitrag zur Theorie des Staats- und Völkerrechts, Berlin/Leipzig 1927, S. 74.

[100] Die Funktion des Staates als notwendiges Kriterium und nicht die eigene Bewältigung bestimmter inhaltlicher Aufgaben sieht als entscheidend an insbesondere *Georg Erler*, Zum Problem der Souveränität, Berichte DGVR Heft 1 (1955), S. 29—56 (38). Für den Fall einer Funktionseinbuße durch die Übertragung einer Hoheitsaufgabe sieht er als entscheidend die Fähigkeit an, aus eigener Entscheidung die eingebüßte Funktion wieder aufzunehmen.

[101] Siehe dazu: *Martin Drath*, Staat, in: Evangelisches Staatslexikon, S. 2434—2467 (2441—2442).

bestand nationaler Kompetenzen muß aber erhalten bleiben. Der quantitative Verlust einzelner Hoheitsbereiche darf nicht in einen qualitativen Verlust an Staatlichkeit umschlagen. Die letztendliche Beurteilung, ob ein Staat noch als funktionsfähig anzusehen ist, hängt nicht von einem Sachbereichskatalog, sondern von einer wertenden Gesamtbetrachtung der dem Staat verbliebenen Kompetenzen und Selbstbestimmungsmöglichkeiten ab.

In dem Selbstbestimmungsrecht findet sich eine inhaltliche Stütze für die Frage, welche Bereiche den Kern der Staatlichkeit ausmachen. Das Recht zur inneren Selbstbestimmung ist nicht zu verwechseln mit dem äußeren Selbstbestimmungsrecht[103], das als Befreiungsanspruch der unter kolonialer Herrschaft lebenden Völker angesehen wird und mit Erlangen der formellen Unabhängigkeit verbraucht sein soll. Sobald das äußere Selbstbestimmungsrecht sich in der Schaffung eines neuen Staatswesens verwirklicht hat, schlägt es um in einen Anspruch auf Selbstbestimmung der politischen, wirtschaftlichen und kulturellen Umstände, unter denen dieser Staat regiert wird. In dieser Ausgestaltung hat das innere Selbstbestimmungsrecht Eingang gefunden in die Formulierungen des Schutzgutes des Interventionsverbotes in der Interventionsdeklaration und der Charta der wirtschaftlichen Rechte und Pflichten der Staaten.[104] Als

[102] Ein herausragendes Beispiel stellen insofern die Europäischen Gemeinschaften dar, auf die die Mitgliedstaaten — die Bundesrepublik Deutschland aufgrund der Ermächtigungsnorm des Art. 24 Abs. 1 GG — einen wichtigen Teil von Hoheitsfunktionen übertragen haben. Zur Frage, ob die Mitgliedsstaaten trotz dieser Übertragung zum gegenwärtigen Zeitpunkt bzw. in der geplanten Europäischen Union noch als souveräne Staaten anzusehen sind, siehe: *Eberhardt Grabitz/Thomas Läufer*, Das Europäische Parlament, Bonn 1980, S. 356; mit diesem Argument wird jedenfalls den Europäischen Gemeinschaften trotz der Fülle hoheitlicher Kompetenzen die Staatsqualität abgesprochen. Siehe dazu: *Ulrich Everling*, Vom Zweckverband zur Europäischen Union — Überlegungen zur Struktur der Europäischen Gemeinschaft, in: FS Ipsen, S. 595—615 (607 ff.); siehe dazu auch: *Thomas Oppermann*, Die Europäischen Gemeinschaften als parastaatliche Superstruktur, in: FS Ipsen, S. 685—699 (speziell 698); ähnlich auch *Wildhaber* (Anm. 59), S. 443; *C. F. Ophüls*, Staatshoheit und Gemeinschaftshoheit — Wandlungen des Souveränitätsbegriffs, in: Recht im Wandel, S. 519—590 (585), der zwischen der den Gemeinschaften übertragenen Attributions-Hoheit und der den Mitgliedstaaten zustehenden Residual-Hoheit unterscheidet.

[103] *Hector Gros Espiell*, Der Begriff des Selbstbestimmungsrechts der Völker in heutiger Sicht, in: VN 30 (1982), S. 54—58; *Jost Delbrück*, Das Selbstbestimmungsrecht der Völker im Völkerrecht der Gegenwart, Bemerkungen zum Stand der Diskussion, in: VN 25 (1977), S. 6—8; *ders.*, Selbstbestimmungsrecht und Völkerrecht, in: JIR 13 (1967), S. 180—209 (181—182); *Aldo Virgilio Lombardi*, Bürgerkrieg und Völkerrecht — Die Anwendbarkeit völkerrechtlicher Normen in nichtzwischenstaatlichen bewaffneten Konflikten, Berlin 1976, S. 181 ff.; *Verdross/Simma* (Anm. 59), S. 316, 319—320 mit umfangreichen Nachweisen (Fn. 5); weniger deutlich in der Unterscheidung zwischen dem inneren und äußeren Aspekt des Selbstbestimmungsrechts: *Karl Doehring*, Das Selbstbestimmungsrecht der Völker als Grundsatz des Völkerrechts, in: Berichte DGVR Heft 14 (1973), S. 7—46 (30 ff.).

[104] Siehe unten S. 66.

Träger dieses Rechtes wird dabei indes nicht mehr eine zu bestimmende Gruppe von Individuen, sondern der Staat selbst genannt. Das Selbstbestimmungsrecht hat in dieser Ausgestaltung als wertsetzendes Element seinen Legitimationscharakter zur Rechtsänderung verloren[105]. Es dient der inhaltlichen Ausgestaltung des „Kerns" der Staatlichkeit. Die genannten Kriterien stellen jedoch keinen Versuch dar, auf dem Umwege über das Selbstbestimmungsrecht doch wieder einen Katalog der einzelnen Kriterien der Staatlichkeit einzuführen. Vielmehr enthalten sie besonders sensitive Bereiche, deren Fremdbestimmung den Verdacht des Verlustes an Unabhängigkeit und damit an Staatlichkeit nahelegen. Ein weiteres wesentliches Merkmal besteht in dem schon erwähnten Erfordernis der formellen Gleichheit der Akteure. Erst die allen Staaten gemeinsame ausschließliche Unterworfenheit unter das Völkerrecht, die Völkerrechtsunmittelbarkeit, sichert den Staat als gleichberechtigtes Subjekt ab und schützt ihn davor, Objekt des Willens eines anderen Staates zu werden.[106]

Überträgt man diese Ergebnisse auf die Frage der zulässigen Einwirkung auf einen anderen Staat und ihre Grenzen, so ist eine solche Einwirkung jedenfalls dann unzulässig, wenn damit der beschriebene Kern der Staatlichkeit betroffen, der Staat in seiner Staatsqualität verletzt wird. Durch den Verlust der Staatlichkeit wird der Staat zum Objekt des Willens eines anderen Staates und ist nicht mehr ausschließlich dem Völkerrecht unterworfen. Er kann zudem nicht mehr Völkerrechtssubjekt sein, d. h. er kann wegen des Verlustes seiner Handlungsautonomie keine Verantwortung mehr tragen für die Einhaltung völkerrechtlicher Normen. Die Verletzung der Souveränität in ihren konstitutiven Bestandteilen führt zur absoluten Rechtswidrigkeit der Einwirkung, weil damit der für das Völkerrecht fundamentale Gleichheitssatz betroffen wird. Ein solcher Erfolg der Maßnahmen verletzt konstitutive Voraussetzungen der derzeitigen Völkerrechtsordnung und wird von ihr mißbilligt.

cc) Zwischenergebnis

Faßt man das Ergebnis der vorangegangenen Überlegungen zusammen, so bleibt festzustellen, daß eine Verletzung der eigenen Angelegenheiten eines anderen Staates jedenfalls dann vorliegt, wenn sich als Erfolg der Ausübung der Einflußnahme der Verlust der Staatlichkeit des betroffenen Landes ergibt. Man mag sich fragen, ob es möglich erscheint, daß mit wirtschaftlichem Druck ein solches Ergebnis erzielbar ist, ob *vis compulsiva* dazu geeignet ist, die Staatsqualität eines anderen Lan-

[105] Diskussionsbeitrag von *Scheuner* zu dem Referat von *Doehring*, in: Berichte DGVR Heft 14 (1973), S. 58.

[106] *Verdross/Simma* (Anm. 59), S. 28—29; *Meessen*, Souveränität (Anm. 64), S. 407—408.

des zu beeinträchtigen. Unter den derzeitigen Bedingungen des internationalen Wirtschaftssystems jedenfalls würde ein solch gravierender Erfolg eine Intensität der Abhängigkeit voraussetzen, die heute allenfalls im Nord/Süd-Verhältnis denkbar erscheint.[107] Dies schließt allerdings nicht aus, daß in anderen Bereichen, in denen der Begriff der Intervention diskutiert wird, etwa bei der subversiven Intervention oder der Berieselung durch Radio- und Funknachrichten, die zum Verlust der kulturellen Identität eines Volkes führen[108], ein solcher Erfolg erzielbar sein mag. Die Bedeutung der Feststellung, daß eine Einmischung in die eigenen Angelegenheiten eines anderen Staates jedenfalls dann eine verbotene Intervention darstellt — und damit der Druck zum Zwang wird —, liegt darin, daß damit bei aller Relativierung der Souveränität im übrigen jedenfalls dann eine absolute Grenze erreicht ist, wenn der Staat in seinen wesentlichen Lenkungs- und Leitungsfunktionen gestört und seine primäre Ordnungsaufgabe nicht mehr wahrnehmen kann.

b) Rechtswidrigkeit der Beeinflussungshandlung

Ist dieser Erfolg allerdings noch nicht eingetreten, so heißt dies keinesfalls, daß alle übrigen Handlungen gestattet sind. Als völkerrechtliches Delikt können — und hier liegt auch ein wesentlicher Schwerpunkt aller Betrachtungen über das Interventionsverbot — die Handlungen eines Staates relevant sein. Das Interventionsverbot zeichnet sich gerade durch seine Natur als Handlungsdelikt aus.

Auf der Handlungsebene ist zu untersuchen, durch welche Umstände die zulässige Ausübung von Druck auf einen anderen Staat unter der bewußten Inkaufnahme einer Schädigung für den Fall der Nichtbefolgung der vom handelnden Staat erstrebten Verhaltensweise zum unzulässigen Zwang wird. Für diese Untersuchung des Verhaltens des handelnden Staates bietet sich einmal die Legitimität des verfolgten Zieles und zum anderen die Rechtmäßigkeit der Verwendung des „an sich" rechtmäßigen Mittels der Beeinflussung eines anderen Staates an.

---

[107] *Bryde* (Anm. 4), S. 238.

[108] Dabei führen aber nicht die Nachrichten zu einem Identitätsverlust, wohl aber die „Berieselung" mit von einseitigen Kulturvorstellungen geprägten sog. „Unterhaltungssendungen" und mit solchen „Nachrichten", die sich — jedenfalls in unkommentierter Form — als Affront gegen die Gesellschaftsordnung des Empfängerlandes deuten lassen. Siehe dazu: *Jost Delbrück*, Die kulturelle und individuelle Identität als Grenze des Informationspluralismus?, in: Recht auf Information / Schutz vor Information, S. 181—200 (197); *K. Venkata Raman*, Towards a New World Information and Communication Order: Problems of Access and Cultural Development, in: *MacDonald/Johnston*, S. 1027—1068 (1049 ff.).

aa) Beeinträchtigung der eigenen Angelegenheiten als Voraussetzung für die Rechtswidrigkeit der Beeinflussungshandlung

Gemeinsame Voraussetzung dieser beiden Untersuchungsebenen ist, daß — wie schon die grundlegende Definition der Intervention zeigt — es sich um eine Einmischung in die eigenen Angelegenheiten des betroffenen Staates handelt. Wird eine eigene Angelegenheit des betroffenen Staates nicht beeinträchtigt, kann der Konflikt zwischen den eigenen und fremden Interessen nicht als Ausübung von Druck zwischen diesen Staaten gewertet werden. Die Interessen eines Staates aber, die nicht seine eigenen Angelegenheiten betreffen, werden von der Souveränität nicht geschützt. Ihre Verletzung kann damit auch nicht als Intervention angesehen werden.

Wie oben gezeigt wurde, lassen sich die eigenen Angelegenheiten eines Staates, im Gegensatz zu den seine Staatlichkeit begründenden Momenten, durch die dem Staat vom Völkerrecht belassenen Bereiche bestimmen. Die Reichweite der eigenen Angelegenheiten ist abhängig von dem jeweiligen Bestand an völkerrechtlichen Regelungen.[109] Im Zuge der zunehmenden Internationalisierung der verschiedensten Sachbereiche schrumpfen so die den eigenen Angelegenheiten des Staates zurechenbaren Regelungsbereiche. Der Schrumpfungsprozeß der „domestic jurisdiction" wird in sachlicher Hinsicht vor allem durch die zunehmende Anerkennung der Menschenrechtsfrage[110] als eine internationale Angelegenheit gekennzeichnet. Als weiteres Beispiel aus neuerer Zeit ist die zunehmende Erkenntnis der internationalen Bedeutung des Umweltschutzes[111] zu nennen. Mit dieser zunehmenden Unterstellung vormals ausschließlich nationaler Regelungskompetenz unter völkerrechtliche Re-

---

[109] Siehe oben S. 109.

[110] Aus der umfangreichen Literatur siehe dazu die oben in Anm. 93 genannten Autoren.

[111] *Alexandre Kiss*, The International Protection of the Environment, in: *MacDonald/Johnston*, S. 1069—1093; *Rüdiger Wolfrum*, Die grenzüberschreitende Luftverschmutzung im Schnittpunkt von nationalem Recht und Völkerrecht, in: DVBl. 99 (1984), S. 493—501 (496); auf diese Zusammenhänge weist auch schon *Scheuner* recht früh hin. Siehe dazu seinen Beitrag „50 Jahre Völkerrecht" (Anm. 76), S. 25. Aus neuerer Zeit siehe *Wildhaber* (Anm. 59), S. 444. Zu beachten sind auch die Bemühungen der International Law Commission, Rechtsregeln festzuschreiben, die die Intensität der Nutzung natürlicher Ressourcen durch einen Staat von dem Interesse anderer Staaten an der Erhaltung der Ressourcen abhängig machen. Siehe dazu den in dem ersten Bericht des Berichterstatters *Jens Evensen* (Norwegen) zu dem Arbeitsvorhaben „Recht der nicht-schiffahrtlichen Nutzung internationaler Wasserläufe" (UN Doc. A/CN.4/367) vorgeschlagenen Artikel 6, der den Gedanken der gegenseitigen Verantwortlichkeit besonders deutlich beinhaltet. Siehe dazu: *Klaus Bockslaff*, Die Tätigkeit der International Law Commission in den Jahren 1980—1983, in: GYIL 26 (1983), S. 367—406 (387—388).

gelungen ist der Umfang der eigenen Angelegenheiten einem Schrumpfungsprozeß unterworfen.[112] Diesen Schrumpfungsprozeß, der eine Relativierung der im 19. Jahrhundert als absolut angesehenen Souveränität ist, muß man bei der Bestimmung der materiellen Grenzen des Interventionsverbotes insofern berücksichtigen, als von der Reichweite und Existenz völkerrechtlicher Regelungen die Berechtigung des Vorwurfs der unzulässigen Einmischung abhängt. Um die Unzulässigkeit im einzelnen prüfen zu können, ist Voraussetzung, daß überhaupt Angelegenheiten des betroffenen Staates berührt werden. Diese Angelegenheiten, die Gegenstand einer Einmischung sein können, sind nicht auf die inneren Angelegenheiten beschränkt, wie gelegentlich vorgetragen wird[113]. Wie schon oben gezeigt wurde[114], können sowohl die inneren als auch die äußeren Angelegenheiten eines Staates als eigene Angelegenheiten angesehen werden. Die dem Staat qua seiner Staatseigenschaft originär übertragenen Regelungsaufgaben umfassen alle Bereiche staatlicher Tätigkeit. Sie werden vom Völkerrecht nicht verliehen, sondern in ihrer Existenz anerkannt und durch die Reichweite völkerrechtlicher Regelungen begrenzt. Aus dieser Begrenzung ist nicht zu ersehen, daß etwa die Außenbeziehungen eines Staates vollständig internationalisiert werden. Richtig ist, daß der Staat bei seinen Außenbeziehungen in deren Durchführung und Gestaltung wesentlich schneller mit völkerrechtlichen Vorgaben konfrontiert wird. Die eigentliche Entscheidung aber, wie die Außenbeziehungen zu gestalten sind, ist eine aus dem Eigenbereich des Staates kommende Entscheidung.

Festzuhalten bleibt somit, daß die für eine Intervention infrage kommenden Angelegenheiten bestimmt werden durch eine im Einzelfall vorzunehmende Analyse darüber, ob ein gewisser Regelungsbereich durch das Bestehen völkerrechtlicher Bestimmungen in dem konkreten entscheidungserheblichen Moment internationalisiert und damit nicht mehr als eigene Angelegenheit anzusehen ist. Mit der Feststellung, daß eine eigene Angelegenheit von der Beeinflussungsbemühung des handelnden Staates betroffen ist, beantwortet sich aber noch nicht die Frage der Unzulässigkeit eines solchen Verhaltens. Wie oben festgestellt wurde[115], geht das Bemühen um das Interventionsverbot ja gerade darum, zulässige Formen der Beeinflussung — selbst oder gerade bei den eigenen Angelegenheiten — von unzulässigen Formen zu trennen. Bei diesem relativierten Interventionsverbot geht es nicht darum, jegliche Beein-

---

[112] *Oppermann* (Anm. 4), S. 335; *Ulrich Beyerlin*, Intervention, in: Handbuch Vereinte Nationen, S. 229—233 (230).

[113] *Wengler* (Anm. 16), S. 1049—1052.

[114] Siehe oben S. 60.

[115] Siehe oben S. 22.

flussung in den eigenen Angelegenheiten zu verbieten, sondern ausschließlich die Verwendung von Zwang zu erfassen.

bb) Rechtswidrigkeit der Beeinflussungshandlung wegen des Zieles der Maßnahme

In Abwesenheit von *vis absoluta* kann der zulässige Druck den Charakter von *vis compulsiva* dadurch annehmen, daß das Ziel der Maßnahme auf einen vom Völkerrecht mißbilligten Erfolg gerichtet ist. Das Eindringen in den Schutzbereich der staatlichen Souveränität bzw. in die eigenen Angelegenheiten ist dann rechtswidrig und stellt eine Intervention dar, wenn, wie gezeigt, die Staatlichkeit des betroffenen Staates zumindest vorübergehend in Frage gestellt wird, wenn er zum Objekt des Willens des handelnden Staates wird und nicht mehr gleichberechtigtes Subjekt bleibt. In allen übrigen Fällen muß angesichts des darüber hinaus relativen Charakters des Interventionsverbotes seine Schutzzone durch ein weiteres Tatbestandsmerkmal, unabhängig von der betroffenen Materie, zusätzlich bestimmt werden. Schutzbereich sind weiter die eigenen Angelegenheiten, deren Grenze von dem Völkerrecht bestimmt wird. Diese Bestimmung erfolgt aber nicht nur auf der sachlichen Ebene. Zu den völkerrechtlichen Regelungen, die die eigenen Angelegenheiten begrenzen, gehören vielmehr auch andere völkerrechtliche Regelungen, die dafür bestimmt und geeignet sind, in dem Verhältnis zwischen konkurrierenden Souveränitätsansprüchen einen an der Gerechtigkeit orientierten Lösungsansatz zu bieten.[116]

Die Bestimmung der Grenze zulässiger Einflußnahme erfolgt demnach in einem Zweierschritt. Als erster Schritt muß untersucht werden, ob der betroffene Sachbereich zu den eigenen Angelegenheiten gehört. Ist dies der Fall, so ist in einem zweiten Schritt zu fragen, ob in der konkreten Konstellation bei dieser Maßnahme weitere völkerrechtliche Regeln verletzt worden sind. Die Bestimmung des interventionsfesten Kerns erfolgt also angesichts der zulässigen Einwirkung in die eigenen Angelegenheiten durch eine zusätzliche völkerrechtliche Regel in dem konkreten Fall. So wird der Weg zu der von vielen Autoren[117] geforderten Gesamtbetrachtung frei, zu der eine Reihe von Kriterien entwickelt, aber selten völkerrechtlich untermauert worden sind.

---

[116] Wenn *Ullmann* (Anm. 95), S. 93—94, meint, das Völkerrecht löse etwa bestehende Souveränitätskonflikte durch das „Recht des Stärkeren" bzw. durch eine Regel der „intensiveren tatsächlichen Gewalt", so verwechselt er Recht mit Macht und verkennt den Charakter des Völkerrechts als eine am Recht ausgerichtete Friedensordnung.

[117] Zu nennen sind hier: *Bryde* (Anm. 4), S. 237—243; *Kewenig* (Anm. 4), S. 16; *Ritterband* (Anm. 7), S. 360; *Fukatsu* (Anm. 22), S. 1194.

(1) Rechtswidrigkeit des angestrebten Erfolges

Im Hinblick auf das mit der Maßnahme verfolgte Ziel ergibt sich die Begrenzung der zulässigen Einwirkung aus der Frage, ob mit diesem Ziel ein vom Völkerrecht mißbilligter Erfolg angestrebt wird[118]. Dieser Erfolg kann darin liegen, daß das Ziel nicht nur in der Beeinflussung, sondern in der Beraubung der Staatsqualität selbst besteht. Die Respektierung der formellen Gleichheit der Staaten untereinander gehört zu den wesentlichen Forderungen des Völkerrechts. Wie oben gezeigt, ergibt sich daraus, daß eine unzulässige Intervention jedenfalls dann vorliegt, wenn dieser Erfolg erreicht ist und die wie auch immer zu bestimmende Leitungs- und Lenkungsfunktion des Staates gestört wird. Dieser Verlust wird aber nicht nur bei bereits vorhandenem Erfolg, sondern schon als lediglich angestrebtes Ziel als ein Verstoß gegen den sich aus dem Gedanken der Souveränität ergebenden Grundsatz der formellen Gleichheit[119] zu beurteilen sein.

Als ein erstes notwendiges Kriterium wird die „Schwere des Eingriffs" angesehen.[120] Für sich genommen ist dieses Merkmal kaum aussagekräftig. Versucht man es näher zu konkretisieren, so könnte es einerseits eine Anforderung an die Ernstlichkeit des objektiven Tatbestandsmerkmales des Druckes darstellen. Über die erforderliche Ernsthaftigkeit der Druckausübung hinaus — anderenfalls läge ja kein „Druck" vor — kann auf der objektiven Ebene diesem Merkmal eine zusätzliche Bedeutung zukommen. Der Begriff der „Schwere" ist gekennzeichnet durch eine subjektive Komponente. Die Schwere als Begriff für eine Wertung muß auch empfunden werden. Ein verifizierbarer Ansatzpunkt für dieses Kriterium könnte sich darin finden lassen, daß man das in diesem Begriff liegende subjektive Element dann als gegeben ansieht, wenn das Ziel der Maßnahme die Beeinträchtigung der Staatlichkeit des betroffenen Staates ist. Ein solches Ziel dürfte — und darin liegt die Schwäche dieses Merkmals — schwer nachweisbar sein. Der handelnde Staat wird dies kaum ausdrücklich erklären. Den Zielstaat in seinem Selbsterhaltungsbestreben mit nichtmilitärischen Mitteln zu treffen, dürfte aber jedenfalls eine solche Intensität der Druckausübung erfordern, daß von dieser Intensität bzw. Schwere zurückgeschlossen werden kann auf das Ziel der Beeinträchtigung der Staatsqualität selbst. So betrachtet hätte das Element der Schwere eine Ausgestaltung als Indiz für die Rechtswidrigkeit des mit der Maßnahme angestrebten Zieles und der dazu erforderlichen Intensität der Einwirkung erfahren. Vorrangiger Anwendungsbereich

[118] Ähnlich *Gerlach* (Anm. 17), S. 201, der allerdings mit diesem Merkmal den aus dem deutschen Strafrecht übernommenen Begriff der Sozialadäquanz ausfüllen will.

[119] Siehe oben S. 112.

[120] *Kewenig* (Anm. 4), S. 16.

dieser Form der Intervention dürften zu einem geringen Teil die hier interessierenden wirtschaftlichen Mittel, viel mehr jedoch die sogenannte subversive Intervention[121] sein, die auf den Umsturz der Regierung des betroffenen Staates gerichtet ist.

(2) Verleitung des betroffenen Staates zur Völkerrechtsverletzung

Ein weiterer vom Völkerrecht mißbilligter Erfolg kann darin liegen, daß der betroffene Staat seinerseits zu einer Verletzung des Völkerrechts angehalten werden soll. Dieser Völkerrechtsverstoß durch den betroffenen Staat braucht allerdings nicht selbst in einer Intervention zu bestehen. Es geht vielmehr um die Beurteilung des Verhaltens des handelnden Staates selbst. Wesentliches Beispiel für eine solche angestrebte Verletzung des Völkerrechts durch den betroffenen Staat ist die Verleitung zum Vertragsbruch.[122] Ein Verstoß gegen den dem Völkerrecht zugrundeliegenden Grundsatz *„pacta sunt servanda"*[123] stellt ein völkerrechtliches Delikt dar. Nicht jedes völkerrechtliche Delikt aber begründet damit automatisch eine Intervention. Dies gilt ebenso für die Anstiftung zu einem völkerrechtlichen Delikt, die nicht ohne weiteres den Charakter einer Intervention annimmt.[124] Sofern jede angestiftete oder erzwungene Verletzung des allgemeinen Völkerrechts selbst als Intervention angesehen wird,[125] wird dabei der besondere Unrechtsgehalt der Intervention verkannt. Die Anstiftung zu einem völkerrechtswidrigen Verhalten mag ein Völkerrechtsdelikt darstellen.[126] Der mit dem Interventionsvorwurf verbundene spezielle Unrechtscharakter erfaßt aber darüber hinaus den Verstoß gegen die Souveränität des betroffenen Staates. Ein solcher Verstoß ist nicht vorhanden, wenn der Anstiftungsakt des Staates A den Handlungswillen des angestifteten Staates B lediglich anstößt bzw. initiiert. In diesem Fall ist das „Opfer" der Handlung des Staates A lediglich der letztlich betroffene Staat C.[127]

---

[121] *Wehser* (Anm. 45), S. 50; dieser Begriff soll nach *Gerlach* (Anm. 17), S. 160, auf *Quincy Wright*, Subversive Intervention, in: AJIL 54 (1960), S. 521—535 zurückgehen.

[122] Siehe dazu: *Wengler* (Anm. 16), S. 1049; *Gerlach* (Anm. 17), S. 187, 201; ablehnend *Dicke* (Anm. 7), S. 155.

[123] Siehe dazu: *Manfred Lachs*, Pacta sunt servanda, in: EPIL 7 (1984), S. 364—371 m. w. N. Dieser Grundsatz ist heute in die Wiener Konvention über das Recht der Verträge aufgenommen worden; vgl. Art. 26 WVK.

[124] *Dicke* (Anm. 7), S. 159—160.

[125] Insbesondere *Wengler* (Anm. 16), S. 1049 und *Gerlach* (Anm. 17), S. 201 scheinen allerdings jede Anstiftung zu einem völkerrechtswidrigen Verhalten als eine Intervention ansehen zu wollen.

[126] Siehe dazu die Herleitung der völkerrechtlichen Deliktsqualität der Anstiftung bei *Dicke* (Anm. 7), S. 157—158.

[127] Insofern überzeugend *Dicke* (Anm. 7), S. 160.

Aus dieser Beobachtung kann man aber nicht den Schluß ziehen, eine „anstiftende Intervention" könne es nicht geben.[128] Dabei wird verkannt, daß die Hervorrufung des Handlungswillens des Staates B auch durch Druck geschehen kann. Mit der Ausübung des Druckes wird auf die Entscheidungsfreiheit des Staates B eingewirkt. Er ist in seiner Entscheidung nicht mehr frei, sondern selbst „Opfer" der Handlung des Staates A. Die mit dieser Ausübung von Druck verbundene Einwirkung auf die Souveränität wird dann zur Intervention, wenn damit eine Handlung verursacht werden soll, die gegenüber einem Dritten einen Völkerrechtsverstoß darstellt. Der spezielle Unrechtsvorwurf der Intervention besteht in diesem wie auch in anderen Fällen darin, daß die sich aus der Interdependenz ergebenden Einwirkungsmöglichkeiten der Staaten untereinander genutzt werden, um den betroffenen Staat dem Willen des handelnden Staates zu unterwerfen.

Dieser spezielle Unrechtscharakter, der den Interventionsvorwurf begründet, unterscheidet dieses völkerrechtliche Delikt von anderen Völkerrechtsverstößen, deren Schutzobjekt nicht die staatliche Souveränität darstellt. Insofern ist das Interventionsverbot beispielsweise gegenüber der Vertragsverletzung als Spezialtatbestand aufzufassen und keinesfalls redundant.[129] Die völkerrechtliche Wertung der Ausübung von wirtschaftlichem Druck ist jedenfalls von dem damit verfolgten Ziel her solange nicht zu beanstanden, als der mit der Druckausübung erzielte und bezweckte Befolgungskonflikt sich innerhalb des rechtlich Zulässigen bewegt, d. h. der betroffene Staat nicht zu einer rechtlich unzulässigen Handlung veranlaßt wird.

Eine am Recht ausgerichtete Ordnung kann nicht dulden, daß die ihr zugrundeliegenden Abhängigkeiten verwendet werden, um im Interesse des handelnden Staates den betroffenen Staat gegen seinen ursprünglichen Willen zu einer unrechtmäßigen Handlung zu veranlassen. Ruft der handelnde Staat bei dem betroffenen Staat lediglich den Entschluß zu einer Völkerrechtsverletzung hervor, so liegt eine „einfache" Anstiftung vor. Verwendet er dazu wirtschaftliche Druckmittel und „bricht" so den ursprünglich „rechtstreuen" Willen des betroffenen Staates, so liegt eine „anstiftende" Intervention vor.

(3) Zwischenergebnis

Wirtschaftlicher Druck auf die eigenen Angelegenheiten eines Staates wird demnach dann zu unzulässigem Zwang und damit zur Intervention, wenn erstens der betroffene Staat in seiner Staatlichkeit eingeschränkt

---

[128] So aber ausdrücklich *Dicke* (Anm. 7), S. 160.

[129] Andeutungen in dieser Richtung finden sich im Hinblick auf die zwischen Staaten bestehenden Verträge, in deren Nichtbefolgung die Ausübung des Druckes liegen soll, bei *Bryde* (Anm. 4), S. 244.

wird und zweitens — unabhängig davon, ob der Erfolg bereits eingetreten ist — das Ziel der Maßnahme auf die Beeinträchtigung des Kerns der Staatlichkeit gerichtet ist oder mit der Druckausübung ein sonstiger vom Völkerrecht mißbilligter Erfolg angestrebt wird.

cc) Rechtswidrigkeit des eingesetzten Mittels

Eine weitere Variante des Tatbestandes der Intervention liegt dann vor, wenn das eingesetzte Mittel in der konkreten Art seiner Verwendung trotz seiner grundsätzlichen Zulässigkeit rechtswidrig ist.[130] Es ist festzustellen, daß sich der eigentliche Zweck der Handlung eines Staates zumindest einer von außen kommenden Betrachtungsweise kaum erschließen wird, und sich die zuständigen Organe, selbst wenn der Zweck offensichtlich ist, wohl auf einen anderen Grund berufen werden.[131] Daher liegt bei der Beurteilung der vorgenommenen Handlung selbst ein wesentlicher Schwerpunkt einer völkerrechtlichen Betrachtung.

Bei der Suche nach Kriterien zur Beurteilung der Zulässigkeit der Handlung des Staates sind in der Vergangenheit eine Reihe von Maßstäben vorgeschlagen worden. Diese Kriterien reichen von der „besonders auffälligen Form"[132], über die „Sozialadäquanz"[133] bis hin zu der „Mittel/Zweckrelation"[134] in dem Definitionsvorschlag *Kewenigs*. Gemeinsamer Nachteil dieser Formulierungsvorschläge ist, unbeschadet ihrer Berechtigung im einzelnen[135], ihre mangelnde völkerrechtliche Ver-

---

130 Siehe oben S. 15.

131 Als Beispiel sei auf das von den Vereinigten Staaten gegen Nicaragua am 1. Mai 1985 verhängte Handelsembargo verwiesen. Hier beriefen sich die USA auf ihre Sicherheitsinteressen, obschon sie im übrigen Bestrebungen unterstützen, die sich bemühen, die derzeitige Regierung in Nicaragua zu entmachten. So jedenfalls die Stellungnahme von *Präsident Reagan* auf einer Pressekonferenz. Siehe dazu: President's News Conference, N.Y. Times, 22. Feb. 1985, A 10, Zeile 1, 3. Der Präsident bestätigte damit die entsprechende Behauptung Nicaraguas in dem Verfahren vor dem IGH.

132 *Wengler* (Anm. 16), S. 1042.

133 *Dahm* (Anm. 47), S. 207; *Gerlach* (Anm. 17), S. 177 ff., 193.

134 *Kewenig*, Zwangsmaßnahmen (Anm. 5), S. 16; die Heranziehung einer Mittel/Zweckrelation zur Bestimmung der Sozialadäquanz wird auch vorgeschlagen von *Gerlach* (Anm. 17), S. 203; ähnlich *Rolf M. Derpa*, Das Gewaltverbot der Satzung der Vereinten Nationen und die Anwendung nichtmilitärischer Gewalt, Frankfurt 1970, S. 60.

135 Insbesondere in dem von *Kewenig* entwickelten Kriterienkatalog nimmt das Erfordernis einer Mittel/Zweckrelation einen wichtigen Platz ein. Mit diesem Erfordernis will er die Fälle ausgrenzen, in denen die Vermutung eines Mißbrauches wirtschaftlicher Macht und damit eines interventionsrelevanten Sachverhalts wegen der nur schwachen Beziehung zwischen dem eingesetzten wirtschaftlichen Druckmittel und dem angestrebten wirtschaftlichen Erfolg naheliegt. Mit diesem Merkmal der Konnexität wird ein Kriterium in die Diskussion eingeführt, das den Weg zu einer Einschätzung eröffnet, die angepaßt an die Bedeutung des beabsichtigten politischen Erfolges eine höhere Intensität des ausgeübten Druckes ermöglicht. Insgesamt hat mit den Ausführungen *Kewenigs*

ankerung. Versucht man die rechtlichen Kriterien zu verfeinern und gleichzeitig ihre völkerrechtliche Grundlage darzulegen, so ist zunächst festzuhalten, daß jeder Staat grundsätzlich in seinen Handlungen frei ist, es sei denn, das Völkerrecht beschränkt diese Freiheit[136]. Diese Freiheitsvermutung zugunsten der Handlungen eines Staates findet seine Grenzen — dem grundsätzlich koexistenzrechtlichen Charakter des Völkerrechts entsprechend[137] — in der Freiheit eines anderen Staates. Als Ausdruck der rechtlichen Souveränität eines Staates stehen sich somit zumindest zwei konkurrierende Souveränitätsansprüche gegenüber. Die wechselseitige Begrenzung dieser Souveränitätsansprüche muß gemäß seiner Aufgabe vom Völkerrecht geleistet werden, d. h. die Regelungen des Völkerrechts beschreiben in dem Spannungsverhältnis der konkurrierenden Souveränitätsansprüche die Grenze, bis zu der die Handlungen eines Staates als zulässig und damit völkerrechtsgemäß angesehen werden können.

Diese Kriterien für die Handlungen eines Staates lassen sich nicht ausschließlich durch eine Betrachtung bestimmter abstrakter, materieller Regelungen des Völkerrechts finden, sondern neben diesen allgemeinen Regelungen sind für die Beurteilung der Zulässigkeit des staatlichen Handelns untereinander völkerrechtliche Einzelfallnormen zu beachten. Ihre Aufgabe besteht, über die abstrakte, materielle völkerrechtliche Vorgabe hinaus, die die Regelungen einer bestimmten Sachfrage einem bestimmten Staat oder einer Staatengemeinschaft zuweist, darin, auch im übrigen in dem Konkurrenzverhältnis staatlicher Souveränitätsansprüche einen an der Gerechtigkeit und grundsätzlichen staatlichen Gleichheit orientierten Ausgleich zu schaffen.

Aus diesem Blickwinkel betrachtet wird der Bereich der eigenen Angelegenheiten eines Staates, d. h. der Bereich, den das Völkerrecht ihm zur ausschließlichen Regelung überlassen hat, nicht nur gekennzeichnet durch die Existenz abstrakter, materieller Regelungen, sondern darüber hinaus auch durch völkerrechtliche Verfahrensgrundsätze.

---

die Auffächerung des Kriterienkatalogs ein differenziertes Ausmaß angenommen. Allerdings ergeben sich einige Merkmale bereits aus der Definition. Im übrigen wird — wie auch bei der Diskussion zu dem Referat von *Kewenig* angemerkt wurde — nicht deutlich, ob alle Merkmale kumulativ oder alternativ vorliegen müssen. Siehe dazu den Diskussionsbeitrag von *Neuhold* und *Zieger* zu dem Referat von *Kewenig* (S. 55).

[136] Diese umstrittene Frage ist von besonderer Bedeutung im Rahmen der Frage nach der Rechtmäßigkeit der Anknüpfung der Jurisdiktion an extraterritoriale Sachverhalte. Siehe dazu: *Werner Meng*, Neuere Entwicklungen im Streit um die Jurisdiktionshoheit der Staaten im Bereich der Wettbewerbsbeschränkungen, in: ZaöRV 41 (1981), 469—512 (470, insbesondere die dort in Fn. 5 genannten Autoren).

[137] *Verdross/Simma* (Anm. 59), S. 41.

(1) Völkerrechtliche Regeln zum Ausgleich konkurrierender Souveränitätsansprüche

(a) Beispiele für den Ausgleich konkurrierender Souveränitätsansprüche

Das Problem konkurrierender Souveränitätsansprüche ist im Völkerrecht keine neue Fragestellung. Es tritt in zunehmendem Maße dort auf, wo die territoriale Begrenztheit nationaler Hoheitsansprüche in Konflikt gerät mit der die nationalen Grenzen überschreitenden Natur der Lebenssachverhalte.[138] Beispiele für die nationale Grenzen überschreitenden Lebenssachverhalte fanden sich zunächst im Recht der Nutzung internationaler Wasserläufe.[139] Mit zunehmender Erkenntnis, daß die intensive Nutzung durch einen Staat in seinem Gebiet die Nutzung durch einen anderen Staat in dessen Gebiet erschweren oder unmöglich machen kann, und daß Belange des Umweltschutzes mit Belangen der Nutzungsmöglichkeit in Einklang gebracht werden müssen[140], wächst die Bereitschaft zur Berücksichtigung auch von Interessen anderer Staaten. Verbunden ist damit eine Relativierung des Souveränitätsverständnisses unter gleichzeitiger Herausarbeitung von rechtlichen Kriterien für den Ausgleich der betroffenen Interessen. Am Beispiel des internationalen Umweltschutzrechtes wird dies durch die Erarbeitung verschiedener

---

[138] Siehe dazu oben S. 103.

[139] Siehe dazu den ausführlichen Bericht des derzeitigen Berichterstatters in der International Law Commission *Jens Evensen* zu dem Arbeitsvorhaben „Non-navigational Use of Watercourses" in UN Doc. A/CN.4/367. Als Grundideen des Kodifikationsvorhabens sieht *Evensen* die Verfolgung folgender Ideen an: sinnvolle und gerechte Teilhabe aller betroffenen Staaten (reasonable and equitable participation), Aufteilung der vorhandenen Nutzungsmöglichkeiten in sinnvoller und gerechter Weise (reasonable and equitable manner), Austragung von Verhandlungen und Streitigkeiten in gutem Glauben und bei guten nachbarschaftlichen Beziehungen, die Erreichung bestmöglicher Nutzung (optimum utilization), die Verpflichtung, Maßnahmen zu unterlassen, die beträchtlichen Schaden (appreciable harm) bei dem Nachbarn verursachen können, insgesamt basierend auf der Konzeption der internationalen Wasserläufe als eine gemeinsame, natürliche Ressource (shared natural resource). Siehe dazu insgesamt: Report of the International Law Commission on the work of its thirty-fifth session (ILC-Bericht 1983), in: UN Doc. A/38/10, *paras* 211—220. Die Erkenntnis, daß es im Interesse der Nutzungsmöglichkeiten aller erforderlich ist, von Vorstellungen absoluter territorialer Souveränität abzugehen und im Zuge der Relativierung der Souveränitätsvorstellungen den Erfordernissen der wechselseitigen Abhängigkeit Rechnung zu tragen, macht allerdings auch in diesem Spezialbereich Schwierigkeiten. Siehe dazu z. B. die Stellungnahmen in der Kommission zu diesem Punkt in: ILC-Bericht 1983, a.a.O., *para.* 241.

[140] Diese Erkenntnis entwickelte sich in zunehmendem Maße nicht nur im internationalen Wasserrecht, sondern auch bezogen auf die Luft. Dazu war allerdings zunächst die Kenntnis erforderlich, daß die Luft ebenso wie das Wasser keine unerschöpfliche Ressource ist, sondern daß die Aufnahme und Regenerationsfähigkeit der Luft begrenzt ist. Siehe dazu: *Wolfrum*, Grenzüberschreitende Luftverschmutzung (Anm. 111), S. 494; *Alfred Rest*, Berücksichtigung grenzüberschreitender Umweltaspekte im Recht der Bundesrepublik Deutschland, in: ÖZöR 32 (1981), S. 59—92 (60).

Prinzipien versucht, zu denen das wesentlich ältere Prinzip der guten Nachbarschaft[141], das Rechtsmißbrauchsverbot[142], das Prinzip „sic utere tuo ut alienum non laedas"[143] und eine Vielzahl anderer Prinzipien zu zählen sind.[144] Im Bereich des internationalen Umweltschutzrechtes äußern sich die konkurrierenden Souveränitätsansprüche in dem Maße, in dem ein Staat innerhalb seines Staatsgebietes die Nutzung einer begrenzten natürlichen Ressource unter Beachtung der berechtigten Interessen eines Nachbarstaates betreiben darf. Die Begrenzung ist Gegenstand einer Reihe von Gerichtsentscheidungen[145] und Deklarationen internationaler Organisationen[146].

---

141 Zum Prinzip der guten Nachbarschaft siehe insbesondere: *Eberhard Klein*, Umweltschutz im völkerrechtlichen Nachbarrecht, Berlin 1976, S. 115 ff.; *Albrecht Randelzhofer/Bruno Simma*, Das Kernkraftwerk an der Grenze — Eine „ultrahazardous activity" im Schnittpunkt von internationalem Nachbarrecht und Umweltschutz, in: FS Berber, S. 389—432 (speziell S. 407—410); *Luzius Wildhaber*, Die Öldestillerieanlage Sennwald und das Völkerrecht der grenzüberschreitenden Luftverschmutzung, in: Schweizerisches JIR XXXI (1975), S. 97—120 (102—106); *Günther Handl*, Territorial Sovereignty and the Problem of Transnational Pollution, in: AJIL 69 (1975), S. 50—76 alle mit weiteren Nachweisen. Zum Umweltschutz insgesamt siehe: *Alexandre Kiss*, The International Protection of the Environment, in: *MacDonald/Johnston*, S. 1069—1094; *Klaus Dicke*, Grenzüberschreitender Umweltschutz als völkerrechtliches Problem, in: Umweltschutz in beiden Teilen Deutschlands, S. 105—122.

142 Zum Rechtsmißbrauchsprinzip generell siehe: *Alexandre C. Kiss*, Abuse of Rights, in: EPIL 7 (1984), S. 1—5; kritisch zum Verbot des Rechtsmißbrauchs als allgemeiner Rechtsgrundsatz des Völkerrechts *Adolf Schüle*, Rechtsmißbrauch, in: *Strupp/Schlochauer*, WVR III, S. 69—71 (70—71); *Walter Rudolf*, Territoriale Grenzen der staatlichen Rechtsetzung, in: Berichte DGVR Heft 11 (1973), S. 7—45 (21). Von anderen Autoren wird ihm diese Rechtsqualität allerdings abgesprochen. Siehe dazu: *Rolf Bär*, Kartellrecht und Internationales Privatrecht, Karlsruhe 1965, S. 334; *Ferdinand Hermanns*, Völkerrechtliche Grenzen für die Anwendung kartellrechtlicher Verbotsnormen, Köln/Berlin/Bonn/München 1969, S. 37 ff.

143 Dieser Grundsatz ist von dem IGH in dem Corfu Channel-Fall mit der Aussage: „every State's obligation not to allow knowingly its territory to be used contrary to the rights of others" bestätigt worden; (1949) I.C.J. 4, 22. Siehe dazu *Handl* (Anm. 141), S. 55.

144 Eine umfassende Würdigung dieser Prinzipien findet sich bei: *Johan G. Lammers*, Pollution of International Watercourses — A Search for Substantive Rules and Principles of Law, Boston 1984, S. 556—578.

145 Grundlegend ist die viel zitierte Entscheidung *Trail Smelter* zwischen Kanada und den USA (abgedruckt in: United Nations, RIAA, S. 1911 ff.); siehe dazu: *John E. Read*, The Trail Smelter Dispute, in: CYIL 1 (1963), S. 213—229) und *Lake Lanoux* zwischen Frankreich und Spanien (abgedruckt in: United Nations, RIAA XII, S. 285 ff.).

146 Erklärung der UN-Umweltkonferenz 1972, sog. Stockholm-Deklaration (Report of the United Nations Conference on the Human Environment, UN Doc. A/Conf. 18/14); Ratsempfehlung der OECD vom 14. 11. 1974 (OECD Doc. C [74] 224), abgedruckt in: ILM 14 [1975], S. 242 ff.); Übereinkommen zwischen Dänemark, Finnland, Norwegen und Schweden über grenzüberschreitende Zusammenarbeit zwischen Gemeinden der nordischen Staaten vom 26. Mai 1977 (abgedruckt in deutscher Sprache in: ZaöRV 40 [1980], S. 622—624). Siehe dazu: insgesamt *Wolfrum* (Anm. 111), S. 496—497; *Klaus Dicke*, Mensch, Umwelt und

Das Problem der konkurrierenden Souveränitätsansprüche im internationalen Wirtschaftsrecht liegt in der Frage, ob und wenn ja in welchem Ausmaß ein Staat berechtigt ist, mit nationalen Hoheitsakten in Sachverhalte, die sich im Ausland abspielen, regelnd einzugreifen. Als Beispiele, in denen diese Regelungskonflikte auftreten können, sei hier nur auf das Kartellrecht, das Recht der Fusionskontrolle, das Börsenkontrollrecht, das Steuerrecht und auch, wie gerade in jüngster Zeit anhand des Streites über das Erdgasröhrengeschäft mit der UdSSR deutlich wurde, das Recht der Exportkontrolle.[147] Diesen unterschiedlichen Rechtsbereichen ist gemeinsam, daß die von ihnen zu regelnden Sachbereiche häufig nur dann wirksam erfaßt werden können, wenn insbesondere bei international tätigen Wirtschaftsunternehmen auch Sachverhalte berücksichtigt werden, die außerhalb der territorialen Grenzen des jeweiligen Staates gegeben sind. Wie im internationalen Umweltrecht stehen auch in diesem Bereich die territorial begrenzte Reichweite nationaler Regelungsbefugnisse im Widerspruch zu der transterritorialen Natur der zu regelnden Sachverhalte. Eine Erfassung dieser Sachverhalte auf der Grundlage der traditionellen Anknüpfungspunkte der Jurisdiktion — wie dem Territorialitäts-, dem Nationalitäts- oder dem Schutzprinzip — war aufgrund ihres begrenzten Anwendungsbereiches häufig nicht möglich.

Auf der Grundlage der in der *Lotus*-Entscheidung des Ständigen Internationalen Gerichtshofs[148] in einem *obiter-dictum* angesprochenen grundsätzlichen Freiheit der Staaten[149] wurde der traditionelle Kanon der Anknüpfungsprinzipien für Hoheitsakte um die sog. Wirkungstheorie erweitert. Der StIGH führte in der Entscheidung aus, daß die Staaten frei seien, die Ausübung ihrer Hoheit auch auf Auslandssachverhalte zu erstrecken, es sei denn, das Völkerrecht schränke diese Freiheit ein.

Die Entwicklung der Wirkungstheorie vollzog sich zunächst vor allem im amerikanischen Kartellrecht.[150] Sie knüpft für die Begründung von

---

Natur — zur Prinzipienbildung des Umweltschutzes im Rahmen der Vereinten Nationen, in: VN 33 (1985), S. 59—62.

[147] Siehe dazu im einzelnen u. a.: *Werner Meng*, Völkerrechtliche Zulässigkeit und Grenzen wirtschaftsrechtlicher Hoheitsakte mit Auslandswirkung, in: ZaöRV 44 (1984), S. 675—780.

[148] (1927) PCIJ, series A, No. 10, S. 4—108.

[149] Siehe dazu und zu dem damit verbundenen Streit: *Meng*, Völkerrechtliche Zulässigkeit (Anm. 147), S. 739—740 m. w. N.

[150] Nachdem noch in dem Fall *American Banana Co.* v. *United Fruit Co.*, 213 U.S. 347 (1909) der oberste amerikanische Gerichtshof die extraterritoriale Anwendung des amerikanischen Sherman Act abgelehnt hatte, wurde in dem Fall *United States* v. *Aluminium Co. of America*, 148 F. 2d 416 (2d Cir. 1945) in dem von *Judge Learned Hand* geschriebenen Urteil — das Urteil hat die Bedeutung einer Entscheidung des Obersten Gerichtshofes, da dieser nicht beschlußfähig war — die extraterritoriale Reichweite nationaler Hoheitsakte

Rechtsetzungs- bzw. Rechtsdurchsetzungskompetenz daran an, ob eine im Ausland gesetzte Ursache ihre Wirkung im Inland entfaltet. Ihr fehlt es trotz ihrer Anerkennung in den Gesetzen vieler Länder — zu nennen sind hier neben den Vereinigten Staaten[151], die Bundesrepublik Deutschland (§ 98 Abs. 2 GWB) und, bis zu einem gewissen Grade, auch die EG[152] — angesichts der vehementen Proteste insbesondere Großbritanniens[153] an allgemeiner Anerkennung.

---

anerkannt. Im Ausland getroffene marktbeschränkte Abkommen sollen danach dann eine Verletzung des Sherman Act darstellen, wenn „they were intended to affect imports and did affect them. It is settled law ... that any state may impose liabilities, even upon persons not within its allegiance, for conduct outside its borders that has consequences within its orders with which a State reprehends ..." (148 F.2d 416, 443). Aus der zahlreichen Literatur zu diesem Fall siehe nur: *James Atwood/Kingman Brewster*, Antitrust and American Business Abroad, 2nd ed. Colorado Springs 1981, S. 72—73; *Barry Hawk*, United States, Common Market and International Antitrust, New York 1979, S. 27; *John Will Ongman*, „Be no longer a Chaos": Constructing a Normative Theory of the Sherman Act's Extraterritorial Jurisdictional Scope, in: Nw.U.L.Rev. 71 (1977), S. 733—766 (739—740); *Earl W. Kintner/Joseph P. Griffin*, Jurisdiction over Foreign Commerce under the Sherman Antitrust Act, in: B.C.Ind&Com.L. Rev. 18 (1977), S. 199—238 (205—206).

Das Kriterium, mit dem *Judge Learned Hand* die Reichweite des Sherman Act bestimmt, war die Frage, ob die Wirkung beabsichtigt („intent-effect test") war. Diese Abgrenzungsformel wurde in der Folgezeit verschiedentlich modifiziert. Formulierungen wie „directly affects" (*Occidental Petroleum Corp.* v. *Buttes Gas & Oil Co*, 331 F, Supp. 92, 102—103 (1971), „substantially affects" (*United States* v. *Oldham Co.*, 152 F. Supp. 818, 823 (N.D.Cal.1957) oder eine Kombination von beiden „directly and substantially affects" (*United States* v. *Timken Roller Bearing Co.*, 83 F. Supp. 284, 309 [1949]) wurden gebraucht. Angesichts des Regelungsinteresses anderer Staaten setzte sich schließlich in dem Fall *Timberlane Lumber Co.* v. *Bank of America*, 549 F.2d 597 (9th Cir, 1976) ein balancing-test durch, da nach Ansicht von *Judge Choy* „the affects test itself is incomplete because it fails to consider other nationals interests" (549 F. 2d 597, 611). Diesem „balancing-test" des *Timberland-Falles* stellte in der deutschen Literatur vor allem *Meessen* als grundlegendes Anknüpfungsprinzip die „Theorie der sinnvollen Anknüpfung" entgegen. Siehe dazu: *Karl Matthias Meessen*, Völkerrechtliche Grundsätze des internationalen Kartellrechts, Baden-Baden 1975, S. 101 ff. Sehr kritisch zur „balance-of-interest" Theorie neuerdings wieder *Mann*, After twenty Years (Anm. 77), S. 31 „The lawyer balances contacts rather than interests".

[151] Genannt seien z. B. der Sherman Act (15 U.S.C. §§ 1—7), Clayton Act (15 U.S.C. §§ 12—27), Securities Act 1935 (15 U.S.C.A. §§ 77a—x), Securities Exchange Act 1934 (15 U.S.C.A §§ 78a—z) und der Foreign Corrupt Practices Act (15 U.S.C.A. §§ 78m, 78dd—1, 78dd—2).

[152] Eine ausdrückliche Kollisionsnorm fehlt im EWG-Vertrag. Die Verankerung des Wirkungsprinzips wird allerdings den Art. 85 und 86 EWG-Vertrag entnommen. Dies ist in einer Reihe von Urteilen bestätigt worden. Siehe zu dieser Praxis nur *Werner Meng*, in: *von der Groeben et al.*, EWG-Vertrag, 1. Band, 3. Aufl. Baden-Baden 1983, Vorb. zu den Artikeln 85 bis 89, S. 895—915.

Art. 65 des EGKS-Vertrages knüpft an die Wirkungen im Gemeinsamen Markt an. Siehe dazu *Meessen*, Völkerrechtliche Grundsätze (Anm. 149), S. 143 ff. Darüber hinaus hat das Wirkungsprinzip auch Anerkennung in Art. 7 Abs. 2 des schweizerischen Kartellgesetzes gefunden. In der Entscheidung BGE 93 II, 192, 196 (1967) hat das schweizerische Bundesgericht dies damit begründet, daß anderenfalls dem Kartellgesetz jede Wirksamkeit genommen und einem Ausweichen ins Ausland Tür und Tor geöffnet werden würde.

Es fragt sich, ob angesichts der in der *Lotus*-Entscheidung angesprochenen grundsätzlichen Freiheit der Staaten dieser Protest eine rechtliche Wirkung haben kann. Jedenfalls aber deutet sich in jüngster Zeit an, daß auch Großbritannien sich nicht mehr ausschließlich auf das Territorialitäts- bzw. Nationalitätsprinzip berufen und seine Proteste gegen die Geltung des Wirkungsprinzips einstellen wird.[154]

Unter Berufung auf das Wirkungsprinzip beanspruchten vor allem die Vereinigten Staaten insbesondere in Kartellrechtsfällen die Anwendbarkeit ihrer Gesetze für im Ausland gelegene Sachverhalte. Sie stießen dabei häufig auf z. T. heftige Reaktionen der betroffenen Staaten. Diesen Reaktionen lagen Erfahrungen zugrunde, die die betroffenen Länder mit der zum Teil extensiven Ausnutzung der sich aus dem Wirkungsprinzip ergebenden Regelungsmöglichkeiten durch die Vereinigten Staaten gemacht haben.[155] Einige Länder gingen sogar soweit, gegen die extraterritoriale Anwendung nationaler Hoheitsakte sogenannte „Blocking Statutes" zu erlassen, mit denen die Wirksamkeit der Extraterritorialität begrenzt werden sollte.[156]

Der Vorwurf der extensiven Ausnutzung der sich aus dem Wirkungsprinzip ergebenden Einwirkungsmöglichkeiten blieb allerdings nicht ausschließlich auf die Behörden der Vereinigten Staaten begrenzt. In jüngster Zeit traf er auch die Bundesrepublik Deutschland bzw. — ge-

---

[153] Siehe z. B. Britisches *Aide-Mémoire* an die Kommission der Europäischen Gemeinschaften vom 20. Oktober 1969 in dem *Dyestuff-Fall,* abgedruckt in: *A. V. Lowe* (Hrsg.), Extraterritorial Jurisdiction, S. 144—147.

[154] So jedenfalls *A. V. Lowe,* in: *ders.,* Extraterritorial Jurisdiction in the British Practice. Vortrag gehalten anläßlich einer Tagung des Max-Planck-Institutes für Internationales Privatrecht am 17. 4. 1986 (erscheint demnächst).

[155] *Frankreich:* Fruehauf-Fall, *Fruehauf* c. *Massardy,* Entscheidung vom 22. Mai 1965, in: La Gazette du Palais, Paris (1965 II), siehe dazu z. B.: *William L. Craig,* Application of the Trading with the Enemy Act to Foreign Corporations owned by Americans: Reflection on Fruehauf v. Massardy, in: Harv.L.Rev. 83 (1969—70), S. 579—601; *Großbritannien:* Gerichtsverfahren in der Sache Westinghouse, *Rio-Tinto Zinc Corp.* v. *Westinghouse Elec. Corp.,* WLR 2 (1978), S. 81—129 (House of Lords), siehe dazu z. B. *Meng* (Anm. 136), Jurisdiktionshoheit, S. 476—482.

[156] Großbritannien: Protection of Trading Interests Act, 1980; Südafrika: Protection of Business Act, 1978, as amended by the Protection of Business Amendment Act, and Editorial Note on the Atomic Energy Act, 1967; ähnliche Gesetze haben Australien, Belgien, Kanada, Dänemark, Finnland, Frankreich, die Bundesrepublik Deutschland, Indien, Italien, die Niederlande, Neuseeland, Norwegen, die Philippinen, Schweden, die Schweiz und schließlich selbst die USA als Reaktion auf das sog. *Vrederling-Proposal* (abgedruckt in: Amtsblatt der EG 1980, Nr. C 297/3 vom 15. November 1980) verabschiedet oder vorbereitet. Diese Gesetze sind abgedruckt in: *Lowe* (Anm. 153), S. 79—196. Selbst für die Europäischen Gemeinschaften wird aufgrund der extensiven extraterritorialen Anwendung nationaler Hoheitsakte durch die Vereinigten Staaten der Erlaß eines „Blocking-Statutes" gefordert. Siehe dazu: *Pieter Jan Kuyper,* The European Community and the US Pipeline Embargo: Comments on Comments, in: GYIL 27 (1984), S. 72—96 (94—96).

nauer — das Bundeskartellamt in dem Fall *Philip Morris / Rothmans.*[157] In diesem Fall ging es darum, daß das Bundeskartellamt wegen befürchteter negativer Auswirkungen auf den Wettbewerb auf dem Zigarettenmarkt der Bundesrepublik Deutschland den Zusammenschluß der Unternehmen *Philipp Morris* und *Rothmans,* der im Ausland stattgefunden hatte, verbieten wollte. Das Kartellamt befürchtete, daß die jeweiligen Tochterunternehmungen in der Bundesrepublik Deutschland anschließend *de facto* nicht mehr miteinander konkurrieren würden.[158]

Das grundlegende Problem der Anwendung extraterritorialer Jurisdiktionsansprüche besteht trotz des verständlichen Bestrebens, auf solche Vorgänge Einfluß zu nehmen, die im Ausland erfolgen, aber im Inland ihre Wirkung ganz oder zum Teil haben, darin, daß Verhaltensweisen, die von dem einen Land verurteilt werden, in dem anderen Land toleriert oder gar erwünscht werden können.[159] Insofern besteht die Gefahr, daß verschiedene staatliche Regelungsansprüche in direkten Widerspruch miteinander geraten.

Zur Auflösung dieses Souveränitätskonfliktes, der nicht nur bei Anwendung des Wirkungsprinzips entstehen kann[160], ist im amerikanischen Kartellrecht auf das comity-Prinzip[161] zurückgegriffen worden. Nach

[157] Entscheidung des Bundeskartellamtes in dem Fall *Philip Morris/Rothmans* vom 24. Februar 1982, abgedruckt in: WuW/E, OLG 3051—3055; siehe dazu: *David J. Gerber,* The Extraterritorial Application of the German Antitrust Laws, in: AJIL 77 (1983), S. 765—783 (776—779). Der Fall ist vor dem BGH durch vom 29. Oktober 1985 für erledigt erklärt worden. Diese Erledigungserklärung des BGH beruht darauf, daß die hauptsächlich betroffenen Firmen nach Verhandlungen mit der Kommission der EG im Jahre 1984 neue Verträge über die Beteiligungsverhältnisse geschlossen haben. Diese neuen Verträge sind nunmehr Gegenstand eines weiteren gerichtlichen Verfahrens.

[158] Siehe dazu die Stellungnahme des Bundeskartellamtes in: Der Betrieb 1984, S. 231.

[159] Fast klassisch zu nennen ist dazu die Formulierung von *Lord Wilberforce:* „It is axiomatic that in antitrust matters the policy of one State may be to defend what is the policy of another State to attack." *Rio-Tinto Zinc Corp.* v. *Westinghouse Elec. Corp.*, 2 WLR 81 (1978), abgedruckt in: ILM 17 (1978), S. 38—62 (43).

[160] Eine andere Möglichkeit, bei der es zu Jurisdiktionskonflikten kommen kann, besteht bei Anwendung des Nationalitätsprinzips, insbesondere von juristischen Personen. Wie sich zuletzt auch beim Erdgasröhrenkonflikt zeigte, knüpft insbesondere das amerikanische Recht zur Bestimmung der Nationalität einer juristischen Person nicht nur an die sog. Gründungstheorie, sondern an die sog. Kontrolltheorie an. Siehe dazu insgesamt: *Robert B. Thompsen,* United States Jurisdiction over Foreign Subsidiaries: Corporate and International Law Aspects, in: Law & Pol'y Int'l Bus. 14 (1983), S. 319—400. Dieser häufig kritisierte Anknüpfungspunkt hat in der internationalen Praxis seinen Niederschlag gefunden u. a. in Art. 139 Abs. 1; 153 Abs. 2b und Annex III Art. 4 Abs. 3 der neuen Seerechtskonvention.

[161] „Comity, in the legal sense, is neither a matter of absolute obligation on the one side and, nor of mere courtesy and good will on the other. But it is the recognition which one nation allows within its territory to the legislative,

amerikanischem Verständnis handelt es sich bei der aus dem comity-Prinzip sich ergebenden Beschränkung des „an sich" bestehenden Jurisdiktionsanspruches nicht um eine völkerrechtliche Verpflichtung, sondern nur um eine freiwillige Selbstbeschränkung. Auf dieser Grundlage hat sich in der sog. Timberlane-Entscheidung[162] ein „balancing-of-interests" Ansatz gebildet, demzufolge dann, wenn aufgrund der eingetretenen Wirkung ein Jurisdiktionsanspruch begründet ist, die Interessen der Vereinigten Staaten an der Ausübung dieser Jurisdiktion die Interessen des fremden Staates überragen müssen. Erst in diesem Fall soll der Jurisdiktionsanspruch tatsächlich ausgeübt werden können. *Judge Choy*, der die Timberlane-Entscheidung geschrieben hat, verwendet zur Bestimmung und Abwägung der wesentlichen staatlichen Interessen neben Elementen des amerikanischen Konfliktsrechts, wie es zwischen den einzelnen amerikanischen Bundesstaaten angewendet wird, vor allem die von *Brewster* entwickelte „jurisdictional rule of reason"[163]. Dieser „balancing-of-interests" Ansatz ist seit der Timberlane-Entscheidung in einer Vielzahl von weiteren Fällen[164] nicht nur im Kartellrecht aufgegriffen und weiterentwickelt worden. Niedergeschlagen hatte er sich zunächst in § 40 des Restatement (Second), Foreign Relations Law of the United States.[165]

---

executive or judicial acts of another nation, having due regard both to international duty and convenience, and to the rights of its own citizens or of other persons who are under the protection of its laws", *Hilton* v.*Guyot* 159 U.S. 113, 163, 164 (1895).

[162] *Timberlane Lumber Co.* v. *Bank of America*, 549 F. 2d 597 (9th Cir. 1976), in den entscheidenden Passagen abgedruckt bei: *Lowe* (Anm. 153), S. 15—31.

[163] *Brewster* (Anm. 149), S. 446.

[164] *Mannington Mills, Inc.* v. *Congoleum Corp.*, 595 F. 2d 1287; *Dominicus Americana Bohio* v. *Gulf & Western Indus., Inc.*, 473 F.Supp. 680 (S. D. N. Y. 1979); *In re Westinghouse Electric Corp.*, 563 F. 2d 992, 999 (10th Cir. 1977); *Montreal Trading Ltd.* v. *Amax Inc.*, 661 F. 2d 864, 871 (10th Cir. 1981). Diese beiden letztgenannten Fälle stellen insofern eine Besonderheit dar, als in ihnen der balancing-test nicht zugunsten des amerikanischen Jurisdiktionsanspruches ausfiel.

[165] Zu § 40 des Restatement sind folgende Gesichtspunkte angeführt:

a) vital interests of each of the states,
b) the extent and the nature of the hardship that inconsistent enforcement actions would impose upon the person,
c) the extent to which the required conduct is to take place in the territory of the other state,
d) the nationality of the person, and
e) the extent to which enforcement by action of either state can reasonably be expected to achieve compliance with the rule prescribed by that state.

Das Restatement on Foreign Relations Law of the United States wird z. Z. überarbeitet. Zu dem bisherigen Stand der Beratungen siehe: *Daniel L. Goelzer/Jacob H. Stilmann/Elisse B. Walter/Anne H. Sullivan/Douglas C. Michael*, The Draft Revised Restatement: A Critique From a Securities Regulation Perspective, in: Int'l. Law. 19 (1985), S. 431—485; *Douglas E. Rosenthal*, Jurisdictional Conflicts Between Sovereign Nations, in: Int'l. Law. 19 (1985), S. 487—503.

Das diesem „balancing-of-interests"-Test zugrundeliegende comity-Prinzip beinhaltet als grundlegenden Gedanken den Grundsatz des zurückhaltenden Gebrauches von Souveränitätsrechten im Falle des Konfliktes mit gleichgelagerten Souveränitätsrechten anderer Staaten. Unabhängig von der Frage, ob es sich bei ihm um eine echte völkerrechtliche Verpflichtung oder eine freiwillige Selbstbeschränkung handelt, die allerdings über bloße unverbindliche Courtoise hinausgeht,[166] weist es als Prinzip für den Ausgleich von Souveränitätskonflikten in eine ähnliche Richtung wie z. B. der Grundsatz der guten Nachbarschaft im internationalen Umweltschutzrecht, soweit es sich bemüht, die wechselseitigen Regelungs- oder Nutzungsinteressen in ihrer Abhängigkeit voneinander in Einklang zu bringen.

(b) Dogmatische Grundlagen des Ausgleichsanspruches

Geht es bei den Abgrenzungsfragen der konkurrierenden Souveränitätsprobleme im Umweltschutzrecht um Nutzungsrechte und im Bereich der extraterritorialen Anwendung von Wirtschaftsrecht um Regelungsrechte gegenüber Privaten in einem fremden Staatsgebiet, so handelt es sich bei der Frage nach den Grenzen der Zulässigkeit von Handelsbeschränkungen um das Problem der Begrenzung der legitimen Beeinflussung eines anderen Staates. Gemeinsam ist diesen Problemstellungen, daß Souveränitätsansprüche miteinander kollidieren und dem Charakter des Völkerrechts als Friedensordnung entsprechend ausgeglichen werden müssen.

Die Notwendigkeit solcher Regelungen ergibt sich aus der mit dem Abschied von der absoluten und der Hinwendung zur relativen Souveränitätsvorstellung verbundenen Öffnung des Staates gegenüber äußeren Einflüssen. Der Staat des 19. Jahrhunderts konnte bzw. bemühte sich wenigstens, autonom zu existieren. Die Einführung technischer Neuerungen wie Post und Telegraphie führten dann zur Entstehung eines Regelungsbedarfes auf internationaler Ebene, dem durch die Schaf-

[166] Zu dem Streit um die rechtliche Verbindlichkeit des comity-Prinzips: *Meng* (Anm. 147), S. 708—709; *Harold G. Maier*, Extraterritorial Jurisdiction At A Crossroad: An Intersection Between Public And Private International Law, in: AJIL 76 (1982), S. 280—320 (281—285); das Verständnis des Begriffs der „comity" ist starken Schwankungen unterworfen. *F. A. Mann* geht sogar so weit zu sagen: „In truth ‚comity' is only another word for international law". (*ders.*, After Twenty Years [Anm. 77], S. 87); sehr restriktiv und nur auf unverbindliche Courtoisie beschränkt *Peter Macalister-Smith*, Comity, in: EPIL 7 (1984), S. 41—44. Die Frage der völkerrechtlichen Verbindlichkeit ist jedenfalls für die amerikanische Praxis von begrenzter Bedeutung, da nach der vom Obersten Gerichtshof in dem Fall *Murray* v. *The Schooner Charming Betsy*, 6 U.S. (2 Cranch) 64, 118, 2 L.Ed. 208 (1804) aufgestellten Regel ein amerikanischer Richter amerikanisches Recht anzuwenden hat, selbst wenn es gegen Völkerrecht verstößt. Dieses Recht kann er allerdings in Ermangelung einer ausdrücklichen gegenteiligen Absicht des Kongresses völkerrechtskonform auslegen.

fung koordinierender internationaler Organisationen Rechnung getragen wurde. Eine ähnliche Umsetzung eines entstandenen Bedürfnisses in konkrete Regelungen unter Begrenzung der ausschließlich nationalen Regelungskompetenz läßt sich in der Schaffung von verschiedenen Flußkommissionen im 19. Jahrhundert erkennen. Die Erkenntnis der Notwendigkeit gemeinsamer Regelungen hat somit in vereinzelten Sachbereichen trotz eines im übrigen damals absoluten Souveränitätsverständnisses[167] zu ersten Ansätzen der Relativierung geführt. Im übrigen konnten die Staaten unter dem Zeichen der absoluten Souveränität in starkem Maße für sich selbst existieren. Die Relativierung des Souveränitätsverständnisses brachte neben der Öffnung gegenüber dem Völkerrecht und damit dem Anerkenntnis der gemeinsamen Unterworfenheit unter ein übergeordnetes Rechtssystem auch eine sachliche Öffnung der Regelungsmaterien nach außen. Durch die Internationalisierung der vormals staatlichen Angelegenheiten nahm die Öffnung gegenüber äußeren Einflußmöglichkeiten zu, wurde der Staat empfindlicher, sein ehemals „harter" Souveränitätspanzer weicher.

Diese Entwicklung, die durch die Erkenntnis der zunehmenden wechselseitigen Abhängigkeiten begünstigt wurde, führte zu einer Wiederbelebung[168] des Gedankens der Existenz von Verpflichtungen gegenüber der Staatengemeinschaft. Dieser Gedanke der Existenz von Verpflichtungen des einzelnen Staates für die Staatengemeinschaft beinhaltet die Forderung nach Abkehr von einem das bloße Nebeneinander der Staaten regelnden zu einem wertsetzenden, das Miteinander gestaltenden Völkerrecht. Dieser Wandlungsprozeß, der im wesentlichen nach dem Zweiten Weltkrieg einsetzte und eine zunächst noch unterschätzte[169] Grundlage in den Art. 55 und 56 SVN fand, mündete angesichts des enormen Entwicklungsunterschiedes zwischen den industrialisierten Ländern und den Ländern der Dritten Welt in der Forderung nach Einführung einer sozialen Verpflichtung des Nordens für das Wohlergehen des Südens, analog zu sozialstaatlichen Staatszielbestimmungen.[170]

---

[167] *Scheuner* (Anm. 76), S. 14, „Für die Völkerrechtskonzeption des 19. Jahrhunderts war bezeichnend die strenge Betonung der uneingeschränkten Staatssouveränität und die strenge Begrenzung des Völkerrechts auf zwischenstaatliche Beziehungen."

[168] *Scheuner* (Anm. 76), S. 28 weist darauf hin, daß bereits im 18. Jahrhundert Gedanken des solidarischen Beistandes eines Staates für den anderen geäußert wurden. Ähnlich: *ders.*, Solidarität unter den Nationen als Grundsatz in der gegenwärtigen internationalen Gemeinschaft, in: FS Menzel, S. 251—277 (255—268).

[169] *Hans Kelsen*, The Law of the United Nations, New York 1951, S. 100—102; *Alf Ross*, The United Nations. Peace and Progress, New York 1966, S. 327: „The provision does not carry any definite obligation but is in the nature a of moralpolitical declaration".

[170] Für die Begründung dieses Anspruches wird teilweise zurückgegriffen auf eine angebliche Parallelität mit der sozialen Lage der Industriestaaten des

Grundlage dieser von *Friedmann* und *Röling*[171] schon in den 60er Jahren geforderten Wandlung des Völkerrechts von einem „law of coexistence" zu einem „law of cooperation"[172] ist der den tatsächlichen Gegebenheiten der internationalen Interdependenz Rechnung tragende Gedanke der Solidarität. „Solidarität bedeutet Verantwortung und Pflicht für alle Glieder der internationalen Gemeinschaft."[173] Auf der Grundlage des Prinzips der Solidarität ist während der Verhandlungen zur Friendly-Relations-Deklaration[174] bzw. zur Charta der wirtschaftlichen Rechte und Pflichten der Staaten[175] von den Vertretern der sozialistischen Staaten und der Blockfreien die Forderung nach Entwicklungshilfe als einer rechtlichen Pflicht abgeleitet worden.

Zur Begründung dieser rechtlichen Pflicht wurde dabei im wesentlichen eine positivistisch orientierte Argumentationslinie verfolgt, die aus der völkerrechtlichen Praxis in der Satzung der Vereinten Nationen, einer Reihe von Verträgen und schließlich der Resolutionspraxis verschiedener internationaler Organisationen die gewohnheitsrechtliche Anerkennung der Pflicht zur Kooperation herleitet und daraus auf einen damit verbundenen Leistungsanspruch auf Entwicklungshilfe schließt.[176]

---

19. Jahrhunderts, siehe dazu: *Wil D. Verwey*, The New International Economic Order and the Realization of the Right to Development and Welfare — A Legal Survey, in: IJIL 21 (1981), S. 1—38 (17—18); ähnlich *B. V. A. Röling*, International Law in an Expanded World, Djabatan — Amsterdam 1960, S. 56—67.

171 Diese Forderung stellten auf insbesondere *Wolfgang Friedmann*, The Changing Structure of International Law, London 1964, S. 61—67, 88—95; *Röling* (Anm. 170), S. 68—86.

172 Zusammenfassend dazu siehe: *Rüdiger Wolfrum*, International Law of Cooperation, in: EPIL 9 (1986), S. 193 ff.

173 *Scheuner* (Anm. 168), S. 273; allgemein zum Prinzip der Solidarität vgl. *Christian Tomuschat*, Das Recht auf Entwicklung, in: GYIL 25 (1982), S. 85—112 (99—101); *Otto Kimminich*, Das Völkerrecht und die neue Weltwirtschaftsordnung, in: AVR 20 (1982), S. 2—35 (13—15).

174 Siehe dazu die Zusammenfassung der Stellungnahme bei: *Bernt Graf zu Dohna*, Die Grundprinzipien des Völkerrechts über die freundschaftlichen Beziehungen und die Zusammenarbeit zwischen den Staaten, Berlin 1973, S. 186—187; *Hanspeter Neuhold*, Die Pflicht zur Zusammenarbeit zwischen den Staaten: Moralisches Postulat oder völkerrechtliche Norm?, in: FS Verdross, S. 575—606 (580—589); *Bogdan Babovic*, The Duty of States to Cooperate with one another in Accordance with the Charter, in: *Sahovic* (Hrsg.), Principles, S. 277—321 (280—287).

175 Siehe die Zusammenfassung der Stellungnahmen bei: *Harald Stemberg*, Die Charta der wirtschaftlichen Rechte und Pflichten der Staaten, Berlin 1983, S. 150—154, 160—162, 194—198.

176 Verwiesen wird in diesem Zusammenhang auf die Art. 1, 11 und 13 und die Bestimmungen des Kapitels IX, speziell Art. 56, zudem auf die Zusammenarbeitsverpflichtungen in den Satzungen regionaler Organisationen, die Schlußerklärungen der Gipfeltreffen der Blockfreien Länder, von UNCTAD und schließlich eine Reihe von Resolutionen der Vereinten Nationen, unter ihnen die Prinzipiendeklaration, die Charta der wirtschaftlichen Rechte und Pflichten und der Deklaration zur Errichtung einer Neuen Weltwirtschaftsordnung. Siehe dazu: *Wolfrum*, Law of Cooperation (Anm. 172).

Zu demselben Ergebnis kommt eine Betrachtungsweise, die ihre Argumentation auf eine Untersuchung allgemeiner Prinzipien aufbaut und dabei aus dem Grundsatz der Souveränität unter Hinweis auf das Entwicklungsdefizit und einen darin begründeten teilweisen Mangel an Souveränität einen Anspruch auf Ausgleich durch Zusammenarbeit herleitet.[177] Die Forderung zur Anerkennung einer Rechtspflicht zur Leistung von Entwicklungshilfe bzw. eines „Rechts auf Entwicklung"[178] im Sinne eines durchsetzbaren rechtlichen Anspruchs hat allerdings noch keine völkerrechtliche Anerkennung gefunden.

Die Frage nach einer völkerrechtlichen Leistungspflicht — und darin liegt die Bedeutung für die vorliegende Problemstellung — ist spezieller Ausdruck eines allgemeineren Ansatzes zu einer wesentlichen Änderung des modernen Völkerrechtsverständnisses. Diese Veränderung basiert auf dem mehr generellen Bemühen zur Wandlung[179] des Völkerrechts von einer überwiegend instrumentalen „technischen" zu einer wertsetzenden Ordnung. Der rein koordinationsrechtliche Charakter der Völkerrechtsordnung wird ergänzt durch kooperationsrechtliche Elemente. Unabhängig von der Frage der Leistungsverpflichtung, die von den Staaten ein aktives Tun fordert, enthält der zugrundeliegende Gedanke jedenfalls die Aussage, daß die Staaten in einem engen Gefüge zueinander stehen und in den wechselseitigen Beziehungen sorgsam miteinander umgehen müssen. Daraus ergibt sich, daß die Staaten auch bei der Regelung der „an sich" eigenen Angelegenheiten in ihrem Verhalten nicht mehr völlig frei sind, sondern bei ihren Maßnahmen auch die berechtigten Interessen der Staatengemeinschaft und des jeweils anderen Staates berücksichtigen müssen. Insofern haben die Gedanken des sorgsamen Umgangs mit Souveränitätsrechten, die in der direkten Beziehung mit dem Nachbarstaat ihren Niederschlag in dem Prinzip der guten Nachbarschaft gefunden haben — besonders stark ausgeprägt im internationalen Umweltschutzrecht — eine weitere Verbreitung auf die Staatengemeinschaft insgesamt gefunden. Als „wesensgleiches Minus" zu dem Anspruch auf Entwicklungshilfe in dem Spezialbereich des Entwicklungsvölkerrechts[180] beinhalten im Zuge der Relativierung des Sou-

---

[177] Diese Argumentationslinie wird im wesentlichen von französischen Autoren verfolgt. *Guy Feuer*, Réflexions sur la charte des droits et devoirs économiques des états, in: RGDIP 79 (1975), S. 273—320 (294); *Michel Virally*, La charte des droits et devoirs économiques des états, in: AFDI 20 (1974), S. 57—77 (72). Zu diesem Ansatz siehe: *Rüdiger Wolfrum*, Die UN-Seerechtskonvention in der Perspektive der Neuen Weltwirtschaftsordnung, in: Das neue Seerecht, S. 97—118 (104—105).

[178] Siehe dazu: *Tomuschat* (Anm. 173), S. 86 ff.

[179] *Jost Delbrück*, Zum Funktionswandel des Völkerrechts der Gegenwart im Rahmen einer universalen Friedensstrategie — Menschenrechtsschutz und internationales Wirtschafts- und Sozialrecht, in: Friedenswarte 58 (1975), S. 240—252 (247); ähnlich *Espiell* (Anm. 91), S. 280—281.

veränitätsverständnisses diese materiellen Rücksichts- oder Verhaltenspflichten einen Anspruch auf Ausgleich der wechselseitigen Interessen zur Sicherung der wesentlichen Staatsfunktionen. Der Verlust an Schutz vor äußeren Einflüssen, der mit dem Abschied von dem absoluten Souveränitätsverständnis eingetreten ist, und die mit der Relativierung ververbundene Unterwerfung unter das Völkerrecht als übergeordnete Rechtsordnung müssen durch die Bereithaltung völkerrechtlicher Verhaltenspflichten kompensiert werden, so daß insgesamt die Rechtsordnung in die Lage versetzt wird, den Belangen des einzelnen Staates auch in einer von erhöhten gegenseitigen Einflußnahmen gekennzeichneten Staatenwelt gerecht zu werden.

Fragt man sich nach der Rechtsquelle für diese Betrachtung der mit der staatlichen Souveränität verbundenen Verhaltenspflichten, so könnte man einerseits mit *Tomuschat*[181] — der insofern indes weiter geht — in diesen nicht auf Leistung bezogenen Kooperationspflichten eine notwendige Wandlung der Grundaxiome des Völkerrechts, der Souveränität und Staatengleichheit sehen. Neben dieser an der Wandlung der zugrundeliegenden Prinzipien ausgerichteten Argumentationsweise könnte man auch — der Linie der Entwicklungsländer in abgeschwächter Form folgend — auf die internationale Vertrags- und Resolutionspraxis zum Kooperationsrecht verweisen und jedenfalls auf der hier beschriebenen Ebene eine gewohnheitsrechtliche Verankerung der Kooperation als völkerrechtliche Verhaltenspflicht — allerdings ohne Leistungsanspruch — sehen.[182]

[180] Für eine Darstellung der Anfänge dieses neuen Rechtsgebietes siehe: *Ernst U. Petersmann*, „Entwicklungsvölkerrecht", „Droit International Du Développement", „International Economic Development Law": Mythos oder Wirklichkeit?, in: JIR 17 (1974), S. 145—176.

[181] *Tomuschat* (Anm. 173), S. 95, weist darauf hin, daß die Souveränität und Gleichheit der Staaten als Grundaxiome des Völkerrechts nicht in den Rechtsquellenkatalog des Art. 38 IGH-Statut passen, ohne sie aber die gegenwärtige Völkerrechtsordnung nicht gedacht werden kann.

[182] Verwiesen sei in diesem Zusammenhang z. B. auf den ersten Satz des ersten Abschnittes der Prinzipien-Deklaration zum Zusammenarbeitsprinzip. „States have the duty to co-operate with one another, irrespective of the differences in their political, economic and social systems, in the various spheres of international relations, ..." Auf diese Formulierung ließen sich die Vertreter der westlichen Staaten wegen seines generellen Charakters ein. Schon vom Wortlaut her könnte hier im Gegensatz zu den folgenden Formulierungen eine allerdings inhaltlich unbestimmte Rechtspflicht entnommen werden. Zu dem Kompromißcharakter siehe: *Dohna* (Anm. 174), S. 188/189; Ansätze zur Pflicht, bei den wirtschaftlichen Beziehungen die Interessen anderer Staaten zu berücksichtigen, finden sich auch in dem Entwurf der westlichen Länder in Art. 24 der Charta der wirtschaftlichen Rechte und Pflichten (UN Doc. TD/B/AC.12/2/Add. 1, S. 78), der Eingang gefunden hat in die Kompromißformulierung des letztlich angenommenen Art. 24. Siehe dazu: *Stemberg* (Anm. 175), S. 154. Niederschlag gefunden hat das Prinzip der Zusammenarbeit der Staaten auch in Kapitel IX der rechtlich nicht verbindlichen Schlußakte von Helsinki, siehe dazu mit weiteren Nachweisen: *Neuhold* (Anm. 174), S. 596—597.

(2) Das Verhältnismäßigkeitsprinzip als Regel zum Ausgleich konkurrierender Souveränitätsansprüche

Sucht man in dem Bestand völkerrechtlicher Normen nach Regelungen für den gerechten Ausgleich konkurrierender Souveränitätsansprüche, die dem Anspruch der Kooperation als völkerrechtliche Verhaltenspflicht gerecht werden, so finden sich Ansätze für Ausgleichsprinzipien z. B. im Umweltschutz- und internationalen Wirtschaftsrecht. In der Diskussion über die Reichweite des Interventionsverbotes wird in der Literatur, die sich um die Ausgestaltung eines Kataloges von Tatbestandsmerkmalen bemüht, auf das Verhältnismäßigkeitsprinzip verwiesen. Dieses Verhältnismäßigkeitsprinzip findet seine Ausgestaltung in der Forderung nach Verwendung einer Relation zwischen dem eingesetzten Mittel und dem angestrebten Zweck[183], bzw. in der Forderung nach einer sachlichen Konnexität zwischen dem eingesetzten wirtschaftlichen Druckmittel und dem beabsichtigten politischen Erfolg.[184]

So sehr die Verwendung des Verhältnismäßigkeitsprinzips wünschenswert erscheinen mag, das unter Berücksichtigung der Bedeutung des beabsichtigten politischen Erfolges eine Anpassung des legitimerweise auszuübenden Druckes erlaubt, so ist doch zu bedauern, daß in den von den Autoren angeführten Katalogen eine Darlegung der Verbindung zwischen dem Verhältnismäßigkeitsprinzip und der Grenze des Interventionsverbotes nicht erfolgt. Es stellt sich somit die Frage, ob das Proportionalitätsprinzip auf die Interventionsproblematik anwendbar ist, warum es eine Begrenzung des Interventionsverbotes darstellen kann und wie es im einzelnen ausgestaltet ist.

(a) Herleitung des Verhältnismäßigkeitsprinzips

Der Gedanke der Verhältnismäßigkeit[185] läßt sich zurückverfolgen bis in die Philosophie des antiken Griechenland. Er bezeichnet als eines der grundlegenden ethischen Prinzipien das Bestreben, widerstreitende Interessen zu einem ausgeglichenen Verhältnis zueinander zu bringen, exzessives Verhalten zu vermeiden. Als leitendes Prinzip für die Verhaltensweise in privaten und staatlichen Angelegenheiten war es Bestandteil der von römischen Philosophen angestrebten Lebensführung.[186] Das Verhältnismäßigkeitsprinzip findet sich als Bestandteil einer großen Anzahl

---

[183] *Gerlach* (Anm. 17), S. 212; *Ritterband* (Anm. 7), S. 358; *Fukatsu* (Anm. 22), S. 1197. Generell gegen die Verwendung des Proportionalitätsmaßstabes spricht sich *Paschos* (Anm. 17), S. 74 aus, der die völkerrechtliche Anwendbarkeit ausschließlich auf die Repressalie begrenzen will.

[184] *Kewenig* (Anm. 3), S. 16.

[185] Siehe dazu ausführlich: *Jost Delbrück*, Proportionality, in: EPIL 7 (1984), S. 396—400; *Henning Ottmann*, Maß, in: *Joachim Ritter/Karlfried Gründer* (Hrsg.), Historisches Wörterbuch der Philosophie, Bd. 5, Basel 1982, S. 807—811.

[186] *Cicero*, De re publica, II, XLII, 69; zitiert bei *Ottmann* (Anm. 189), S. 810.

nationaler Rechtsordnungen.[187] Im Völkerrecht wird das Verhältnismäßigkeitsprinzip in seiner den Handlungsspielraum eingrenzenden Wirkung heute als Rechtsprinzip anerkannt. Seine Verankerung findet es als allgemeines Rechtsprinzip gemäß Art. 38 Abs. 1 c des IGH-Statuts.[188] Ursprünglicher Anwendungsbereich des Verhältnismäßigkeitsprinzips war zunächst seine begrenzende Funktion im Rahmen einer Repressalie[189] bzw. bei Maßnahmen der Selbstverteidigung oder Selbsthilfe.[190] Für den Spezialfall einer Vertragsverletzung ist in Art. 60 der

[187] Siehe dazu die Beispiele bei: *C. Wilfred Jenks*, The Common Law of Mankind, London 1958, S. 141—142, mit Nachweisen u. a. aus dem Islamischen, Chinesischen, Japanischen, Afrikanischen und Hindu Recht. Weiterhin: *Torsten Stein*, Der Grundsatz der Verhältnismäßigkeit, in: *Kurt Madlener* (Hrsg.), Deutsche öffentlich-rechtliche Landesberichte zum Internationalen Kongreß für Rechtsvergleichung in Budapest, Tübingen 1978, S. 273—290; *Georg Ress*, Der Grundsatz der Verhältnismäßigkeit im deutschen Recht, in: Der Grundsatz der Verhältnismäßigkeit, S. 5—51; *Francis Teitgen*, Le principe de proportionnalité en Droit Francais, in: ebenda, S. 53—65; *Felix Ermacora*, Das Verhältnismäßigkeitsprinzip im österreichischen Recht sowie aus der Sicht der Europäischen Menschenrechtskonvention, in: ebenda, S. 67—87; *Hans Kutscher*, Zum Grundsatz der Verhältnismäßigkeit im Recht der Europäischen Gemeinschaften, in: ebenda, S. 89—97.

[188] *Delbrück* (Anm. 185), S. 399, der allerdings auch die Möglichkeit sieht, es als allgemeines Prinzip des Völkerrechts anzusehen.

[189] Siehe dazu: *Albert Bleckmann*, Gedanken zur Repressalie — Ein Versuch der Anwendung der Interessenjurisprudenz auf das Völkergewohnheitsrecht, in: FS Schlochauer, S. 193—213 (209—213); *Christian Tomuschat*, Repressalie und Retorsion, in: ZaöRV 33 (1973), S. 179—222 (184—188); *Peter Malanczuk*, Zur Repressalie im Entwurf der International Law Commission zur Staatenverantwortlichkeit, in: ZaöRV 45 (1985), S. 293—323 (320); *Karl Josef Partsch*, Repressalie, in: *Strupp/Schlochauer*, WVR III, S. 103—106; *Marjorie M. Whitman*, Digest of International Law, 10, Washington 1968, S. 320—321; *Delbrück* (Anm. 185), S. 397—398; *Verdross/Simma* (Anm. 59), S. 907—912. Grundlegender Fall für die Anwendung des in seiner Reichweite nicht immer unbestrittenen Verhältnismäßigkeitsgrundsatzes im Zusammenhang mit einer Repressalie ist der *Naulilaa*-Fall (RIAA 2 [1949], S. 1011—1033); aus neuerer Zeit vgl. das Schiedsgutachten vom 9. Dezember 1978 über das *US-französische Air Services Agreement of 27 March 1946*, in: ILR 54 (1979), S. 304—349. „It is generally agreed that all counter-measures must, in the first instance, have some degree of equivalence with the alleged breach; this is a well-known rule" (S. 338). Siehe dazu: *Lori Fisler Damrosch*, Retalisation or Arbitration — or both? The 1978 United States-France Aviation Dispute, in: AJIL 74 (1980), S. 785—807 (791—792).

[190] Siehe dazu umfassend: *Roberto Ago*, Eight Report on State Responsibility, in: ILC-Yearbook 1980, II, Part One, S. 69; *Pierluigi Lamberti Zanardi*, La Legittima Difesa Nel Diritto Internazionale, Milano 1977, S. 129—130, 267—275; *Peter Malanczuk*, Countermeasures and Self-Defence as Circumstances Precluding Wrongfulness in the International Law Commission's Draft Articles on State Responsibility, in: ZaöRV 43 (1983), S. 705—812 (767—769, 796—798); *Brun-Otto Bryde*, Self-Defence, in: EPIL 4 (1982), S. 212—214 (213—214); *ders.*, Self-Help, in: EPIL 4 (1982), S. 215—217 (216); *Jan Brownlie*, International Law and the Use of Force by States, Oxford 1963, S. 261 ff.; *Neuhold* (Anm. 1), S. 139—140; *Myres S. McDougal/Florentino P. Feliciano*, Law and Minimum Public Order, New Haven 1961, S. 217—219, 241—244; Grundlegender Fall für die Voraussetzungen des Selbstverteidigungsrechtes bzw. des Selbsthilferechtes ist der sog. *Caroline-Fall*, siehe dazu: *Werner Meng*, The Caroline, in: EPIL 3 (1982), S. 81—82.

WVK ein Rücktritts- oder Suspendierungsrecht enthalten, das indes — und darin kommt der Verhältnismäßigkeitsgedanke zum Ausdruck — erst bei einer „erheblichen" Vertragsverletzung eingreift.[191] Die Funktion der Anforderung der Verhältnismäßigkeit bei den genannten Bereichen besteht darin, die Schwere der völkerrechtlich zulässigen Reaktion zu begrenzen. In diesen Fällen darf zur Wiederherstellung des Rechtsfriedens eine „an sich" völkerrechtswidrige Handlung begangen werden, um zuvor „erlittenes" Unrecht auszugleichen. Im einzelnen ergeben sich Unterschiede in der Reichweite der zulässigerweise ergriffenen „an sich" völkerrechtswidrigen Maßnahmen.[192] Jedenfalls liegt der ausgleichende Faktor in der Begenzung einer Reaktionsmöglichkeit auf vorangegangenes Unrecht und verhindert dadurch, daß die ergriffene Gegenmaßnahme ihrerseits über die von der Völkerrechtsordnung gebilligte Reaktion hinaus nicht den Rahmen der „hingenommenen" prinzipiellen Rechtsverletzung verläßt und selbst einen eigenen Deliktscharakter entfaltet.

Während in den zuvor genannten Bereichen das Verhältnismäßigkeitserfordernis an Reaktionsmöglichkeiten gegen erlittenes Unrecht anknüpft, setzt es in anderen Bereichen eine Schranke für die ursprüngliche Handlung. Als Beispiel hierfür läßt sich das humanitäre Kriegsrecht[193] anführen. Hier wird mit Hilfe des Verhältnismäßigkeitsprinzips eine Schranke für die Zulässigkeit von militärischen Maßnahmen gezogen. In Anerkenntnis der Tatsache der Existenz militärischer Auseinandersetzungen wird mit dem humanitären Kriegsrecht versucht, die Auswirkung solcher Maßnahmen aus Gründen der Humanität über den Bereich des militärisch unbedingt Erforderlichen möglichst klein zu halten. Die Aufgabe des Verhältnismäßigkeitsprinzips besteht darin, den Weg zu einem Abwägungsprozeß zwischen militärischen Belangen und z. B. dem Schutz der Zivilbevölkerung zu eröffnen.[194]

---

[191] Siehe dazu: *Bruno Simma*, Reflections on Article 60 of the Vienna Convention on the Law of Treaties and its Background in General International Law, in: ÖZöffR 20 (1970), S. 5—83 (59—63); *Verdross/Simma* (Anm. 59), S. 515—521. So auch das Schiedsgutachten im Fall des *Air Services Agreement* (Anm. 189), S. 334.

[192] Während das Verhältnismäßigkeitsprinzip bei dem auf militärische Maßnahmen beschränkten Selbstverteidigungsprinzip lediglich die Wiederherstellung des vorherigen Zustandes ermöglicht, erlaubt es bei der Selbsthilfe die Herstellung eines rechtmäßigen Zustandes. Siehe dazu: *Bryde* (Anm. 190), S. 214 bzw. 215; *Delbrück* (Anm. 185), S. 397.

[193] *Karl Josef Partsch*, Humanitarian Law and Armed Conflict, in: EPIL 3 (1982), S. 215—219; *Michael Bothe/Karl Josef Partsch/Waldemar A. Solf*, New Rules for Victims of Armed Conflicts, The Hague, Boston, London 1982, S. 1—10; *Howard S. Levie*, Some Recent Developments in the Law of War, in: GYIL 25 (1982), S. 252—272.

[194] Siehe dazu im einzelnen: *Otto Kimminich*, Schutz der Menschen in bewaffneten Konflikten, München 1979, S. 152—157; *Bernard L. Brown*, The Pro-

Nach Anfängen in dem Verbot unnötigen Leidens in Art. 23(e) der Haager Landkriegsordnung[195] findet es heute seinen Niederschlag in einer Reihe von Vorschriften des I. Zusatzprotokolls zu den vier Genfer Konventionen von 1949.[196] Zu nennen sind insbesondere die Vorschriften[197] der Art. 12, 35, 51 Abs. 5 (b), 54, 56, 57, 85 und 90. Diese Liste zeigt den Versuch, über eine zunächst recht unbestimmte Formel widerstreitende Interessen zu einem rechtlichen Ausgleich zu bringen und durch den schwierigen Vergleich[198] der Wertigkeiten die Grenzen der Rechtswidrigkeit zu bestimmen. In ihrer begrenzenden Funktion für militärische Handlungen wird durch das Verhältnismäßigkeitsprinzip versucht, die Auswirkungen der auf die Erringung eines militärischen Erfolges gerichteten Kampfmaßnahmen auf die zur Erreichung dieses Ziels unbedingt erforderlichen Maßnahmen zu beschränken. Der Verlust von Menschenleben auch unter der Zivilbevölkerung wird rechtlich akzeptiert — allerdings nur dann, wenn dem ein entsprechend großer militärischer Erfolg gegenübersteht.

Mag man an der Handhabbarkeit und Verifizierbarkeit der genannten Formel Zweifel haben, so zeigt dieser Gebrauch des Verhältnismäßigkeitsprinzips jedenfalls seine Funktion als Balancierungsinstrument wechselseitiger, nicht notwendigerweise gleichartiger Interessen. Nicht die Existenz eines Rechts „an sich" ist entscheidend für die Rechtmäßigkeit des Verhaltens, sondern die Art seines Gebrauchs in Bezug gesetzt

---

portionality Principle in the Humanitarian Law of Warfare: Recent Efforts at Codification, in: Cornell Int'l.L.J. 10 (1976), S. 134—155; *Delbrück* (Anm. 185), S. 398.

195 RGBl. 1910, S. 132.

196 Zu diesen Konventionen zählen: Abkommen zur Verbesserung des Loses der Verwundeten und Kranken der Streitkräfte im Felde (I. Konvention), abgedruckt in: BGBl. 1954 II, S. 783 ff.; Abkommen zur Verbesserung des Loses der Verwundeten, Kranken und Schiffsbrüchigen der Streitkräfte zur See (II. Konvention), abgedruckt in: BGBl. 1954 II, 813 ff.; Abkommen über die Behandlung der Kriegsgefangenen (III. Konvention), abgedruckt in: BGBl. 1954 II, S. 838 ff.; Abkommen zum Schutz von Zivilpersonen in Kriegszeiten (IV. Konvention), abgedruckt in: BGBl. 1954 II, S. 917 ff., ber. 1956 II, S. 1586 ff. Der Text des I. Zusatzprotokolls zu den Genfer Abkommen vom 12. August 1949 über den Schutz der Opfer internationaler bewaffneter Konflikte ist abgedruckt in: *Joachim Hinz/Elmar Rauch*, Kriegsvölkerrecht, 3. Aufl., Köln, Berlin, Bonn, München 1984, Nr. 1570; ZaöRV 38 (1978), S. 86—146; AJIL 72 (1978), S. 457—502; RGDIP 82 (1978), S. 329—388.

197 Siehe zu diesen Vorschriften jeweils die Kommentierung bei: *Bothe/Partsch/Solf* (Anm. 193), Art. 12 — S. 119; Art. 35 — S. 194; Art. 51 Abs. 5 (b) — S. 299 ff. (309); Art. 54 — S. 337 ff.; Art. 56 — S. 350, 352; Art. 57 — S. 360, Art. 85 — S. 516; Art. 90 — S. 544; kritisch über die Entstehungsgeschichte dieser Vorschriften (speziell Art. 51, 57) siehe: *Géza Herczegh*, Development of International Humanitarian Law, Budapest 1984, S. 150—160.

198 Kritisch insbesondere zu der Frage, ob der in Art. 51 Abs. 5 (b) und Art. 57 Abs. 2 (a) (iii) vorzunehmende Vergleich möglich ist, weil hier Menschenleben gegen die Erreichung abstrakter militärischer Ziele abgewogen werden sollen, *Kimminich* (Anm. 194), S. 153; ähnlich: *Herczegh* (Anm. 197), S. 157—158.

zu einem entgegengesetzten Interesse oder Recht des Betroffenen. Die Grenzen der Ausübung eines materiellen Rechts werden in dem konkreten Einzelfall näher bestimmt durch einen Wertevergleich.

Das Verhältnismäßigkeitsprinzip findet im internationalen Rahmen über die bisher aufgezeigten Bereiche hinaus auch Anwendung beim Menschenrechtsschutz. Ähnlich wie in der deutschen Grundrechtsdogmatik wird der prinzipielle Schutz des Einzelnen nicht unbegrenzt gewährleistet. Vielmehr findet dieser Schutz seine Schranken in anderen gewichtigen Belangen der Gemeinschaft. Dabei ist die Reichweite der Beschränkung der Menschenrechte abhängig von der Bedeutung des ihm entgegengesetzten Rechtsgutes.[199] Die Schranken müssen verhältnismäßig sein zu der Bedeutung des Menschenrechts und dem Zweck der vorgenommenen Begrenzung.

Der wechselseitige Bezug der Bedeutung und Berechtigung der geltend gemachten Ansprüche zueinander und die Funktion des Verhältnismäßigkeitsprinzips als an der Gerechtigkeit orientierter Ausbalancierungsmechanismus werden besonders deutlich bei der Verwendung des Proportionalitätsprinzips als eines der Kriterien zur Bestimmung der Grenzen eines Festlandsockels zwischen zwei Staaten. Erstmals Verwendung fand der Proportionalitätsmaßstab in den Rechtsstreitigkeiten zwischen der Bundesrepublik Deutschland und den Niederlanden bzw. Dänemark über die Begrenzung des Festlandsockels in der Nordsee.[200] Später wurde dieser Maßstab herangezogen in dem britisch-französischen Schiedsverfahren über die Abgrenzung des Festlandsockels im Ärmelkanal[201] und in dem Urteil des IGH in *Case Concerning the Continental Shelf / Tunisia / Libyan Arab Jamahiriya*[202]. Der bisherige

[199] Siehe dazu die Beispiele bei: *Delbrück* (Anm. 185), S. 398—399; *Ress* (Anm. 187), S. 41.

[200] *North Sea Continental Shelf Cases*, in: I.C.J. Reports 1969, S. 3, siehe dazu: *Eberhard Menzel*, Der Festlandsockel der Bundesrepublik Deutschland und das Urteil des Internationalen Gerichtshofs vom 20. Februar 1969, in: JIR 14 (1969), S. 13—100; *Dedo von Schenck*, Die vertragliche Abgrenzung des Festlandsockels unter der Nordsee zwischen der Bundesrepublik Deutschland, Dänemark und den Niederlanden nach dem Urteil des Internationalen Gerichtshofes vom 20. Februar 1969, in: JIR 15 (1970), S. 370—398; *Günther Jaenicke*, North Sea Continental Shelf Case, in: EPIL 2 (1981), S. 205—208 jeweils m. w. N.

[201] ILM 18 (1979), S. 397—494; ILR 54 (1979), S. 6—212; siehe dazu: *D. W. Bowett*, The Arbitration Between The United Kingdom and France Concerning The Continental Shelf Boundary In The English Channel and South-Western-Approaches, in: BYIL XLIX (1979), S. 1—29; *Ulf-Dieter Klemm*, Continental Shelf Arbitration, in: EPIL 2 (1981), S. 58—61; *D. M. McRae*, Delimitation of the Continental Shelf between the United Kingdom and France, in: CYIL 15 (1977), S. 173—197 alle m. w. N.

[202] I.C.J. Reports 1982, S. 18 ff.; siehe dazu: *Rainer Lagoni*, Die Rechtsprechung des Internationalen Gerichtshofs in den Jahren 1981 und 1982, in: GYIL 25 (1982), S. 585—608 (589—601); kritisch: *Karin Oellers-Frahm*, Die Entscheidung des IGH zur Abgrenzung des Festlandsockels zwischen Tunesien und Libyen: eine Abkehr von der bisherigen Rechtsprechung?, in: ZaöRV 42 (1982), S. 804—814.

Schlußpunkt wurde gesetzt in der Entscheidung der Sonderkammer des IGH in dem *Case Concerning Delimination of the Maritime Boundary in the Gulf of Maine Area.*[203]

Ausgangspunkt der jetzigen Entwicklung, die in dem Verhältnismäßigkeitsprinzip eines der „equitable principles" sieht, mit denen unter Abweichung von der nach Art. 6 der Festlandsockelkonvention[204] vorgesehenen equidistance-Methode die Grenzen des Festlandsockels bzw. der ausschließlichen Wirtschaftszone bestimmt werden können,[205] war ein Argument der Bundesrepublik Deutschland in dem Nordsee-Festlandsockelfall. Dieses bestand in der Position, daß angesichts des ungünstigen Küstenverlaufes in der deutschen Bucht der nach der equidistance-Methode bestimmte deutsche Festlandsockelanteil zu klein sei.[206]

In seinem Urteil schloß sich der Gerichtshof zu einem wesentlichen Teil der Argumentation der Bundesrepublik Deutschland an und stellte eine Art mathematischer Formel zwischen der Länge der Küste und dem dazugehörigen Festlandsockel auf. Die Methode der mathematischen Formel, mit der das Verhältnis zwischen Küstenlänge und Festlandsockel bestimmt werden kann, wurde auch in dem Rechtsstreit zwischen Tunesien und Libyen vom Gerichtshof verwendet.[207] Sie hat den Vorteil einer relativen Genauigkeit, setzt aber voraus, daß die Länge der jeweiligen Küste mit einer gewissen Sicherheit bestimmt werden kann.[208] Insbesondere in dem britisch-französischen Schiedsverfahren war die mathematische Formel zur Bestimmung der Verhältnismäßigkeit wegen

[203] I.C.J. Reports 1984, S. 246; für einen ersten Überblick über diese Entscheidung siehe: *Klaus Dicke,* Die Rechtsprechung des Internationalen Gerichtshofs in den Jahren 1983 und 1984, in: GYIL 27 (1984), S. 459—482 (460—473); *Levi E. Clain,* Gulf of Maine — A Disappointing First in the Delimitation of a Single Maritime Boundary, in: VJIL 25 (1985), S. 521—620.

[204] Convention on the Continental Shelf (1958), abgedruckt in: UNTS 495 (1964), S. 311; *Renate Platzöder/Wolfgang Graf Vitzthum,* Seerecht — Law of the Sea, Baden-Baden 1984, S. 58—63.

[205] Vgl. hierzu Art. 74 bzw. 83 der Neuen Seerechtskonvention, abgedruckt bei *Platzöder/Graf Vitzthum* (Anm. 204), S. 69—286 (122, 126).

[206] Memorial submitted by the Government of the Federal Republic of Germany, in I.C.J. Pleadings, North Sea Continental Shelf, I, 1968, S. 13—89 (72—75); *Menzel* (Anm. 200), S. 15. Zudem habe die Bundesrepublik Deutschland die Festlandsockelkonvention von 1958 nicht ratifiziert.

[207] I.C.J. Reports 1982, S. 91.

[208] Während dies in dem *North Sea Continental Shelf Fall* und dem Streit zwischen Tunesien und Libyen möglich war, stritten die Parteien in dem *Gulf of Maine Fall* über die zur Berechnung heranzuziehenden Küsten, siehe dazu: Counter-Memorial Submitted by Canada, vom 28. Juni 1983, S. 202—203; Der Gerichtshof wendet diese Methode gleichwohl hinsichtlich des 2. Segmentes an. Siehe dazu: I.C.J. Reports 1984, S. 335—337. Dieser Ansatz wurde von Richter *Schwebel* (USA) in seiner eigenen Begründung wegen der Unsicherheiten über die Frage der zu berücksichtigenden Küsten kritisiert, siehe: I.C.J. Reports 1984, S. 353—358 (355—357).

der Unsicherheit über die Länge der zu berücksichtigenden Küste nicht anwendbar.[209] Vielmehr sah der Schiedsgerichtshof in diesem Verfahren in der Proportionalitätsanforderung ein breiteres Prinzip, das als ein Faktor bei der Heranziehung geographischer Bedingungen für die Begrenzung berücksichtigt werden müsse, insbesondere wenn sie nach der equidistance-Methode vorgenommen wird.

Als eine Methode, um ein gerechtes (equitable) Ergebnis zu erzielen, erscheint die Verhältnismäßigkeit bei den seerechtlichen Abgrenzungsfragen in drei verschiedenen Varianten. Einerseits — wie in dem britisch-französischen Fall — dient sie zum Ausgleich für einen bestimmten Verlauf der Begrenzung im Bezug zwischen der Größe, dem Verlauf oder der Bedeutung natürlicher Gegebenheiten und dem dadurch betroffenen Festlandsockel. Andererseits dient sie als Grundlage für die Berechnung der Relation zwischen der Länge der jeweiligen Küste und dem dazugehörigen Festlandsockel. Drittens hat es in einem mehr generellen Sinne Bedeutung für die Frage, ob das letztendliche Ergebnis verhältnismäßig und sinnvoll (reasonable) in Bezug auf alle relevanten Faktoren ist.[210]

Als Rechtsprinzip[211] liegt die Bedeutung dieses Entscheidungsmaßstabes in seiner Abkehr von dem in Art. 6 Abs. 1 der Festlandsockelkonvention verankerten formalen equidistance-Prinzip und der Anerkennung der — schwierig zu bestimmenden — Gegebenheiten des Einzelfalls zur Erreichung eines „gerechten" Ergebnisses.

Ohne auf die mit den Urteilen verbundenen Diskussionen[212] im einzelnen einzugehen, bleibt festzuhalten, daß in diesen Fällen der Begrenzung des Festlandsockels der Internationale Gerichtshof den Ausgleich zwischen konkurrierenden Souveränitätsansprüchen mit einem an „equity" orientierten Balancierungsprozeß zwischen den jeweiligen berechtigten Interessen der betroffenen Staaten versucht hat. Als recht-

[209] Britisch-französisches Schiedsverfahren (Anm. 201), para. 99: „In particular, this Court does not consider that the adoption in the *North Sea Continental Shelf* cases of the criterion of a reasonable degree of proportionality between the areas of continental shelf and the lenght of the coastline means that this criterion is one for application in all cases."

[210] So auch Counter-Memorial Submitted by Canada, S. 294—295. „Proportionality in all its forms is simply an aspect of equity", ebenda, S. 205.

[211] Trotz der Zweifel von Richter *Gros* in seiner abweichenden Begründung, I.C.J. Reports 1984, S. 360—389 (376—377) betont der IGH in der Gulf of Maine Entscheidung, daß das Urteil nicht aufgrund einer Entscheidung *ex aequo et bono* getroffen worden sei. Es steht in dem Verhältnismäßigkeitsprinzip vielmehr ein Rechtsprinzip, das neben anderen Faktoren geeignet sei, eine gerechte Lösung (equitable solution) herbeizuführen. Siehe dazu: I.C.J. Reports 1984, S. 300. Ähnlichen Zweifel wie Richter *Gros* meldete auch schon Richter *Evensen* in seiner abweichenden Meinung in dem Libysch-tunesischen Streit an. Siehe dazu I.C.J. Reports 1982, S. 291 ff.; siehe dazu: *Oellers-Frahm* (Anm. 202), S. 807.

[212] Siehe dazu: *Verdross/Simma* (Anm. 59), S. 717 ff.

liches Prinzip zu Erreichung von „Equity" hat dabei die Forderung nach Verhältnismäßigkeit bedeutenden Einfluß gewonnen und Ergebnisse ermöglicht, die — trotz aller Bedenken — einen formalen Ansatz vermeiden und versuchen, den spezifischen Gegebenheiten mit einem rechtlichen Prinzip gerecht zu werden.

Versucht man die zunehmende Bedeutung des Verhältnismäßigkeitsprinzips im Völkerrecht insgesamt zu charakterisieren, wird hier das Bemühen deutlich, in den Beziehungen zwischen den Staaten, verstanden als eine Rechtsgemeinschaft, die Belange des einen Staates nicht isoliert zu betrachten, sondern sie abzuwägen mit ebenfalls berechtigten Belangen eines anderen Staates, um auf dieser Basis eine für alle tragfähige und an Einzelfallgerechtigkeit orientierte Lösung zu suchen. Das ist kein leichtes Unterfangen, aber eine Rechtsordnung kann sich nicht orientieren an der Komplexität der ihr gestellten Probleme.

In Beantwortung der Frage nach der Anwendbarkeit des Verhältnismäßigkeitsprinzips bleibt somit festzuhalten, daß es als allgemeines Prinzip des Rechts im Sinne von Art. 38 Abs. 1 (c) IGH-Statut[213] auch auf das Interventionsverbot Anwendung findet.

Fragt man sich, wie bei dem Interventionsverbot das Verhältnismäßigkeitskriterium im Rahmen einer schutzgutorientierten Betrachtungsweise einbezogen werden kann, so ist zunächst festzuhalten, daß die Reichweite des Interventionsverbotes abhängig war von dem den Staaten vorbehaltenen Bereich. Dieser Bereich wird — wie festgestellt — nach außen bestimmt durch die Existenz völkerrechtlicher Regelungen.[214] Zu diesen Regelungen gehört neben den abstrakten, materiellen Vorschriften des internationalen Rechts, die z. B. die Internationalisierung der Menschenrechtsfrage betreffen, auch die Anforderungen der in dem Verhältnismäßigkeitsprinzip als Ausdruck des „Equity"-Gedankens niedergelegten Einzelfallgerechtigkeit. Das erforderliche „Miteinander" der Staaten führt jedenfalls auf der Verhaltensebene dazu, die wechselseitigen Beziehungen nicht an tradierten formellen Abgrenzungskriterien, die im wesentlichen Ausdruck des Gedankens der Abgeschlossenheit des einzelnen Staates sind, auszurichten.

Die Grenze der zulässigen Druckausübung wird demgemäß nicht automatisch dort gezogen, wo von der Materie her eine innere Angelegenheit des anderen Staates betroffen wird — durch diese Betroffenheit wird die Einwirkung vielmehr auf der objektiven Ebene erst zum Druck. Die durch die Existenz einer völkerrechtlichen Regelung gezogene Grenze des Bereichs der eigenen Angelegenheiten wird neben der Vor-

---

[213] Siehe oben S. 135.

[214] Siehe oben S. 107.

gabe durch die materielle Regelung durch die mehr dem Verfahren gewidmete Einzelfallgerechtigkeitsregelung modifiziert. Beide Arten völkerrechtlicher Regelungen müssen für die Beantwortung der Frage der Grenze des Interventionsverbotes einander ergänzend herangezogen werden. Erst die Gesamtschau beider Komponenten eröffnet den Blick auf die Grenzen der zulässigen Beeinflussung im Einzelfall.

Es kann somit bei der traditionellen Formel bleiben, daß das Interventionsverbot den Eingriff in die eigenen Angelegenheiten eines anderen Staates verbietet. Diese eigenen Angelegenheiten werden auch weiterhin durch die Existenz der vorhandenen völkerrechtlichen Regelungen bestimmt und sind als variabel anzusehen, entsprechend dem Stand der völkerrechtlichen Entwicklung. Diese Flexibilität bezieht sich aber nicht nur auf die zeitliche Dimension. Selbst zu einem konkreten Zeitpunkt X, zu dem man den generell substantiellen Bestand an völkerrechtlichen Regelungen — wie auch immer ermittelt — als feststehend ansehen kann, wird im Einzelfall die Reichweite der „eigenen Angelegenheiten" durch das Erfordernis der Verhältnismäßigkeit variabel gehalten. Als Ausdruck des wechselseitigen Interessenausgleiches begrenzt die individuel substantielle völkerrechtliche Regel der Verhältnismäßigkeit im Einzelfall die Reichweite der eigenen Angelegenheiten und modifiziert so den Bereich, der von den generell substantiellen völkerrechtlichen Regelungen dem Staat zur ausschließlichen Regelung belassen wurde.

Diese Betrachtungsweise baut auf der Erkenntnis auf, daß die Differenzierung zwischen generell substantiellen und individuell substantiellen völkerrechtlichen Regelungen zwar von der von ihnen betroffenen Regelungsmaterie her erhebliche Unterschiede aufweist — die Regelungen z. B. der Rechte und Pflichten der Staaten für eine Vielzahl von Fällen bzw. die Ausbalancierung der wechselseitigen Interessen im konkreten Einzelfall. Diese Differenzierung ändert aber nichts an ihrem gemeinsamen grundsätzlichen Charakter als völkerrechtliche Regelungen, die den dem Staat vorbehaltenen Bereich seiner „eigenen Angelegenheiten" von außen begrenzen, sei es abstrakt für eine Vielzahl von Fällen, sei es konkret in dem zur Entscheidung anstehenden Fall. Erst das Zusammenwirken zwischen beiden Komponenten kann für den Einzelfall die Grenze der vom Völkerrecht zugelassenen Einwirkung auf den jeweiligen Staat bestimmen.

Dies gilt insbesondere für den hier zu untersuchenden Fall, in dem der als objektives Tatbestandsmerkmal erforderliche „Druck" eine Einwirkung auf diejenigen Angelegenheiten voraussetzt, die den Staat etwas angehen, die, nach den generellen substantiellen völkerrechtlichen Regelungen beurteilt, dem Staat zur eigenen Regelung belassen sind. Das endgültige Urteil über die mögliche Völkerrechtswidrigkeit einer solchen Druckausübung wird dann durch die Betrachtung der Frage gefällt, ob die gegebene Druckausübung auf der Ebene der individuellen substantiellen Regelungen den dabei gestellten Anforderungen genügt. Zur Beantwortung dieser Frage ist dann für den Einzelfall eine Untersuchung der Berechtigung der wechselseitigen Souveränitätsansprüche erforderlich.

(b) Ausgestaltung des Verhältnismäßigkeitsprinzips in seiner Anwendung auf das Interventionsverbot

Faßt man die in dem vorangegangenen Abschnitt dargestellte Bedeutung des Verhältnismäßigkeitsprinzips zusammen, so bietet sich dem Betrachter das Bild einer an der Gerechtigkeit orientierten materiellen Ausgleichsnorm, die sowohl auf die Aktion als auch auf die Reaktion der betroffenen Staaten einen mäßigenden Einfluß ausübt und die Berechtigung der jeweiligen Handlungsansprüche zueinander in Beziehung setzt. Die Schwierigkeit bei diesem Verhältnismäßigkeitskriterium besteht vor allem darin, wie die Wertigkeit der jeweiligen Maßstäbe zu messen ist, wie der Maßstab angelegt werden kann. Insbesondere steht in dem Bereich des Interventionsverbotes keine mathematische Umrechnungsformel zur Verfügung, mit deren Hilfe im *North Sea Continental Shelf Case* die Länge der Küsten in ein Verhältnis zu dem zu beanspruchenden Teil des dazugehörigen Festlandsockels gesetzt werden konnte. Es müssen demgemäß andere Kriterien herangezogen werden. Bei den dabei vorzunehmenden Wertungen muß als Grundlage beachtet werden, daß — wie gezeigt — mit dem Interventionsverbot keinesfalls jegliche Einflußnahme verboten werden soll. Diese zulässige Einflußnahme darf indes nicht so weit gehen, daß die souveräne Gleichheit unter den Staaten — verstanden als Gleichheit vor dem Recht — gefährdet wird.

Als erstes Kriterium zur Ausfüllung des Verhältnismäßigkeitsmaßstabes sei hier in der folgenden — nicht abschließenden — Liste das Kriterium der Konnexität angeführt. Als Anforderung der sachlichen Verbundenheit zwischen dem erlittenen Akt und der daraufhin erfolgenden Reaktion wird dieses Erfordernis diskutiert unter dem Aspekt, ob „der Berechtigte dem Rechtsbrecher ... mit gleicher Münze heimzahlen" darf, oder ob er sich anderer Mittel bedienen muß.[215] Für den Bereich der Repressalie wird eine solche Regelung abgelehnt[216] und dem Betroffenen freigestellt, auf erlittenes Unrecht auf einem anderen Gebiet zu

[215] *Dahm* (Anm. 47), S. 431.

[216] *Wengler* (Anm. 16), S. 517—519; *Tomuschat* (Anm. 189), S. 183; *Dahm* (Anm. 47), S. 431; *L. Oppenheim/H. Lauterpacht*, International Law, Bd. 1: Peace, 8. Aufl., London/New York/Toronto 1955, S. 139; *Verdross/Simma* (Anm. 59), S. 907.

reagieren. Auch für die Retorsion wird eine solche sachliche Begrenzung der möglichen Gegenmaßnahmen häufiger abgelehnt.[217]

Mit dem Erfordernis der sachlichen Konnexität wird der Bereich der möglichen wirtschaftlichen Druckmittel zur Erreichung eines bestimmten politischen Erfolges zwar erheblich eingeschränkt. Bei der Ausübung wirtschaftlichen Druckes steht aber für sich genommen auch nicht die Reaktion auf einen vorangegangenen unfreundlichen Akt oder eine Völkerrechtsverletzung im Vordergrund, die unter dem Gesichtspunkt der Sanktion für vorangegangenes Verhalten eine breite Palette von Reaktionsmöglichkeiten offenläßt. Vielmehr handelt es sich um die Beurteilung einer Aktion im Hinblick auf die sich daraus möglicherweise ergebenden Folgen bei dem betroffenen Staat. Einerseits sollte die Palette der Möglichkeiten zur Druckausübung nicht zu eng auf den zu erzielenden Erfolg eingeschränkt und dem druckausübenden Staat schon von der Materie her — unabhängig von den Folgen seiner Handlung im übrigen — seine ohnehin angesichts der geringen Erfolgsaussichten beschränkten Handlungsmöglichkeiten zusätzlich entzogen werden. Andererseits sollte der betroffene Staat vor der Beeinträchtigung durch sachfremde Erwägungen geschützt werden. Es erscheint daher gerechtfertigt — mit *Kewenig*[218] — nicht eine feste Regel, sondern die Vermutung aufzustellen: „je schwächer die sachliche Konnexität zwischen dem eingesetzten wirtschaftlichen Druckmittel und dem beabsichtigten politischen Erfolg ist, um so stärker spricht die Vermutung für einen interventionsrelevanten Sachverhalt."

Die Funktion eines solchen Kriteriums liegt darin, daß zur Durchsetzung einer berechtigten Druckausübung der betroffene Staat vor sachfernen Einflußnahmen geschützt wird, der Ablauf innerstaatlicher Vorgänge außerhalb der kontroversen Situation möglichst unbehelligt bleibt. Für den handelnden Staat würde darüberhinaus zwar die gesamte Palette an Möglichkeiten zur Druckausübung offenstehen, wobei er sich, um in dem Gesamturteil nicht die Grenze zur Unzulässigkeit zu überschreiten, mit seinen Maßnahmen möglichst eng an den zu beeinflussenden Politikbereich halten sollte. Das Kriterium der Konnexität wirkt insofern als Maßstab bei der Auswahl zwischen mehreren im übrigen gleichwertigen Druckmitteln.

Das Merkmal der Verbundenheit, daß eben unter dem Stichwort „Konnexität" diskutiert wurde, hat noch einen zweiten Aspekt, der in dem Erfordernis der Verbundenheit des angestrebten Zieles mit dem handelnden Staat besteht. Die prinzipielle Zulässigkeit der Druckaus-

---

[217] *Tomuschat*, ebenda; *Karl Josef Partsch*, Retorsion, in: *Strupp/Schlochauer*, WVR III, S. 110.

[218] *Kewenig* (Anm. 5), S. 16.

übung zwischen Staaten findet ihre Rechtfertigung in den Gegebenheiten der Interdependenz und dem Mangel einer funktionsfähigen zentralen Rechtsdurchsetzungsinstanz. Dem Staat, der ein Anliegen gegenüber einem anderen Staat hat, muß indes die Möglichkeit gegeben sein, diesem Anliegen Nachdruck zu verleihen. Voraussetzung ist, daß der handelnde Staat von der angestrebten Politikänderung des Zielstaates überhaupt betroffen ist. Mit diesem Kriterium soll verhindert werden, daß ein Staat die eigene Zielsetzung der Politik in einem anderen Land zu beeinflussen sucht, obwohl diese keine inhaltliche Verbindung zu den eigenen Problemstellungen aufweist. Die sich aus der Interdependenz ergebende Verknüpfung zwischen zwei Staaten darf nur innerhalb dieser Beziehung verwendet und nicht dazu mißbraucht werden, darüberhinausgehende Ziele zu verfolgen. Die geforderte Betroffenheit ist jedenfalls dann vorhanden, wenn der handelnde Staat die Änderung der Politik gegenüber sich selbst anstrebt. Darüberhinaus ist diese Betroffenheit dann anzunehmen, wenn es sich bei dem angestrebten politischen Verhalten um eine Maßnahme von allgemeinem Interesse handelt, die Maßnahme *erga-omnes* Charakter hat.

Die Existenz von Rechtsgebieten mit *erga-omnes* Charakter wurde von dem Internationalen Gerichtshof in dem *Barcelona-Traction* Fall anerkannt.[219] Bezeichnet werden damit insbesondere im Zusammenhang mit dem Recht zur Ausübung einer Repressalie solche Normen, deren Verletzung auch Dritte berechtigt, gegen den Verletzer der Norm im Wege der Repressalie vorzugehen.[220] Die Anerkennung des *erga-omnes* Charakters einzelner völkerrechtlicher Normen erfolgt in der Erkenntnis, daß es eine Reihe von völkerrechtlichen Normen gibt, deren Verletzung „The Concern of all States" sei. Wie die völkerrechtliche Praxis der jüngsten Zeit zeigt, gehören zu diesen Normen nicht nur das Verbot der Aggression, des Genozids und die grundlegenden Rechte der menschlichen Person einschließlich des Schutzes vor Sklaverei und rassischer Diskriminierung[221]. Das Recht zum Ergreifen von Repressalien durch Dritte wurde auch in Anspruch genommen bei dem grundlegenden Verstoß gegen das Diplomatenrecht anläßlich der Geiselnahme in Teheran[222], der Ausrufung des Kriegsrechts in Polen Ende 1981[223], bei Maßnahmen

219 I.C.J. Reports 1970, S. 32, *paras 33, 34.*

220 *Michael Akehurst,* Reprisals by Third States, in: BYIL 44 (1970), S. 1—18; *Jochen Abr. Frowein,* Die Verpflichtung erga-omnes im Völkerrecht und ihre Durchsetzung, in: FS Mosler, S. 241—262; *Verdross/Simma* (Anm. 59), S. 907—909.

221 I.C.J. Reports 1970, S. 32, para. 34. Siehe insbesondere zu der Frage, wie der Verweis des IGH auf die „basic rights of the human person" zu verstehen sein: *Frowein* (Anm. 220), S. 243—244.

222 *Case Concerning United States Diplomatic and Consular Staff in Teheran,* I.C.J. Reports 1980, S. 42—43, *para.* 92; siehe dazu: *Frowein* (Anm. 220), S. 244.

223 Siehe dazu *Klaus Bockslaff,* The Pipeline Affair of 1981/82. A Case History, in: GYIL 27 (1984), S. 28—37 (29).

im Zusammenhang mit Flugzeugentführungen[224] und bei den im Falklandkonflikt gegen Argentinien verhängten Wirtschaftsbeschränkungen.[225] Es kann im vorliegenden Zusammenhang dahinstehen, ob sich der *erga-omnes* Charakter der fraglichen Normen aus ihrer Eigenschaft als *ius cogens* ergibt und nur in diesem Fall vorliegen kann.[226] Jedenfalls ist es zur Beurteilung der Frage der Rechtmäßigkeit der Druckausübung mit wirtschaftlichen Mitteln erforderlich, daß der handelnde Staat von dem vom Zielstaat angestrebten Verhalten betroffen ist, sei es nun, daß ihn die erstrebte Verhaltensweise direkt betrifft, sei es, daß es sich bei dem angestrebten Verhalten um die Erfüllung einer *erga-omnes* Verpflichtung handelt. In dieser letzteren Konstellation muß im konkreten Einzelfall der Charakter der angestrebten Maßnahme als Erfüllung einer *erga-omnes* Verpflichtung nachgewiesen werden. Ein Verstoß gegen das Kriterium der Betroffenheit macht den Einsatz der verwendeten Druckmittel gegenüber dem Zielstaat unverhältnismäßig und damit rechtswidrig.

Dienten die bisherigen Kriterien zur Bestimmung der — um der Diktion des deutschen Verfassungsrechts zu folgen — „Verhältnismäßigkeit im weiteren Sinne", soll im folgenden die Verhältnismäßigkeit im engeren Sinne näher untersucht werden. Versucht man die für diese Beurteilung zugrundegelegte Relation zwischen dem eingesetzten Mittel und dem angestrebten Zweck zusammen mit dem damit verbundenen Wertevergleich näher zu bestimmen, so soll auf seiten des handelnden Staates zunächst gefragt werden, ob das eingesetzte Mittel in seiner konkreten Einwirkungsintensität auf den betroffenen Staat adäquat ist der Bedeutung, die die Erreichung des Zieles für den handelnden Staat hat. Mit diesem Kriterium wird verhindert, daß der handelnde Staat selbst bei Berücksichtigung der Bedeutung, die er dem angestrebten Ziel beimißt, nicht mit solchen Maßnahmen auf den betroffenen Staat einwirkt, die in einem weit darüber hinausgehenden Maße auf dessen Souveränität einwirken. Insofern ist die Intensität der Einwirkung zwar zulässigerweise so hoch zu bemessen, wie die Maßnahme erfolgversprechend erscheint. Sie darf aber nicht über die der Bedeutung des angestrebten Erfolges angemessene Intensität hinausgehen, so daß als eigentliches Ziel der Maßnahme nicht die Beeinflussung, sondern die Unterwerfung des Staates erscheint.

Knüpft das vorangegangene Kriterium an die subjektive Einschätzung von der Notwendigkeit der Intensität einer Maßnahme im Verhältnis zur Bedeutung für den handelnden Staat an, so ist als nächster Schritt

---

[224] *Frowein* (Anm. 220), S. 252.

[225] Siehe oben S. 26.

[226] *Frowein* (Anm. 220), S. 242—243.

die Bedeutung des Erfolges der Maßnahme in Verhältnis zu setzen zu der Bedeutung, die berechtigterweise der betroffene Staat ihrem Ausbleiben beimißt. Hat der betroffene Staat berechtigterweise ein größeres Interesse an der Beibehaltung des fraglichen Zustandes, so würde die gleichwohl erfolgende Anwendung von wirtschaftlichen Druckmitteln ihn dazu veranlassen, aus diesen externen Gründen seinem eigenen Gestaltungswillen nicht zu folgen. Die Notwendigkeit zur Gegenüberstellung der Bedeutung der wechselseitigen Regelungsinteressen ergibt sich aus der der gesamten Konzeption zugrundeliegenden Vorstellung der konkurrierenden Souveränitätsansprüche. Nach einem objektiven Maßstab muß dabei die Vorrangigkeit des Einwirkungsinteresses vor dem Erhaltungsinteresse bemessen werden. Die Berechtigung dieser Interessen bzw. ihre Bedeutung für die beteiligten Staaten sind dabei sehr schwierig zu gewichten.

Eine abstrakte Regel dafür aufzustellen, dürfte kaum möglich sein. Im Zuge der Entwicklung des Völkerrechts zu einer zunehmend wertsetzenden Ordnung — ein Prozeß, der maßgeblich durch die einschlägigen Resolutionen und Deklarationen, insbesondere die Friendly-Relations-Declaration, erfolgt — entstehen Maßstäbe, die die Lokalisierung einer bestimmten Frage in der Bedeutungsskala für den einzelnen Staat, insbesondere im Vergleich mit der Bedeutung der entgegenstehenden Frage bei einem anderen Staat, erlauben. Bildlich gesprochen, könnte der erforderliche Vergleich darin bestehen, die Nähe der jeweiligen Frage zum Leitungs- und Steuerungszentrum des Staates zu untersuchen und daraus einen Schluß auf die Bedeutung der Frage für den jeweiligen Staat zu ziehen.

Als letztes Kriterium für die Beurteilung der Verhältnismäßigkeit ist schließlich, wenn alle vorangegangenen Prüfungen durchlaufen worden sind, zu fragen, ob der legitimerweise angestrebte Erfolg verhältnismäßig ist in Bezug zu dem drohenden Schaden in dem betroffenen Land. Das Erfordernis einer solchen Beziehung muß die sinnvolle Anforderung in Ausgleich bringen, daß dem betroffenen Land für den Fall der Nichtbefolgung der angestrebten Verhaltensweise durch die Inaussichtstellung eines Schadens ein Entscheidungsdruck in Richtung auf das angestrebte Verhalten erzeugt wird. Der drohende Schaden darf allerdings nicht die Bedeutung des legitimerweise angestrebten Erfolges in unverhältnismäßiger Weise übersteigen. Als Beispiel mag hier die Entziehung von Entwicklungshilfe dienen, mit der z. B. ein größeres Strukturprogramm für die landwirtschaftliche Entwicklung und die Versorgung mit Lebensmitteln für ganze Bevölkerungsteile verbunden ist, für das von dem betroffenen Staat möglicherweise schon erheblich Eigenleistungen erbracht worden sind. Wenn diese Entziehung der Entwicklungshilfe, auf die grundsätzlich kein Anspruch besteht,[227] angedroht wird, um den betroffenen Staat zu einem gegenüber dem drohenden Schaden unverhältnismäßig unbedeutenden Erfolg zu veranlassen, so würde es zu einem Mißverhältnis zwischen dem angestrebten Erfolg und dem drohenden Schaden kommen. Die Verwendung der Mittel, die sich für den handelnden Staat aus seiner wirtschaftlichen Macht unter den Bedingungen der Interdependenz ergeben, darf nicht dazu verwendet werden, um aus einem nichtigen Anlaß einen anderen Staat zu einem Verhalten dadurch zu veranlassen, daß überragende Belange des Staates anderenfalls geschädigt werden.

III. Zwischenergebnis

Gemäß dem soeben entwickelten Katalog der Tatbestandsvoraussetzungen des Interventionsverbotes besteht dieser aus folgenden Elementen:

Insgesamt unterteilen sich die Voraussetzungen in zwei Hauptgruppen, den sog. *konstitutiven* und den *ausfüllungsbedürftigen* Tatbestandsmerkmalen.

Die Erfüllung der konstitutiven Merkmale ist dabei erforderlich, um überhaupt Anlaß zur Prüfung des Interventionstatbestandes zu haben. Sie bestehen aus dem Erfordernis des objektiven Vorliegens von *Druck* auf einen anderen Staat, verbunden mit dem subjektiven *Änderungswillen* des handelnden Staates bezogen auf den politischen Entscheidungsprozeß in dem betroffenen Staat.

Im Rahmen des ausfüllungsbedürftigen Tatbestandes ist zunächst zu fragen, ob ein Verlust an Staatlichkeit des betroffenen Staates eingetreten ist. Sofern dieser *Erfolg* nicht eingetreten ist — und dies scheint mit wirtschaftlichen Mitteln auch kaum möglich —, kann sich das Unwerturteil der Intervention auch aus der *Beeinflussungshandlung* selbst ergeben. Dazu ist erforderlich, daß eine Beeinträchtigung der „eigenen Angelegenheiten" eines Staates wegen des *Zieles* der Maßnahme oder dem eingesetzten *Mittel* rechtswidrig erscheint. Zur Beurteilung der Rechtmäßigkeit der eingesetzten Mittel ist dann der grundlegende Gedanke der Notwendigkeit des Ausgleiches konkurrierender Souveränitätsansprüche heranzuziehen. Er findet seinen Ausfluß in dem völkerrechtlichen *Verhältnismäßigkeitsprinzip*. Dieses Prinzip wird näher ausgefüllt durch das Kriterium der *Konnexität*, der Betroffenheit des han-

---

[227] *Bryde* (Anm. 4), S. 242. Ein weiteres Beispiel für die Unverhältnismäßigkeit im Hinblick auf die Folgen zeigt *Stephen C. Neff*, The Law of Economic Coercion: Lessons From the Past and Indications of the Future, in: Col. J. Transnat'l L. 20 (1981), S. 411—437 (436) auf, wenn er es als unverhältnismäßig bezeichnet, ein Getreideembargo zu verhängen, das eine weiterverbreitete Hungersnot in dem Zielstaat zur Folge hat.

delnden Staates von dem Verhalten des Zielstaates (Verhältnismäßigkeit im weiteren Sinn) sowie verschiedener Kriterien zur Bestimmung der Verhältnismäßigkeit im engeren Sinn. Dazu gehören die *Adäquanz* des eingesetzten Mittels in Bezug auf das angestrebte Ziel, die *Bedeutung*, die der handelnde Staat dem Erreichen des Zieles beimißt in Bezug gesetzt zu der Bedeutung, die der betroffene Staat berechtigterweise seinem Ausbleiben beimißt sowie schließlich das *Verhältnis* zwischen dem angestrebten *Erfolg* in Bezug zu dem drohenden *Schaden* in dem betroffenen Land.

Durch die soeben dargestellten Regeln wird letztlich der Bereich abgesteckt, innerhalb dessen der betroffene Staat eine Einwirkung von außen im Einzelfall nicht mehr dulden muß.

Kapitel 4: Die Funktionsweise des Kataloges der Tatbestandsmerkmale des Interventionsverbotes

Anhand des soben entwickelten Katalogs von Tatbestandsmerkmalen soll im folgenden die Frage untersucht werden, inwieweit das Verhalten der Vereinigten Staaten im Zusammenhang mit dem Erdgasröhrengeschäft[1] als eine Intervention in die eigenen Angelegenheiten der betroffenen westeuropäischen Staaten anzusehen ist. Der Versuch der Beantwortung dieser am Anfang der vorliegenden Arbeit gestellten Frage erscheint besonders interessant, weil hier die Vereinigten Staaten mit dem Mittel der nationalen Exportbeschränkungen[2] versuchten, ihre eigenen politischen Vorstellungen durch die Inanspruchnahme von in Europa angesiedelten Gesellschaften und deren mit der Sowjetunion geschlossenen Verträgen durchzusetzen. Es entsteht damit einerseits das auch in der Vergangenheit[3] aufgetretene Phänomen des Anspruchs

---

[1] Auf eine Darstellung des Tatbestandes des Erdgasröhrengeschäfts soll hier angesichts verschiedener ausführlicher Zusammenfassungen verzichtet werden. Siehe dazu insbesondere: *Claudia Wörmann,* Osthandel als Problem der Atlantischen Allianz, Bonn 1986, S. 157 ff.; *Patrizio Merciai,* The Euro-Siberian Gas Pipeline Dispute — A Compelling Case For The Adoption of Jurisdictional Codes of Conduct, in: MD. J. Int'l. L. & Trade, 8 (1984), S. 1—47 (1—18); *Klaus Bockslaff,* The Pipeline Affair of 1981/82: A Case History, in: GYIL 27 (1984), S. 28—37.

[2] Rechtsgrundlage der amerikanischen Embargomaßnahmen im Zusammenhang mit dem Erdgasröhrengeschäft war der inzwischen abgelaufene Export Administration Act, U.S.C. app. 50, §§2401—2420, abgedruckt in: ILM 18 (1979), S. 1508—1524. Aufgrund der in diesem Gesetz enthaltenen Ermächtigung erließ der Präsident die verschiedenen Handelsbeschränkungen gegen die betroffenen Firmen durch Modifizierung der Export Administration Regulations, Fed. Reg. 47 (1982), S. 27250, bzw. 39708 ff., abgedruckt in: ILM 21 (1982), S. 864 ff. bzw. 1099 ff.

[3] Zu nennen sind insbesondere zwei Fälle, in denen im Jahre 1964 die Vereinigten Staaten versuchten, die französische Regierung zu beeinflussen. Um die Unterzeichnung des Atomwaffen-Teststop Vertrages vom 5. August 1963 (UNTS 480 [1963], S. 43—49) zu erreichen, verbot die amerikanische Regierung IBM-France, Computer an die französische Regierung zu verkaufen. Siehe dazu: *Geric Lebedoff/Caroline Raievski,* A French Perspective on the United States Ban on the Soviet Gas Pipeline Equipment, in: Tex. Int'l L. J. 18 (1983), S. 483—507 (486). Der andere Fall ist der berühmte *Fruehauf-Fall (Fruehauf Corp.* v. *Marsardy,* La Gazette du Palais, Paris, 1965 II, S. 86—90) in dem es um die extraterritoriale Anwendung des Trading with the Enemy Act of 1917 ging. *Fruehauf* (France) S. A., eine Tochterfirma der amerikanischen *Fruehauf* Corporation, wollte für den Verkauf von Lastwagen der französischen Firma *Berliet S. A.* in der Volksrepublik China die passenden Anhänger liefern. Als die amerikanische Muttergesellschaft die Befolgung des Verbotes des U.S. Handelsministeriums, den Vertrag zu erfüllen, anordnete, erwirkten die franzö-

auf extraterritoriale Geltung von nationalen Exportbeschränkungsmaßnahmen — ein aus anderen Rechtsbereichen bekanntes Problem.[4] Das Schwergewicht der lebhaften Diskussion über das Erdgasröhrengeschäft auf offizieller Ebene[5] und in der Literatur[6] lag dann auch in der Frage nach den völkerrechtlichen Grundlagen für die Ausübung der amerikanischen Jurisdiktion. Wesentliche Punkte der Erörterung bildeten dabei weniger das sonst heftig umstrittene Wirkungsprinzip oder das objektive Territorialprinzip. Die Diskussion konzentrierte sich vielmehr auf folgende Fragen:

Konnten die amerikanischen Maßnahmen darauf gegründet werden, daß

— entweder die beteiligten Firmen entsprechend der im amerikanischen Recht zur Bestimmung der Nationalität einer juristischen Person angewendeten Kontrolltheorie als amerikanische Firmen anzusehen sind[7]

sischen Minderheitsdirektoren der Firma einen Gerichtsbeschluß, in dem ein vorübergehender Verwalter eingesetzt wurde, der das Geschäft durchführte. Siehe dazu: *William Craig*, Application of the Trading with the Enemy Act to Foreign Corporations Owned by Americans: Reflections on Fruehauf v. Marsardy, in: Harv. L. Rev. 83 (1970), S. 579—601; *Harold J. Berman/John R. Garson*, United States Export Controls — Past, Present and Future, in: Col. L. Rev. 67 (1967), S. 791—890 (871—872) mit einer Reihe weiterer Beispiele; *Stanley J. Marcuss/Eric L. Richard*, Extraterritorial Jurisdiction in United States Trade Law: The Need for a Consistent Theory, in: Col. J. Trans L. 20 (1981), S. 439—483 (466).

[4] Genannt seien beispielsweise das Kartellrecht, das Börsenkontrollrecht, das Außensteuerrecht oder die Fusionskontrolle. Siehe dazu nur: *Werner Meng*, Völkerrechtliche Zulässigkeit und Grenzen wirtschaftsverwaltungsrechtlicher Hoheitsakte mit Auslandswirkung, in: ZaöRV 44 (1984), S. 675—783.

[5] Zu nennen ist hier insbesondere die Einreichung eines *aide-memoire* der EG, das am 12. August 1982 zusammen mit einem rechtlichen Kommentar dem U.S. Außenministerium mit der Bitte um Weiterleitung an das Handelsministerium übergeben wurde. Der Text ist abgedruckt in: *Lowe* (Hrsg.), Extraterritorial Jurisdiction, S. 197—211; GYIL 27 (1984), S. 554—562; ILM 21 (1982), S. 891—904. Für eine Darstellung der Entstehungsgeschichte dieser EG-Protestnote und einer rechtlichen Analyse siehe: *Pieter Jan Kuyper*, The European Community and the US Pipeline Embargo: Comments on Comments, in: GYIL 27 (1984), S. 72—96.

[6] Zusätzlich zu den bei *Bockslaff* (Anm. 1), Fn. 1 genannten Autoren siehe: *Meng* (Anm. 4), S. 678—682; *Merciai* (Anm. 1); *Arthur E. Appleton*, Dresser Industries: The Failure of Foreign Policy Trade Controls under the Export Administration Act, in: MD. J. Int'l L. & Trade 8 (1984), S. 122—143; *Kenneth W. Abbott*, Defining the Extraterritorial Reach of American Export Controls: Congress as Catalyst, in: Cornell Int'l L. J. 17 (1984), S. 79—158; *Duane D. Morse/Joan S. Powers*, U.S. Export Controls and Foreign Entities: The Unanswered Questions of Pipeline Diplomacy, in: VJIL 23 (1983), S. 537—567.

[7] Section 385. 2 (c) der im Erdgasröhrenfall einschlägigen U.S. Export Administration Regulations lautet:

„Person subject to the jurisdiction of the United States any partnership, association, corporation, or other organization, whereever organized or doing business, that is owned or controlled by

(i) Any person whereever located, who is a citizen or resident of the US;

— oder die Nationalität der verwendeten Güter bzw. Technologie einen gültigen Anknüpfungspunkt für amerikanische Maßnahmen darstellen[8]

— bzw. sich die Firmen vertraglich der Jurisdiktion der Vereinigten Staaten unterworfen haben.[9]

Diese Diskussion, die die Frage der extraterritorialen Anwendung nationaler Hoheitsakte „wie in einem Brennglas"[10] zusammenfaßt, soll hier trotz der damit verbundenen hochinteressanten Probleme nicht erneut aufgegriffen werden. Vielmehr soll dieser Sachverhalt unter der bisher wenig beachteten Fragestellung untersucht werden, ob eine unzulässige Interzession, eine Intervention in die eigenen Angelegenheiten der betroffenen europäischen Staaten vorliegt[11]. Dabei ist zunächst

---

(ii) Any person actually withen the US;

(iii) Any corporation organized under the law of the US or of any state, territory, possession, or destrict of the US; or

(iv) Any partnership, association, corporation, or other organization, whereever organized or doing business, that is owned or controlled by persons specified in paragraphs (i), (ii), or (iii) of this section.

Dieser Text, dem in ähnlicher Form z. B. auch die Schweiz folgt, hat in die Praxis internationaler Verträge Eingang gefunden in Art. 139 Abs. 1; 153 Abs. 2b Annex III Art. 4 Abs. 3 der neuen Seerechtskonvention. In den USA selbst allerdings wurde in dem jüngst entschiedenen Fall *Sumitomo Shoji America, Inc.* v. *Avagliano*, 457 US 176 (1982) die Tochterfirma eines japanischen Konzerns als amerikanische Gesellschaft angesehen und deswegen für verpflichtet gehalten, die amerikanischen Nichtdiskriminierungsgesetze zu befolgen. Siehe dazu im einzelnen: Recent Development-Civil Rights: Sumitomo Shoji America, Inc. v. Avaglino, in: Tex. Int'l L. J. 17 (1982), S. 517 ff.

[8] So das U.S. Handelsministerium in: U.S. Department of Commerce, Reply Appeal from initial decision of Hearing Commissioner denying motion to vacate temporary denial order, in the matter of Dresser (France) S.A. Respondent, submitted by *Sherman E. Unger*, General Counsel, S. 17.

[9] Ausgangspunkt für diesen Anspruch ist die in vielen Lizenzverträgen enthaltene Klausel, daß die Lizenznehmer verpflichtet sind, auch zukünftige amerikanische Ausfuhrbeschränkungen zu beachten. Diese Klausel lautete z. B. in dem Fall des Lizenzvertrages zwischen *General Electric* und der französischen Firma *Alsthom-Atlantique:*

> „to facilitate the furnishing of data under this agreement, *Alsthom* hereby gives its assurance in regard to any *General Electric* origin data that unless prior authorisation is obtained from the U.S. Office of Export Administration, *Alsthom* will not knowingly ... export to any country group any direct product of such technical data if such direct product is identified by the code letter A. *Alsthom* further undertakes to keep itself fully informed of the regulations (including amendments and changes thereto) and agrees to comply therewith."

(Abgedruckt in: „Breach of Contract", The Wall Street Journal, July 7, 1982.) Eine ähnliche Klausel ist abgedruckt bei: *Lebedoff/Raievski* (Anm. 3), S. 487, Fn. 27.

[10] *Meng* (Anm. 4), S. 680.

[11] Erhoben wurde der Vorwurf der unzulässigen Interzession in die eigenen Angelegenheiten, in: EG-Kommentar (Anm. 5), Kap. 10; *Marcuss/Richard* (Anm. 3), S. 479 (... is arguably a blatant interference with the political independence

festzustellen, daß Untersuchungsgegenstand nicht die Rechtmäßigkeit der Maßnahmen im Verhältnis zur Sowjetunion sind. Angesichts der Ereignisse in Polen könnten sie als Retorsion oder Repressalie wegen Verstoßes gegen eine *erga-omnes* Verpflichtung anzusehen sein[12]. Die Untersuchung soll ausschließlich auf das Verhältnis zwischen den USA und den betroffenen Staaten der EG als Drittstaaten eingehen.

I. Konstitutive Tatbestandsmerkmale

Untersucht man den Sachverhalt des Erdgasröhrengeschäfts auf die Frage, ob in ihm Elemente vorhanden sind, deren Verwendung durch die Vereinigten Staaten als die Ausübung von Druck gegenüber den betroffenen europäischen Regierungen anzusehen ist, so ist zunächst zu beachten, daß Ziel der amerikanischen Maßnahmen weniger die Regierungen als vielmehr die betroffenen europäischen Firmen waren. Der Tatbestand des Druckes selbst, d. h. ein Einsatz wirtschaftlicher Mittel, um durch die Inaussichtstellung eines wirtschaftlichen Nachteils bei dem Betroffenen unter Inkaufnahme eines eigenen wirtschaftlichen Verlustes auf den Willensbildungsprozeß bei dem Betroffenen Einfluß zu nehmen und ihn in eine von dem handelnden Land gewünschte Richtung zu lenken[13], war vorhanden. Dieser Druck bestand in dem Verbot der Ausfuhr der fraglichen Turbinen in die Sowjetunion unter Androhung des Entzuges der Exportprivilegien für die Zukunft. Gerichtet war er, zumindestens direkt, nur auf die betroffenen Firmen. Ziel der Maßnahmen waren nicht die jeweiligen Staaten. Gleichwohl wirkten sich die Maßnahmen insofern auf die betroffenen Staaten aus, als es zu deren eigenen Angelegenheiten gehört, die Verhaltensregeln für die zu ihnen gehörenden Wirtschaftsunternehmen selbst zu bestimmen. Insbesondere begaben sich die amerikanischen Maßnahmen in direkten Widerspruch zu der erklärten Politik der betroffenen Staaten. Dieses wird besonders daran deutlich, daß *Präsident Reagan* wenige Tage vor der Verhängung der Handelsbeschränkungen anläßlich des Weltwirtschaftsgipfels in Versailles versuchte, seine europäischen Partner zur Verhängung von Embargomaßnahmen in Bezug auf die abgeschlossenen Verträge zur Lieferung der Turbinen für die Erdgasleitung zu bewegen[14] — ohne Erfolg. Zwar handelte es sich bei den Verträgen, die im Zusammenhang

---

of those states), eine Andeutung in diese Richtung findet sich bei *Karl M. Meessen*, Extraterritoriality of Export Control: A German Lawyer's Analysis of the Pipeline Case, in: GYIL 27 (1984), S. 97—108 (107—108); zweifelnd: *Kuyper* (Anm. 5), S. 89—90.

[12] Ähnlich *Kuyper* (Anm. 5), S. 89, der sogar die Möglichkeit einer Intervention in diesem Verhältnis erwähnt.

[13] Siehe *Bockslaff* (Anm. 1).

[14] Siehe dazu AdG 52 (1982), S. 25674.

mit dem Erdgasröhrengeschäft zwischen dem westeuropäischen Firmenkonsortium unter der Leitung der französischen Firma *Creusot-Loire S.A.* und der deutschen Gesellschaft *Mannesmann Anlagenbau AG* mit der sowjetischen Handelsfirma *V/O Machinoimport* geschlossen worden waren, um privatrechtliche Verträge[15]. Das auf privatrechtlicher Ebene abgeschlossene und inzwischen durchgeführte Geschäft war wesentlicher Bestandteil des mit erheblicher politischer Anteilnahme und Unterstützung zustandegekommenen Erdgaspipelineprojekts, bei dem die Bezahlung für die durch die westeuropäischen Firmen erbauten technischen Anlagen durch die Lieferung von Erdgas aus Sibirien erfolgen sollte. Als solches war das Geschäft Bestandteil einerseits der westeuropäischen Außenpolitik gegenüber der UdSSR und andererseits der Bemühungen um eine Diversifizierung der zu einem hohen Anteil von Erdöleinführung aus arabischen Ländern abhängigen Energieversorgung Westeuropas[16]. Die privatrechtlichen Verträge waren somit eingebettet in politische Vorgaben und Ausdruck eines staatlichen Gestaltungswillens. Der unmittelbare Druck auf die betroffenen Firmen stellte sich mittelbar auch als Druck auf die politischen Entscheidungen der betroffenen Staaten dar.

Mittels der Exportbeschränkungen bemühte sich die Regierung der Vereinigten Staaten, das von ihr schon über eine lange Zeit, und zwar damals noch unabhängig von der Entwicklung in Polen abgelehnte[17], Erdgasgeschäft zu verhindern oder doch wenigstens zu verzögern. Insofern bestand und besteht ein grundsätzlicher Konflikt zwischen den in den USA und Westeuropa vertretenen Auffassungen über die Gestaltung der Außenhandelspolitik gegenüber dem Ostblock und insbesondere gegenüber der UdSSR. In diesen Konflikt griff die amerikanische Exekutive aus Anlaß der Verhängung des Kriegsrechts in Polen am 13. Dezember 1981 mit den Maßnahmen gegen bestehende privatrechtliche Verträge ein. Der Regelungskonflikt wird insbesondere daran deutlich, daß die EG sich angesichts der Verhängung des Kriegsrechts entschlossen hatte, die Einfuhr verschiedener Produkte aus der UdSSR, nicht aber die Ausfuhr in die UdSSR zu beschränken.[18] Durch die ergrif-

---

[15] Nähere Einzelheiten zu den vertraglichen Konstruktionen bei *Bockslaff* (Anm. 1), S. 29—32.

[16] Nähere Einzelheiten für die Energieversorgung Westeuropas bei: *Merciai* (Anm. 1), S. 4, Anm. 15.

[17] Das gesamte Projekt geht zurück auf ein ähnliches Geschäft, das zwischen der Sowjetunion und den Vereinigten Staaten unter dem Namen „Northstar" geplant, das später aber wegen politischer Bedenken auf Seiten der Amerikaner nicht durchgeführt worden ist. Siehe dazu: *Axel Lebahn*, Die „Jamal-Erdgasleitung" UdSSR-Westeuropa im Ost-West-Konflikt, in: Außenpolitik 34 (1983), S. 256—280 (263); *Wörmann* (Anm. 1), S. 93.

[18] Verordnung Nr. 596/82 des Rates vom 15. 3. 1982, ABl. EG 1982, L 72 vom 16. 3. 1982.

fenen Maßnahmen der USA sollten die betroffenen, in Westeuropa inkorporierten Firmen, die zudem zum größten Teil nicht, anders als z. B. *Dresser (France) S.A.*, Tochterfirmen amerikanischer Muttergesellschaften waren[19], gezwungen werden, sich den politischen Vorstellungen der amerikanischen Regierung zu beugen und nicht der Politik ihrer Gastgeberländer zu folgen. „E.C. companies are pressed into service to carry out U.S. trade policy towards the U.S.S.R."[20]. Mit diesem Verhalten wurde auf die betroffenen Staaten und auch die EG selbst Druck ausgeübt. Sie wurden durch die ergriffene Einflußnahme auf die in ihren Territorien gegründeten und registrierten Firmen vor die Wahl gestellt, entweder den Verlust ihres aus ihrer Souveränität fließenden Rechts hinzunehmen, die gegenüber den Firmen und dem Ausland zu befolgenden Politik selbst zu bestimmen, oder sich der amerikanischen Politik anzuschließen und entsprechende Maßnahmen zu verhängen.

Die Betroffenheit der beteiligten Länder und ihr Wille zur eigenständigen Gestaltung ihrer auswärtigen Beziehungen gegenüber der Sowjetunion, auch über das Mittel der Unterstützung privatrechtlicher Verträge zur Ausfüllung dieser politischen Entscheidungen, zeigt sich deutlich an dem Verhalten auf nationaler und europäischer Ebene. Insbesondere Frankreich, Großbritannien, Italien und die Bundesrepublik Deutschland reagierten deutlich auf die Verhängung der Embargomaßnahmen der Vereinigten Staaten. In einer ersten Stellungnahme erklärte die britische Regierung, daß die veränderte Export Administration Regulation die Handelsinteressen des Vereinigten Königreiches verletzten.[21] Damit schaffte der britische Außenminister die Voraussetzungen, um auf der Grundlage des Protection of the Trading Interests Act 1980[22]

---

[19] *Dresser (France) S.A.* ist eine nach französischem Recht begründete Gesellschaft. Ihre Aktien gehören, von wenigen Ausnahmen abgesehen, der Liechtensteiner Gesellschaft *Dresser A.G. (Vaduz)*, die wiederum eine 100%ige Tochtergesellschaft von *Dresser Industries*, mit dem Sitz in Dallas, Texas, ist. Siehe dazu: Post-Hearing Brief of U.S. Department of Commerce, In the matter of Dresser (France) S.A., Responent, submitted by *Sherman E. Unger*, S. 46.

[20] EG-Kommentar (Anm. 5), Kap. 10; dazu: *Kuyper* (Anm. 5), S. 83—84.

[21] The Protection of Trading Interests (US Reexport Control) Order 1982, Statutory Instruments 1982 No. 885, 30 June 1982, abgedruckt in: ILM 21 (1982), 852 und *Lowe*, Extraterritorial Jurisdiction, S. 193. Insbesondere zur britischen Reaktion im Erdgasröhrenkonflikt siehe: *A. V. Lowe*, International Law Issues Arising in the „Pipeline" Dispute: the British Position, in: GYIL 27 (1984), S. 54—71 (67—71).

[22] 1980 Chapter 11, abgedruckt in: ILM 21 (1982), S. 834—839 und bei *Lowe*, Extraterritorial Jurisdiction, S. 187—192. Dieses Gesetz begründet weitreichende Maßnahmen, die extraterritoriale Anwendung nationaler Hoheitsakte fremden Staaten zu „blocken" und ermöglicht in seinem Kap. 6 die Rückforderung solcher Beträge, die ein Beklagter aufgrund des im amerikanischen Kartellrecht verankerten Prinzips des dreifachen Schadensersatzes in einem Verfahren in den U.S.A. zu zahlen hat. Näheres zu diesem Gesetz bei: *A. Kapranos Huntley*, The Protection of Trading Interests Act 1980 — Some Jurisdictional Aspects of Enforcement of Antitrust Laws, in: I.C.L.Q. 30 (1981), S. 213—233; *A. V. Lowe*,

den von den Erdgasröhrenmaßnahmen betroffenen britischen Firmen zu verbieten, den amerikanischen Beschränkungen nachzukommen.[23] Die französische Regierung beschlagnahmte die für die Erdgasleitung hergestellten Produkte und verschiffte sie in Erfüllung der bestehenden privatrechtlichen Verträge.[24] Während die italienische Regierung erklärte, daß die Verträge erfüllt werden würden, ermutigte die Regierung der Bundesrepublik Deutschland die Gesellschaften, ihren vertraglichen Verpflichtungen nachzukommen.[25] Auf der EG-Ebene kam es in seltener Geschlossenheit zur Überreichung der erwähnten EG-Protestnote, die bisher eine der wesentlichen Stellungnahmen der EG auf völkerrechtlichem Gebiet darstellt.[26]

Diese Reaktionen zeigen, daß die westeuropäischen Staaten nicht gewillt waren, sich das „Wie" der Gestaltung ihrer Politik gegenüber der Sowjetunion — bei allen grundsätzlichen Übereinstimmungen mit den USA in deren Ansicht über die Situation in Polen — von den Vereinigten Staaten aufdrängen zu lassen. Zudem wird die privatrechtliche Rechtsnatur der geschlossenen Verträge aber durch eine staatenrechtliche Komponente insofern ergänzt, als der das Dach der gesamten vertraglichen Konstruktion bildende Kompensationsvertrag für den Ausgleich der Lieferungen „Technik gegen Gas", jedenfalls von der sowjetischen Seite, von der Bestätigung durch die betroffenen Regierungen abhängig gemacht wird, um so durch die Einbindung der betroffenen Staaten eine zusätzliche Sicherheit zu erreichen.[27] Insofern sind auch die beteiligten Staaten über die entsprechenden Regierungsabkommen eingebunden und als Vertragspartner direkt von den amerikanischen Maßnahmen betroffen. Der Eingriff in die bestehenden privatrechtlichen Ver-

---

Blocking Extraterritorial Jurisdiction — The British Protection of Trading Interests Act, 1980, in: AJIL 75 (1981), S. 257—282.

[23] Diese Anordnungen werden nicht veröffentlicht, aber verkündet. Siehe dazu: House of Lords Official Reports (5th series), 434, 544—545, 2. August 1982 (zitiert bei *Lowe* [Anm. 20]), S. 68.

[24] Die französische Regierung stützte ihre Maßnahmen auf die Ordonnance no. 59/63 vom 6. Januar 1959, relative aux requistions de biens et de services, Dalloz 1959, S. 212; Dalloz Bulletin Legislatif 1959, S. 364. Siehe dazu: *Jürgen Basedow*, Das amerikanische Pipeline Embargo vor Gericht, in: RabelsZ 47 (1983), S. 147—172 (152).

[25] In dem Recht der Bundesrepublik Deutschland fehlt es an einer gesetzlichen Regelung, die als Grundlage für Maßnahmen nach dem englischen oder französischen Vorbild fungieren könnte. Siehe dazu insbesondere *James M. Däubler*, US-Embargo und deutsches Unternehmensrecht, in: ZRP 15 (1982), S. 285—288, der eine an dem französischen Modell orientierte Lösung diskutiert.

[26] *Kuyper* (Anm. 5), S. 93: „It is the first time that the Community has taken such an explicit stance on a point of general customary international law".

[27] *Marshall L. Brown*, Soviet Reaction To The U.S. Pipeline Embargo: the Impact On Future Soviet Economic Relations With The West, in: MD.J.Int'l. L. & Trade 8 (1984), S. 144—155 (152, Fn. 43) mit Hinweis auf die sowjetischen Autoren *Maksimova* und *Boguslavski*.

träge beinhaltet die Ausübung von Druck auch auf die betroffenen westeuropäischen Staaten.

Das subjektive Element des konstitutiven Tatbestandsmerkmales des Interventionsverbotes setzt die mit Änderungsabsicht verbundene bewußte Inkaufnahme eines Schadens für den Fall des Ausbleibens der Willensänderung voraus. Für den Fall der Nichtbefolgung sahen die Amendments der Export Administration den Entzug der Exportprivilegien als eine der Rechtsfolgen vor. Damit griffen die Maßnahmen in die zwischen Westeuropa und Nordamerika besonders intensive technologische Verzahnung ein und gefährdeten über das Geschäft mit der Sowjetunion hinaus z. B. auch Turbinenlieferungsgeschäfte mit dritten Staaten. Der damit insgesamt verbundene wirtschaftliche Verlust, der sich im Falle eines endgültigen Scheiterns der Lieferungen wahrscheinlich durch sowjetische Schadensersatzansprüche noch wesentlich erhöht hätte[28], wurde von amerikanischer Seite ebenso in Kauf genommen wie der Schaden für die eigene Volkswirtschaft, der angesichts der Unsicherheit über die Beständigkeit von Lizenzverträgen mit amerikanischen Firmen entstanden ist oder noch entstehen wird.[29] Mit den ergriffenen Maßnahmen bezweckten die Vereinigten Staaten, die Lieferung u. a. der Turbinen für die Gasleitung in die Sowjetunion zu verhindern. Damit sollte — wenn schon eine Änderung der offiziellen Politik der westeuropäischen Staaten nicht zu erzielen war, zumindest mittelbar die Handelspolitik gegenüber der Sowjetunion abgeändert werden, um mit diesem Instrument Druck auf die Sowjetunion auszuüben. Die „Änderungsabsicht" der Vereinigten Staaten war insofern zweifach bezogen, als sie sowohl die Handelspolitik der Westeuropäer als auch — über diesen Weg — die Politik der Sowjetunion gegenüber Polen betraf. Die Anforderungen des subjektiven und damit die des konstitutiven Tatbestandselementes insgesamt sind erfüllt.

---

[28] *Brown* (Anm. 27), S. 151, der auf die Tatsache hinweist, daß nach sowjetischem Recht Embargomaßnahmen kein Entschuldigungsgrund für die Nichtlieferung angesehen werden würde.

[29] Bei zukünftigen technologischen Zusammenarbeitsmodellen zwischen den Vereinigten Staaten und Westeuropa wird von europäischer Seite überlegt werden müssen, inwieweit die Einbeziehung amerikanischer Technologie die Verwendbarkeit der herzustellenden Produkte und damit ihre Wirtschaftlichkeit in Frage stellen könnte. Siehe dazu: *Otto Wolff von Amerongen,* Reagans Lizenzembargo kann ein teures Strategiespiel werden, in: Handelsblatt vom 24. 6. 1982, S. 3; *Douglas E. Rosenthal/William M. Knighton,* National Laws and International Commerce, London 1982, S. 82: „US suppliers will increasingly be seen as unreliable trading partners, and other sources of supply will be developed". Das amerikanische Handelsministerium rechnete in Folge der Verhängung der Sanktionen im Zusammenhang mit dem Erdgasröhrengeschäft mit einem wirtschaftlichen Verlust wegen ausbleibender Folgegeschäfte in mehreren Millionen Dollar. Siehe dazu: H. R. Rep. No. 762, 97th Cong., 2d Sess. 5 (1982).

II. Ausfüllungsbedürftige Tatbestandsmerkmale

Führt man sich die oben entwickelten Kriterien für die ausfüllungsbedürftigen Tatbestandsmerkmale vor Augen, so ist zunächst festzustellen, daß durch die amerikanischen Maßnahmen ein Verlust der Staatlichkeit der betroffenen westeuropäischen Länder nicht eingetreten ist. Die Rechtswidrigkeit der Beeinflussung könnte sich jedoch aus der Handlung selbst ergeben. Dazu ist neben der Beeinträchtigung der „eigenen Angelegenheiten" des Staates erforderlich, daß sich die Rechtswidrigkeit aus dem Ziel der Maßnahme oder dem eingesetzten Mittel ergibt.

Erforderlich ist für diese beiden Varianten zunächst jedenfalls, daß durch die Maßnahmen „eigene Angelegenheiten" der betroffenen Staaten tangiert werden. Wie oben festgestellt wurde, gehört es zu den „eigenen Angelegenheiten" eines Staates, sein wirtschaftliches und soziales System selbst zu bestimmen. Durch die Einflußnahme auf die bestehenden privatrechtlichen, von staatlicher Sicht zumindest unterstützten Verträge griffen die Vereinigten Staaten in dieses Bestimmungsrecht der Europäer ein. Dieses Bestimmungsrecht würde selbst dann bei den Europäern liegen, wenn man z. B. gegenüber *Dresser (France) S.A.* unter Anwendung der im amerikanischen Recht verankerten Kontrolltheorie[30] für diese Firma auch zu der Anerkennung einer amerikanischen Nationalität käme. Selbst dann müßte noch berücksichtigt werden, daß die Firma nach französischem Recht begründet ist und ihren Sitz in Frankreich hat.

Die „Sitztheorie" ist zur Bestimmung der Nationalität einer juristischen Person vom I.G.H. in dem *Barcelona Traction* Fall[31] als — allerdings nicht alleiniger — Maßstab anerkannt worden. Die Tatsache, daß es sich bei der Abwicklung des Erdgasröhrengeschäftes um eine eigene Angelegenheit der betroffenen westeuropäischen Länder handelt, wird besonders dadurch unterstützt, daß ein Problem der Diversifizierung der Energieversorgung und damit einer Verringerung der Abhängigkeit gegenüber einer einzelnen Staatengruppe betroffen wurde. Die Sicherstellung der Versorgung der Bevölkerung auf diesem Gebiet gehört zudem nach innen zu den Aufgaben des Staates. Darüber hinaus verknüpfen sich mit diesem Geschäft insofern erhebliche soziale Belange, als bei den Geschäften solche Firmen beteiligt waren, die zu dem damaligen Zeitpunkt von wirtschaftlichen Schwierigkeiten betroffen waren und für die der Verlust der mit dem Erdgasröhrengeschäft ver-

---

[30] Siehe oben S. 127, Anm. 160.

[31] *Barcelona Traction, Light and Power Co. (Second Phase) (Belgium* v. *Spain),* I.C.J. Rep. 1970, S. 3—357.

bundenen Aufträge die Entlassung von vielen Arbeitnehmern, möglicherweise die Schließung eines ganzen Werkes hätte bedeuten können.[32]

An dem Ergebnis, daß es bei dem Erdgasröhrengeschäft um die Gestaltung der Außen- und Außenhandelspolitik der betroffenen westeuropäischen Staaten gegenüber der Sowjetunion und ihrer Wirtschafts- und Sozialpolitik gegenüber den eigenen Bürgern ging, ändert sich auch dadurch nichts, daß ein Teil der für den Bau verwendeten Technologie und Produkte aus den Vereinigten Staaten stammten. Sofern von amerikanischer Seite in den verschiedenen Anhörungsverfahren vor dem Handelsministerium und in den angestrengten Gerichtsverfahren[33] argumentiert wurde, die Verwendung der Produkte auch in weiterverarbeitetem Zustand unterlägen der amerikanischen Jurisdiktion, so läuft dieses Argument im Endeffekt auf die Zuerkennung einer Nationalität für technologische Produkte oder Technologie hinaus.[34] Eine solche Nationalität, die — ähnlich wie für die eigenen Staatsbürger — deren Schicksal in einem fremden Land als eigene Angelegenheit des Heimatstaates betrachten würde, ist im Völkerrecht weder bekannt noch anerkannt.[35] Vielmehr wurde ein entsprechender Anspruch von amerika-

---

[32] Insbesondere für den zu der damaligen Zeit im Umbruch befindlichen AEG-Konzern hätte der Verlust der Aufträge aus dem Erdgasröhrengeschäft die Notwendigkeit der Schließung einer Fabrik bedeuten können. Comments of AEG-Kanis Turbinenfabrik GmbH regarding the Amendment of oil and gas controls to the USSR before the Department of Commerce, International Trade Administration, submitted for AEG-Kanis by *Lloyd N. Cutler et al.*, S. 32.

[33] In Holland kam es zu einem Urteil der Rechtsbank Den Haag vom 17. 9. 1982 in dem parallel gelagerten Fall *Compagnie Européenne des Pétroles S.A.* v. *Sensor Nederland B.V.*, abgedruckt in deutscher Übersetzung mit einer ausführlichen Anmerkung von *Jürgen Basedow*, in: RabelsZ 47 (1983), S. 141—147, 147—172. In den Vereinigten Staaten wehrten sich die betroffenen Firmen in gerichtsähnlich ausgestalteten Verfahren vor der Hearing Commission des Handelsministeriums gegen die dies verhängten Beschränkungen. In einer Klage, die von *Dresser Industries Inc.* beim District Court in Washington D.C. eingereicht worden war, wurde das Begehren der Firma auf vorläufige Aufhebung der Handelsbeschränkungen mit Urteil vom 23. August 1982 abgewiesen; *Dresser Industries* v. *Baldrige*, No. 82-2385 (D.D.C. filed on Aug. 23, 1982). Siehe dazu: *David Z. Vance*, Challenge to the Validity of Department of Commerce Regulations Restricting the Export of Oil and Gas Equipment and Technology to the Soviet Union — Temporary Restraining Order Denied, in: Tex. Int'l. L. J. 18 (1983), S. 203—219. Die Argumentation in den verschiedenen Verfahren und in der Literatur verläuft sowohl auf der Ebene des nationalen amerikanischen Rechtes als auch der des internationalen Rechtes. Auf der nationalen Ebene, auf die hier nicht näher eingegangen werden soll, wurde insbesondere die Reichweite der Kompetenz des Präsidenten, wegen der rückwirkenden Beeinflussung selbst solcher Güter, die zum Zeitpunkt des Erlasses der Beschränkungen bereits ausgeführt waren, bezweifelt. Siehe dazu: *Roberts B. Owen*, Extraterritorial Application of U.S. Trade and Financial Controls: Freezings, Vestings, Embargos, etc., in: Wirtschaft und Recht 35 (1983), S. 142—153; *Daniel Marcus*, Soviet Pipeline Sanctions: The President's Authority to Impose Extraterritorial Controls, in: Law & Pol'y Int'l Bus. 15 (1983), S. 1169—1179 (1166—1167).

[34] *Kuyper* (Anm. 5), S. 82; EG-Kommentar (Anm. 5), Kap. 8.

nischer Seite von Gerichten in Belgien in dem Fall *Moens* v. *Mankiewicz & Hamburg-America Line*[36] und in dem Fall *America President Lines* v. *China Mutual Trading Co.*[37] abgewiesen. Diesem ablehnenden Urteil schließen sich die Kommentatoren des Erdgasröhrengeschäfts — selbst von amerikanischer Seite[38] — durchweg an.

Fraglich ist schließlich, ob durch die Einbeziehung der sog. Unterwerfungsklauseln[39] in völkerrechtlich wirksamer Weise sich die privaten Gesellschaften in einem privatrechtlichen Vertrag dem Einfluß des einen Staates entziehen und einem anderen Staat unterwerfen können, oder — anders formuliert — ob durch eine Klausel in einem privatrechtlichen Vertrag ein Sachverhalt aus den „eigenen Angelegenheiten" ausgegliedert und zu den „eigenen Angelegenheiten" eines anderen Staates gemacht werden kann. Dieser Aspekt wurde in den bisherigen Stellungnahmen unter dem Blickwinkel untersucht, ob in dem von amerikanischer Regierungsseite häufig als Voraussetzung für die Lizenzerteilung angesehenen Verlangen nach Einbeziehung dieser Klauseln als rechtsmißbräuchliche Verwendung der Vertragsfreiheit[40] zu beurteilen ist.

---

[35] Eine Ausnahme von diesem Grundsatz deutet sich allenfalls im Hinblick auf die Nationalität von Kulturgütern an. Siehe dazu: *Marcuss/Richard* (Anm. 3), S. 480—481 mit Hinweis auf die UNESCO Convention on the Means of Prohibiting and Preventing the Illegal Import, Export and Transfer of Ownership of Cultural Ownership (abgedruckt in: ILM 10 (1971), S. 289 ff.); dagegen direkt: *Merciai* (Anm. 1), S. 32 Anm. 123.

[36] Commercial Tribunal Antwerp, in: Rechtskundig Weekblad 30 (1966—67), kol. 360—363. Siehe dazu: Comment, European Sovereignty and American Export and Trade Controls, in: Col. J. TransL. 9 (1970), S. 109—139 (115). In dem Fall ging es darum, daß die amerikanische Regierung einer Schiffahrtsgesellschaft verbieten wollte, bestimmte Güter in Antwerpen an den Inhaber der Verladepapiere auszuliefern.

[37] (1953) American Maritime Cases 1510 (Hong Kong Supreme Court), abgedruckt bei: *Andreas Lowenfeld,* Trade Controls for Political Ends, New York 1977, S. 63. Siehe dazu: Comment (Anm. 36), S. 111; *Brian G. Brunsvold/James M. Bagarazzi,* Licensing Impact of Foreign Policy Motivated Retroactive Reexport Regulations, in: Case W. Res. J. Int'l L. 15 (1983), S. 289—328 (308). Auch in diesem Fall ging es darum, daß Güter aus den USA nach ihrer Ausladung aus einem amerikanischen Schiff von amerikanischen Handelsbeschränkungen erfaßt werden sollten. Dieses wurde von dem Gericht abgelehnt.

[38] *Detlev F. Vagts,* The Pipeline Controversy: An American Viewpoint, in: GYIL 27 (1984), S. 38—53 (50); *Brunsvold/Bagarazzi* (Anm. 37), S. 315; so auch *F. A. Mann,* The Doctrine of International Jurisdiction Revisited After Twenty Years, in: RdC 186 (1984 III), S. 13—115 (62).

[39] Siehe dazu den Text solcher Klausel in Anm. 9.

[40] So insbesondere *Kuyper* (Anm. 5), S. 84—87; *Lowe* (Anm. 21), S.65—66; ein gewisses Verständnis für die amerikanischen Maßnahmen im Hinblick auf die Verwendung der Unterwerfungsklauseln zeigt *Meessen* (Anm. 11), S. 100—101, der allerdings nicht auf den rückwirkenden Charakter und damit auf den Regelungsanspruch für in der Zukunft liegenden Fälle eingeht. Gerade in diesem Element liegt aber die durch privatrechtlichen Vertrag begründete Abhängigkeit von zukünftigen hoheitlichem Verhalten.

Damit könnten die nach internationalem Recht auferlegten Grenzen der nationalen Rechtskompetenz überspielt werden.[41]

Es unterliegt keinem Zweifel, daß ein Staat berechtigt ist, zum Zeitpunkt des Abschlusses eines Vertrages die Bedingungen festzulegen, unter denen mit einem Produkt verfahren werden soll. Bedenkenswert erscheint allerdings die Erstreckung des Einwirkungsanspruchs auf in der Zukunft liegende Umstände für einen Zeitpunkt, zu dem das lizensierte technische Verfahren schon in ein in einem fremden Land hergestellten Produkt Eingang gefunden hat. Damit würde über die ursprünglichen Begrenzungen hinaus Einfluß genommen werden können auf die zukünftige Verwendung der Produkte und damit der Gestaltung der wirtschaftlichen Angelegenheiten eines anderen Staates. Zwar kann es durch einen Vertrag zu einer Begrenzung der „eigenen Angelegenheiten" eines Landes kommen.[42] Dabei muß es sich aber um einen völkerrechtlichen Vertrag handeln. Ein solcher einschränkender Effekt der „eigenen Angelegenheiten" kann nicht völkerrechtlich wirksam durch einen privatrechtlichen Vertrag erfolgen. Den betroffenen privaten Parteien fehlt es insofern an der Verfügungsbefugnis über das staatliche Recht, Regelungen über die Verwendung der in seinem Land von seinen Staatsangehörigen hergestellten Produkte zu treffen. Dieses Recht steht in seinem Territorium als Bestandteil des Rechtes eines Landes, über seine eigenen wirtschaftlichen Angelegenheiten zu verfügen, ausschließlich diesem Staat zu. Er wird damit in die Lage versetzt, seiner Ordnungs- und Lenkungsfunktion gerecht zu werden. Dieses Recht kann nicht durch einen privatrechtlichen Vertrag — sei es auch als staatlicherseits gestellte Bedingung — beeinträchtigt werden. Dies gilt jedenfalls so lange, als dem Staat, der die Einbeziehung der Klauseln verlangt, nicht eine anerkannte Basis für die Ausübung seiner Jurisdiktion — wie etwa das Schutzprinzip — zur Verfügung steht.[43] In diesem Fall wäre die Einschränkung der „eigenen Angelegenheiten" bereits auf völkerrechtlicher Basis vorhanden.

Aus der Notwendigkeit dieses Zusammenhanges ergibt sich weiter, daß dann, wenn der regulierende Staat über einen Anknüpfungspunkt für seine Jurisdiktion — etwa dem Schutz- oder dem Universalitätsprinzip — verfügt, der Einbeziehung der genannten Klauseln kein Hindernis entgegensteht. In diesem Fall wird der nationale Regelungsanspruch nicht durch die privatrechtliche Vereinbarung begründet, sondern lediglich ausgefüllt. Daher ist die Verwendung der Unterwerfungs-

[41] EG-Kommentar (Anm. 5), Kap. 11.

[42] Siehe dazu S. 110.

[43] Auf diesen Zusammenhang zwischen der Wirksamkeit der Klauseln und einem bestehenden Anknüpfungspunkt für die Jurisdiktion weist insbesondere *Lowe* (Anm. 21), S. 65 hin.

klauseln etwa in Verträgen über die Lieferung sicherheitspolitisch sensitiver Technologie oder Waffen nicht bedenklich.[44]

Auf das Schutzprinzip[45], das dem Staat zur Wahrung seiner nationalen Sicherheit eine Einwirkungsmöglichkeit für außerhalb seines Territoriums liegende Umstände ermöglicht, haben sich die Vereinigten Staaten in dem Erdgasröhrenkonflikt aber nicht berufen, obwohl der Export Administration Act dafür eine eigene Formulierung bereithält.[46] Die Voraussetzungen für die Anwendbarkeit des Schutzprinzipes wären in dem Falle des Erdgasröhrenkonfliktes auch nicht erfüllt gewesen. Selbst wenn man im Prinzip bei dem Export hochentwickelter Technologie davon sprechen könnte, daß Sicherheitsinteressen betroffen werden können, so kann dies aber nicht für eine Technologie gelten, die — wie die der fraglichen Turbinen — vor vielen Jahren entwickelt und in Turbinen verwendet wurde, die bereits in großer Anzahl in die Sowjetunion verkauft worden sind[47]. Insofern kann durch die Verwendung der „submission clauses" eine völkerrechtlich wirksame Ausdehnung der „eigenen Angelegenheiten" nicht erfolgt sein.

An diesem Ergebnis ergeben sich auch dann keine Änderungen, wenn man die Klauseln als international-privatrechtliche Rechtswahlklauseln auffassen sollte. Mit solchen Klauseln können zwar die Parteien eines privatrechtlichen Vertrages mit Auslandsbezug festlegen, welchem Recht der Vertrag unterliegen soll. Im Fall des Erdgasröhrenstreites ist aber schon aus tatsächlichen Gründen zweifelhaft, ob es sich bei den „submission clauses" um Rechtswahlklauseln handelt. Aus ihnen ist eine Bestimmung für die sich aus der Abwicklung des Vertrages ergebenden Rechtsfolgen nicht zu ersehen. In den umstrittenen Klauseln ist keine Bestimmung darüber enthalten, welches nationale Recht z. B. auf Nicht- oder Schlechterfüllung anwendbar wäre.[48] Es wird nicht — wie typischerweise in Rechtswahlklauseln — das den Vertrag regierende Privatrecht

---

[44] Aus diesem Grund erscheinen die Bedenken von *Meessen* gegen die Ablehnung der Verwendung dieser Klauseln nicht berechtigt. Siehe dazu: *ders.* (Anm. 11), S. 98.

[45] Nach dem Schutzprinzip verfügt ein Staat dann über einen wirksamen Anknüpfungspunkt für seine Jurisdiktion, wenn seine Sicherheitsinteressen betroffen werden. Siehe dazu: *D. W. Bowett*, Jurisdiction: Changing Patterns of Authority over Activities and Resources, in: *MacDonald/Johnston*, S. 555—580 (562—563); *Michael Akehurst*, Jurisdiction in International Law, in: BYIL XLVI (1972—1973), S. 145—257 (157—159).

[46] In Abschnitt 5 (National Security Controls) des Export Administration Act wäre eine gesetzliche Grundlage für Handelsbeschränkungen enthalten gewesen. Die fraglichen Maßnahmen waren allerdings auf Abschnitt 6 (Foreign Policy Controls) gestützt.

[47] Siehe dazu: AEG-Kanis Comments (Anm. 32), S. 3.

[48] Insofern ist *F. A. Mann* zu widersprechen, der Bedenken gegen diese Klauseln mit Hinweis auf die Zulässigkeit von Rechtswahlklauseln für unbegründet hält; *ders.* (Anm. 38), S. 63.

bestimmt, sondern es wird der Geltungsbereich des öffentlichen Rechtes eines fremden Landes beschränkt bzw. der des eigenen Staates ausgedehnt.[49] Über die Reichweite des öffentlichen Rechts eines Staates fehlt es aber privaten Personen an der erforderlichen Verfügungsbefugnis.

Es bleibt somit festzuhalten, daß mit privatrechtlichen Klauseln nicht völkerrechtlich wirksam der Bereich der „eigenen Angelegenheiten" ausgedehnt bzw. der eines anderen Staates eingeschränkt werden kann. Im Ergebnis handelt es sich bei der Regulierung der sich aus dem Erdgasröhrengeschäft ergebenden wirtschaftlichen und sozialen Fragen um eine „eigene Angelegenheit" der betroffenen westeuropäischen Staaten bzw. der Europäischen Gemeinschaft, soweit dieser Themenbereich im einzelnen durch die EG-Verträge auf diese übertragen worden ist. Die amerikanischen Maßnahmen dringen damit, um die Terminologie *Meessens* zu verwenden, in die „Einmischungszone"[50] ein und erfüllen so eine erste Voraussetzung für die Rechtswidrigkeit der Beeinflussungshandlung.

Zu der Erfüllung der Voraussetzungen des Interventionsverbotes muß aber neben der Beeinträchtigung der „eigenen Angelegenheiten" hinzukommen, daß die Beeinflussungshandlung entweder wegen des damit verfolgten Zieles oder wegen des eingesetzten Mittels als rechtswidrig angesehen werden kann. Da es das Ziel der getroffenen Maßnahme kaum war, die westeuropäischen Staaten in dem „Kern" ihrer Staatlichkeit zu treffen und damit ihrer staatlichen Funktion zu berauben, könnte sich die Rechtswidrigkeit aus einer Verleitung des betroffenen Staates zur Völkerrechtsverletzung ergeben.

Denkbar wäre es, im vorliegenden Fall ein solches Verhalten in einer Verleitung zum Vertragsbruch gegenüber der Sowjetunion zu sehen. Die von der amerikanischen Seite getroffenen Maßnahmen zielten darauf, die Erfüllung der über das Erdgasröhrengeschäft geschlossenen Verträge zu verhindern. Dabei handelt es sich aber um privatrechtliche Verträge, die trotz der Beteiligung offizieller Stellen auf westeuropäischer Seite beim Zustandekommen und der Einbindung ihre Sozial-, Energie- und Außenhandelspolitik nicht den Charakter völkerrechtlicher Verträge annehmen. An diesem Ergebnis ändert sich auch nichts durch die Beteiligung von Staatshandelsunternehmen, wie z. B. *V/O Machinoimport* auf sowjetischer Seite bzw. durch die Bestätigung des Kompensationsgeschäftes „Gas gegen Technik" durch die Regierungsabkommen zwischen der Sowjetunion und den westeuropäischen

---

[49] *A. V. Lowe*, Public International Law And The Conflict of Laws: The European Response To The United States Export Administration Regulations, in: I.C.L.Q. 33 (1984), S. 515—530 (521—522).

[50] *Karl Matthias Meessen*, Völkerrechtliche Grundsätze des Internationalen Kartellrechts, Baden-Baden 1975, S. 219 ff.; im Anschluß an *Meessen* auch *Kuyper* (Anm. 5), S. 89.

Staaten. Dies gilt unabhängig von der völkerrechtlichen Beurteilung solcher Regierungsabkommen im übrigen, weil dieses Kompensationsgeschäft zwar eigentliches Ziel der Maßnahmen war, von den betroffenen Maßnahmen aber nicht erreicht werden konnte. Die von amerikanischer Seite unternommenen Versuche, die westeuropäischen Staaten durch das Angebot von Lieferungen anderer Energieträger von der Durchführung des Geschäfts insgesamt abzubringen,[51] erreichten zudem nicht die für die Beurteilung als „Verleitung zum Vertragsbruch" notwendige Intensität der Einwirkung, sondern ist vielmehr als normaler diplomatischer Verhandlungsverkehr zu werten.

Fraglich ist somit, ob wegen des eingesetzten Mittels die ergriffenen amerikanischen Maßnahmen als rechtswidrig und damit in diesem Zusammenhang als Verstoß gegen das Interventionsverbot angesehen werden müssen. Erstes Kriterium zur Bestimmung der Verhältnismäßigkeit zwischen den wechselseitigen Regelungsansprüchen ist — wie oben aufgeführt wurde[52] — das Merkmal der Konnexität, d. h. der Frage, ob erstens eine Beziehung besteht zwischen dem eingesetzten wirtschaftlichen Druckmittel und dem beabsichtigten politischen Erfolg und zweitens zwischen dem angestrebten Ziel und dem handelnden Staat.

Hinsichtlich der beiden Varianten der Konnexität ist zu differenzieren zwischen der Ausrichtung der Maßnahmen auf die UdSSR und auf Westeuropa. Unterstellt man für das Verhältnis zwischen der UdSSR und den USA, daß das Ziel der amerikanischen Maßnahmen die Beeinflussung der sowjetischen Politik im Zusammenhang mit der Verhängung des Kriegsrechts in Polen war, so besteht zwischen diesem Ziel und in der angestrebten Verhinderung des auch für die Sowjetunion vorteilhaften Erdgasröhrengeschäftes keine direkte inhaltliche Verbindung. Dieser Umstand begründet aber allenfalls den Verdacht der Ausnutzung einer bestehenden wirtschaftlichen Machtstellung. Geht man allerdings davon aus, daß es sich bei den mit der Verhängung des Kriegsrechts verbundenen Menschenrechtsverletzungen um den Verstoß gegen eine *erga-omnes* Regel handelt, für die die Sowjetunion verantwortlich ist, so ist für die Vereinigten Staaten das erforderliche Maß an Betroffenheit gegeben.

Ein anderes Ergebnis ergibt sich allerdings in dem Verhältnis gegenüber den westeuropäischen Staaten. Zwar ist der Versuch des Eingriffs in die bestehenden Lieferverträge unmittelbar mit dem beabsichtigten politischen Erfolg — der Verhinderung des Erdgasgeschäfts — verbunden. Das angestrebte Ziel einer Verhaltensänderung der Westeuropäer in Bezug auf das Geschäft hat aber zu dem handelnden Staat keinerlei

---

[51] *Bockslaff* (Anm. 1), S. 32.

[52] Siehe dazu oben S. 143.

Verbindung. Wie oben schon festgestellt wurde, ist die Ausgestaltung der eigenen Außenhandelspolitik ausschließlich eine Angelegenheit der europäischen Staaten bzw. der Europäischen Gemeinschaft. Der möglicherweise gegebene Verstoß gegen eine *erga-omnes* Regel kann für nicht direkt betroffene Staaten das Recht eröffnen, bei Verstoß gegen solch eine Regel Maßnahmen zu ergreifen. Dieses Recht kann aber nicht soweit gehen, daß zum Zwecke der Durchsetzung einer Sanktion wegen einer solchen Verletzung dritte Staaten mit in Anspruch genommen werden. Der Verstoß gegen eine *erga-omnes* Regel wirkt insofern öffnend für Maßnahmen durch, aber nicht gegen Dritte. Die Verletzung einer *erga-omnes* Regel ist zwar „the concern of all states". Daraus entsteht aber nicht für alle Staaten eine Handlungspflicht, die möglicherweise durch weitere Staaten erzwungen werden könnte. Die westeuropäischen Staaten haben zudem auf die Einführung des Kriegsrechts in Polen durch eigene Maßnahmen reagiert. Dies geschah, wie oben ausgeführt wurde[53], durch die Verhängung von gemeinsamen Handelsbeschränkungen der Mitgliedstaaten der EG auf der Grundlage des Art. 113 EWGV. Selbst dann, wenn man in diesem Fall von einer moralischen Handlungspflicht sprechen könnte, wären die Westeuropäer ihr nachgekommen. Die Ausgestaltung dieser Reaktionsmaßnahmen im Einzelfall muß jedenfalls dem einzelnen Staat bzw. internationalen Organisationen selbst überlassen bleiben, sieht man einmal von dem alle Mitgliedstaaten bindenden Sanktionsbeschlüssen der Vereinten Nationen ab. Ein einzelner Staat — und sei er politisch noch so mächtig — hat nicht das Recht, andere Staaten zur Ergreifung der ihm angemessen erscheinenden Sanktionsbeschlüsse zu veranlassen. Die Inanspruchnahme eines unbeteiligten Dritten wird durch die Verletzung einer *erga-omnes* Regel nicht gedeckt.

III. Ergebnis

Die Vereinigten Staaten haben durch Druckausübung auf die betroffenen westeuropäischen Staaten das objektive Element des konstitutiven Tatbestandsmerkmals erfüllt. Diese Druckausübung erfolgte subjektiv auch mit Änderungsabsicht hinsichtlich der Politik der westeuropäischen Staaten gegenüber der Sowjetunion. Neben der somit gegebenen Erfüllung der Voraussetzungen des konstitutiven Tatbestandsmerkmals des Interventionsverbotes sind auch dessen ausfüllungsbedürftigen Merkmale gegeben. Zwar ist nicht der Erfolg der Handlung eingetreten. Die Rechtswidrigkeit der Maßnahmen ergibt sich vielmehr aus der Handlung selbst. Mit den Maßnahmen griffen die Vereinigten Staaten rechtswidrig in die „eigenen Angelegenheiten" der westeuropäischen Staaten ein.

---

[53] Siehe oben S. 26.

An diesem Befund wurde auch nichts durch die Verwendung der privatrechtlichen „submission clauses" geändert. Die Rechtswidrigkeit des Eingriffs in die „eigenen Angelegenheiten" ergibt sich aus der mangelnden Konnexität zwischen dem letztlich angestrebten Ziel und dem handelnden Staat. Trotz aller grundsätzlichen Zulässigkeit der Ausübung wirtschaftlichen Druckes sind die USA nicht berechtigt, die Wirtschaftskraft der westeuropäischen Staaten gegen deren erklärten Willen als Instrument der Auseinandersetzung mit der UdSSR zu verwenden.

Das Verhalten der amerikanischen Regierung in dem Erdgasröhrenstreit stellt gegenüber den betroffenen westeuropäischen Staaten eine Intervention im Sinne der hier zugrunde gelegten Definition dar.

Kapitel 5: Zusammenfassung und Ausblick

Ziel der vorliegenden Arbeit war es, das Problem der Intervention mit wirtschaftlichen Mitteln erneut aufzugreifen und für seine Lösung einen operationablen Katalog von Tatbestandsmerkmalen aus den allgemeinen Regeln des Völkerrechts herzuleiten.

Diesem Problem sind auf der Ebene der Instrumente zur Verhängung außenpolitisch motivierter Handelsbeschränkungen praktische Fragen der Umsetzung eines entsprechenden politischen Gestaltungswillens vorgeschaltet. Die Einbeziehung des außenpolitischen Gestaltungswillens in die jeweiligen nationalen Rechtsordnungen bereitet dabei verschiedene Rechtsprobleme.

Im Recht der Vereinigten Staaten ist für die Verhängung außenpolitisch motivierter Handelsbeschränkungen von herausragender Bedeutung der neugefaßte Export Administration Act. Dieses Gesetz gibt dem amerikanischen Präsidenten einen weiten außenpolitischen Handlungsspielraum. Dieser Handlungsspielraum wurde im Zuge der Neufassung des Gesetzes in jüngster Zeit aufgrund der negativen Erfahrungen eingeengt, die im Zuge des Streites um das Erdgasröhrengeschäft mit der Reichweite der Macht des Präsidenten gemacht worden sind. Betroffen von den Einschränkungen wurden, von Ausnahmen abgesehen, insbesondere die Eingriffsmöglichkeiten in die Abwicklung bestehender Verträge.

Für die Bundesrepublik Deutschland hat sich bei der Untersuchung ergeben, daß sie mit den Vorschriften insbesondere des § 7 Abs. 1 AWG über entsprechende Mechanismen zur Verhängung außenpolitisch motivierter Handelsbeschränkungen verfügt. Die Regelungstechnik dieser Vorschriften wird den Anforderungen an ein schnell reagierendes Steuerungsmittel durch den Erlaß von Änderungsverordnungen der Außenwirtschaftsverordnung gerecht. Dabei ist aber bei der Formulierung des § 7 Abs. 1 Nr. 3 AWG wegen Verletzung des verfassungsrechtlichen Bestimmtheitsgebotes als verfassungswidrig anzusehen.

Das Recht zur Verhängung außenpolitisch motivierter Handelsbeschränkungen ist in Ermangelung einer entsprechenden Kompetenz in dem EWG-Vertrag bei den Mitgliedstaaten verblieben. Allerdings können die Mitgliedstaaten der EG mit dem Instrumentarium des EWG-Vertrages auf der Grundlage des Art. 113 EWGV gemeinschaftliche

Handelsbeschränkungen verhängen. Die Ergreifung dieser Maßnahmen setzt voraus, daß die Tatbestandsmerkmale des Art. 224 EWGV erfüllt sind und sich die Mitgliedstaaten zu gemeinsamem Handeln unter Verwendung des vom EWG-Vertrag gebotenen Instrumentariums entschließen. Ein einfacher Beschluß im Rahmen der EPZ, der nicht an die Tatbestandsmerkmale des Art. 224 EWGV gebunden ist, ist hierzu nicht ausreichend.

Auf völkerrechtlicher Ebene ist zunächst festzuhalten, daß sich mit der Verhängung außenpolitisch motivierter Handelsbeschränkungen das Problem stellt, wie anhand rechtlicher Kriterien die Ausübung wirtschaftlicher Macht, die im internationalen System ein notwendiges und wünschenswertes Instrument zur wechselseitigen Beeinflussung zwischen Staaten darstellt, so begrenzt werden kann, daß sie nicht in unzulässigen Zwang, in Gewalt, umschlägt. Das Gewaltverbot des Art. 2 Abs. 4 SVN ist auf die Ausübung wirtschaftlicher Machtmittel allerdings nicht anwendbar. Der Regelungszweck des Art. 2 Abs. 4 SVN umfaßt ausschließlich die Ausübung militärischer Gewalt und verbietet diese, von den in der Charta der Vereinten Nationen niedergelegten Ausnahmen abgesehen, gänzlich.

Die Ausübung wirtschaftlicher Macht kann allerdings eine Intervention in die eigenen Angelegenheiten eines anderen Staates darstellen und damit einen gewohnheitsrechtlich anerkannten völkerrechtlichen Verbotstatbestand erfüllen. Das wesentliche Problem dieses Tatbestandes besteht in der Herausarbeitung von Kriterien, die für die Abgrenzung zwischen der verbotenen Intervention und der zulässigen Interzession geeignet erscheinen. Für diese Abgrenzung lassen sich in der Praxis internationaler Vereinbarungen Ansätze nachweisen. Dabei ist jedoch insbesondere in der Resolutionspraxis der Vereinten Nationen zu beobachten, daß die begonnene Herausbildung rechtlicher Kriterien in neuerer Zeit durch die zunehmende Überlagerung durch politische Forderungen nicht weiter verfolgt wurde.

Die in der völkerrechtlichen Literatur unterbreiteten Versuche, Abgrenzungskriterien zu entwickeln, leiden demgegenüber an überzeichnenden Klassifizierungsversuchen zwischen dem sog. ‚klassischen' und dem weiten Interventionsbegriff. Zudem fehlt es an differenzierenden Darstellungen der völkerrechtlichen Grundlagen und des zur Lösung des Abgrenzungsproblems anzulegenden Wertungsrahmens.

Ein Versuch zur Lösung des Abgrenzungsproblems zwischen verbotener Intervention und zulässiger Interzession muß davon ausgehen, daß es sich bei diesem Problem um die Abgrenzung konkurrierender Souveränitätsansprüche handelt. Dabei stehen sich auf beiden Seiten legitime Interessen gegenüber. Das Interesse des handelnden Staates geht dahin, Einfluß auf den betroffenen Staat auszuüben. Dem steht das Interesse des betroffenen Staates entgegen, seinerseits bei der Regelung seiner eigenen Angelegenheiten unbeeinflußt zu bleiben und insbesondere in seiner Qualität als Staat nicht beeinträchtigt zu werden. Diese wechselseitigen Souveränitätsansprüche sind in einem Umfeld zu sehen, das durch vielfache Interdependenzen gekennzeichnet ist und in dem der ausschließliche Territorialitätsbezug nationaler Souveränität zunehmend an Bedeutung verliert.

Ein auf dieser Grundlage konzipierter Tatbestandskatalog des Interventionsverbotes setzt neben die Existenz wirtschaftlichen Druckes und des subjektiven Elementes der Inkaufnahme einer Schädigung als konstitutive Tatbestandsmerkmale voraus, daß im Rahmen der ausfüllungsbedürftigen Merkmale sich eine Verletzung der Souveränität des betroffenen Staates ergibt.

Eine solche Verletzung kann zunächst dadurch resultieren, daß bei erfolgreichen Maßnahmen zur Verhängung außenpolitisch motivierter Handelsbeschränkungen eine Verletzung des „Kerns" der Staatlichkeit bei dem betroffenen Staat erfolgen kann. Sobald dieses oder eines der folgenden Merkmale erfüllt ist, ergibt sich aus der daraus fließenden Wertung die Rechtswidrigkeit und damit die Beurteilung der Maßnahme als Intervention.

Wenn der *„Kern"* der Staatlichkeit nicht betroffen ist, kann sich das Unwerturteil aus der Rechtswidrigkeit der Beeinflussungsmaßnahme selbst ergeben. Dies setzt neben einer Beeinträchtigung der „eigenen Angelegenheiten" des Staates voraus, daß sich die Rechtswidrigkeit der Beeinflussungshandlung aus dem Ziel oder dem eingesetzten Mittel ergibt. Das *Ziel* der Maßnahme kann rechtswidrig sein, wenn damit der angestrebte Erfolg beim betroffenen Staat vom Völkerrecht nicht gebilligt wird oder der betroffene Staat seinerseits zur Verletzung des Völkerrechts veranlaßt werden soll. Für das eingesetzte *Mittel* ergibt sich die Rechtswidrigkeit dann — und hier kommt der dem Tatbestand zugrunde liegende Gedanke des notwendigen Ausgleichs konkurrierender Souveränitätsansprüche besonders deutlich zum Ausdruck —, wenn sich der Einwirkungsanspruch gegenüber dem Abwehranspruch als unverhältnismäßig darstellt.

Zur Bestimmung dieses wechselseitigen Beziehungsgeflechtes und zur näheren Ausgestaltung der Verhältnismäßigkeit lassen sich mit den Merkmalen der *Konnexität* und *Betroffenheit* Kriterien zur Bestimmung der *„Verhältnismäßigkeit im weiteren Sinne"* anführen, während die *„Verhältnismäßigkeit im engeren Sinne"* bestimmt wird durch die Fragen,

— ob das eingesetzte Mittel der Bedeutung *adäquat* ist, die die Erreichung des Zieles für den handelnden Staat hat,

— ob die Bedeutung, die der handelnde Staat dem Eintritt des Erfolges beimißt, verhältnismäßig ist gegenüber dem berechtigten Begehren des betroffenen Staates an seinem Ausbleiben und schließlich,

— ob der legitimerweise angestrebte Erfolg verhältnismäßig ist in bezug auf den drohenden Schaden in dem betroffenen Staat.

Legt man diesen Tatbestandskatalog an den bisher weitgehend unter dem Blickwinkel der Reichweite nationaler Hoheitsakte im Ausland und der damit verbundenen Frage der Extraterritorialität beurteilten Sachverhalt des Erdgasröhrenkonfliktes an, so zeigt sich, daß die Einwirkung auf Verträge, die in Westeuropa beheimatete Firmen mit der Sowjetunion geschlossen haben, sich nicht nur als ein Verstoß gegen die im Völkerrecht entwickelten Grundsätze der Grenzen der Jurisdiktionshoheit darstellen, sondern daß die damit verbundene Ausübung wirtschaftlichen Druckes auf die betroffenen westeuropäischen Staaten als Intervention in ihre eigenen Angelegenheiten anzusehen ist.

Greift man die Parallelität der Ergebnisse auf, die bei der Beurteilung des Erdgasröhrenkonfliktes aus dem Gesichtspunkt der Jurisdiktion und der Intervention gefunden wurden, so ist auffällig, daß der hier entwickelte Katalog von Tatbestandsmerkmalen zur Bestimmung der Grenzen einer zulässigen Einwirkung auf einen anderen Staat starke Ähnlichkeiten aufweist zu den Kriterien, mit denen vor allem im amerikanischen Recht versucht wird, den Konflikt zwischen konkurrierenden Jurisdiktionsansprüchen zu lösen. Dies gilt insbesondere für den auf der Grundlage von *Brewsters'* „jurisdictional rule of reason" entwickelten Katalog von Abgrenzungskriterien, die in dem „Restatement (Second) on Foreign Relations Law" oder dem neuen „Revised Restatement on Foreign Relations Law" dargelegt worden sind. Diese Regeln haben die Aufgabe, den Anspruch auf Ausübung der nationalen Jurisdiktionsgewalt in dem Fall zu begrenzen, in dem auf einen Sachverhalt nach den Regeln über die Begründung der nationalen Jurisdiktionsgewalt z. B. nach dem Territorialitäts-, Nationalitäts- oder Wirkungsprinzip zwei Staaten einen völkerrechtlichen Anspruch auf Regelung haben. Die Funktion der Begrenzung des nationalen Jurisdiktionsanspruches besteht darin, den betroffenen Privaten nicht dem Konflikt einander widersprechender Regelungen auszusetzen. Dies ist eine Konstellation, die insbesondere in Fragen des Wirtschaftsrechts besonders leicht auftreten kann.

Vergegenwärtigt man sich im übrigen die Fülle der Vorschläge, die in der völkerrechtlichen Literatur und der Praxis der Gerichte in den verschiedensten Staaten zur Begrenzung des nationalen Jurisdiktionsanspruches gemacht wurden, so enthalten sie nach der Anführung höchst unterschiedlicher Kriterien letztendlich meist einen Verweis auf das Interventionsverbot. Es stellt sich somit die Frage, ob die Funktion des Interventionsverbotes wirklich nur darin liegt, die abschließende Schranke darzustellen, die bei den Abgrenzungsversuchen zu beachten ist, oder ob nicht — wie gelegentliche Stellungnahmen in der Literatur andeuten — die Regeln über die Abgrenzung wechselseitiger Jurisdiktionsansprüche einen speziellen Anwendungsfall der Interventionsproblematik darstellen. Dafür könnte sprechen, daß es sich in beiden Fällen um ein Begrenzungsproblem konkurrierender Souveränitätsansprüche handelt, wobei es das eine Mal um die Begrenzung der Reichweite gesetzlicher Regelungen und ein anderes Mal um die Begrenzung der Reichweite politischer Einflußnahme mit wirtschaftlichen Druckmitteln geht.

Wenn man die immer noch nicht gelöste Problematik der Begrenzung nationaler Jurisdiktionsansprüche betrachtet, so könnte sich über den hier entwickelten Katalog der Tatbestandsmerkmale des Interventionsverbotes die Fundierung für einen den speziellen Bedürfnissen des jeweiligen Rechtsgebietes angepaßten Katalog von Abgrenzungsmerkmalen bei konkurrierenden Jurisdiktionsansprüchen ergeben. Der Vorteil dieses Ansatzes läge darin, daß damit von einem anerkannten völkerrechtlichen Grundsatz ausgehend ein Problem gelöst werden könnte, das angesichts der zunehmenden Interdependenz der Lebenssachverhalte insbesondere wirtschaftlicher Natur von erheblicher Bedeutung ist. Nationale Regelungen, die ausschließlich an territoriale Vorgaben gebunden sind, erscheinen angesichts der großen Anzahl grenzüberschreitender wirtschaftlicher Tätigkeiten zunehmend weniger in der Lage, die Ordnungs- und Lenkungsfunktionen des Staates effektiv zu erfüllen. Auch hier hat ein Staat ein legitimes Interesse daran, zur Umsetzung eines Regelungsanspruches im eigenen Land Tatbestände regelnd mitzuerfassen, die im Ausland liegen. Verwiesen sei nur auf Fusionsabsprachen im Ausland zwischen ausländischen Firmen, die sich auf den deutschen Markt so auswirken, daß auf dem deutschen Markt entgegen den deutschen Bestimmungen der Fusionskontrolle kein Wettbewerb mehr zwischen den beteiligten Firmen stattfindet.

Andere Beispiele direkter Auswirkungen auf den Binnenmarkt lassen sich in großer Zahl nachweisen. Sofern die Staaten hier nicht die Möglichkeit haben, auch im Ausland liegende Sachverhalte zu erfassen, bestünde die Gefahr, daß die territoriale Begrenztheit nationaler Hoheitsakte von übernational tätigen Unternehmen dazu genutzt werden könnte, den Staaten in wesentlichen Bereichen die Erfüllung ihrer Lenkungs- und Leitungsfunktionen unmöglich zu machen.

Eine Lösung des Problems konkurrierender Jurisdiktionsansprüche auf dem Wege über vertragliche Lösungen wird zwar häufig vorgeschlagen. Zudem sind bereits eine Reihe solcher Verträge geschlossen worden. Diese Verträge beinhalten aber im wesentlichen lediglich ein Konsultationsverfahren der in den jeweiligen Staaten zuständigen Behörden, an das insbesondere private Verfahrensbeteiligte, denen z. B. nach amerikanischem Kartellrecht eine eigene Klagebefugnis zusteht, nicht gebunden sind. Ein umfassender völkerrechtlicher Vertrag zur Lösung der Jurisdiktionsproblematik ist, wie auch die Erfahrungen mit den Bemühungen zur vertraglichen Ausgestaltung des Interventionsverbotes zeigen, wenig wahrscheinlich. Er ist zudem auch nicht erforderlich. Das Interventionsverbot etwa in Form des hier dargelegten Tatbestandskataloges kann über die in ihm enthaltene variable Gestaltung der Einwirkungsgrenzen, die die wechselseitigen Interessen bzw. Kontakte zu einem bestimmten Staat miteinander in Beziehung setzt, von dem Blickwinkel des letztendlich Verbotenen, nämlich der unzulässigen Einwirkung auf einen anderen Staat, die Abgrenzungsbemühungen auf eine gemeinsame Basis stellen und die zugrundeliegende völkerrechtliche Komponente betonen.

Voraussetzung für diesen Ansatz ist allerdings, daß von einem Verständnis des strikten Territorialbezuges nationaler Hoheitsgewalt Abschied genommen wird und sich die Erkenntnis durchsetzt, daß die Begrenzung der wechselseitigen Regelungsansprüche auf der Grundlage rechtlicher Kriterien möglich ist. Neben der erst in den Anfängen steckenden Herausarbeitung der dazu benötigten rechtlichen Kriterien, zu der die vorliegende Arbeit einen Beitrag leisten wollte, ist zwischen den Staaten die Einsicht erforderlich, daß im Interesse der Funktionsfähigkeit des internationalen Systems die Berücksichtigung der Interessen des jeweiligen anderen notwendig ist. Der Balancierungsprozeß kann nicht auf der Basis der Dominanz politischer Macht, sondern allein auf der Grundlage der friedenserhaltenden Funktion des Völkerrechts gelingen.

Literaturverzeichnis

1. Monographien und Aufsätze

Abbott, Kenneth W.: Defining the Extraterritorial Reach of American Export Controls: Congress as Catalyst, in: Cornell Int'l L.J. 17 (1984), S. 79—158

— Linking Trade to Political Goals: Foreign Policy Export Controls in the 1970s and 1980s, in: Minnesota Law Review 65 (1971), S. 739—889

Ago, Roberto: Eighth Report on State Responsibility, in: ILC-Yearbook (1980), II, Part One

Akehurst, Michael: Jurisdiction in International Law, in: BYIL XLV (1971), S. 79—135

— Jurisdiction in International Law, in: BYIL XLVI (1972—1973), S. 145—257

— Hierarchy of the Sources of International Law, in: BYIL 47 (1974/75), 273—285

— Reprisals by Third States, in: BYIL 44 (1970), S. 1—18

Alavi, Bosorg: Der Bagdad-Pakt, in: Deutsche Außenpolitik 3 (1958), S. 375—384

Amerongen, Otto Wolff von: Reagans Lizenzembargo kann ein teures Strategiespiel werden, in: Handelsblatt vom 24. 6. 1982, S. 3

Appleton, Arthur E.: Dresser Industries: The Failure of Foreign Policy Trade Controls under the Export Administration Act, in: MD. J. Int'l. L. & Trade 8 (1984), S. 122—143

Arangio-Ruiz, Gaetano: The UN Declaration on Friendly Relations and the System of the Sources of International Law, Alphen aan den Rijn/Germantown 1979

Atwood, James/*Brewster,* Kingman: Antitrust and American Business Abroad, 2nd edition, Colorado Springs 1981

Autenrieth, Karlheinz: Der britische Protection of Trading Interest Act im System des Internationalen Kartellrechts, in: RIW 29 (1983), S. 15—18

Babovic, Bogdan: The Duties of States to Cooperate with one another in Accordance with the Charter, in: *Sahovic* (Hrsg.), Principles, S. 277—231

Bär, Rolf: Kartellrecht und Internationales Privatrecht, Karlsruhe 1965

Barnett, Barry C./*Calvis,* Serio J./*Gourraige,* Ghislain, Jr.: On Third World Debt, in: Har. Int'l L.J. 25 (1984), S. 83—151

Basedow, Jürgen: Das amerikanische Pipeline-Embargo vor Gericht, Anm. zu Compagnie Européenne des Pétroles S. A. v. Sensor Nederland B. V., in: RablesZ 47 (1983), S. 147—172

— Private Law Effects of Foreign Export Controls — An International Case Report, in: GYIL 27 (1984), S. 109—141

Bello, Emmanuel G.: Organisation of African Unity, in: EPIL 6 (1983), S. 270—276

Benedek, Wolfgang: Nationality Decrees in Tunis and Marocco (Advisory Opinion), in: EPIL 2 (1981), S. 197—198

Berber, Friedrich: Lehrbuch des Völkerrechts, I. Band — Allgemeines Friedensrecht, München 1960

Berman, Harold J./*Garson*, John R.: United States Export Controls — Past, Present and Future, in: Col. L. Rev. 67 (1967), S. 791—890

Bertsch, Gary K.: U.S. Export Controls: The 1970's and Beyond, in: J.W.T.L. 15 (1981), S. 67—82

Beyerlin, Ulrich: Intervention, in: Handbuch Vereinte Nationen, S. 229—233

Bittermann, Henry J.: The Refunding of International Debt, Durham, N. C. 1973

Bleckmann, Albert: Gedanken zur Repressalie — Ein Versuch der Anwendung der Interessenjurisprudenz auf das Völkergewohnheitsrecht, in: FS Schlochauer, S. 193—213

Blough, Roy: The World Bank Group, in: IO 22 (1968), S. 152—181

Bluntschli, J. C.: Das moderne Völkerrecht der zivilisierten Staaten als Rechtsbuch dargestellt, 3. Aufl., Nördlingen 1878

Blythe, M. A.: The Extraterritorial Impact of the Anti-Trust Laws: Protecting British Trading Interests, in: AJCL 31 (1983), S. 99—129

Bockslaff, Klaus: The Pipeline Affair of 1981/82: A Case History, in: GYIL 27 (1984), S. 28—37

— Die Tätigkeit der International Law Commission in den Jahren 1980—1983, in GYIL 26 (1983), S. 367—406

Bodin, Jean: Sechs Bücher über den Staat, Buch I—III, Übersetzt und mit Anmerkungen versehen von *Bernd Wimmer*, Eingeleitet und herausgegeben von *P. C. Mayer-Tasch*, München 1981

Bothe, Michael/*Partsch*, Karl Josef/*Solf*, Waldemar: New Rules for Victims of Armed Conflicts, The Hague/Boston/London 1982

Boutos-Ghali, B.: La Ligue des Etats Arabes, in: RdC 137 (1972 III), S. 1—81

Bowett, Derek W.: The Arbitration Between the United Kingdom and France Concerning the Continental Shelf Boundary in the English Channel and South Western-Approaches, in: BYIL XLIX (1979), S. 1—29

— Self-defence in International Law, Manchester 1958, S. 148

— Economic Coercion and Reprisals by States, in: VJIL 13 (1972), S. 1—12

— Jurisdiction: Changing Patterns of Authority over Activities and Resources, in: *MacDonald/Johnston*, S. 555—580

Boyd, Stephan M./*Whisman*, Linda M.: The U.S. Law of Export Controls: A Selected Bibliography, in: Int'l. Law. 18 (1984), S. 483—490

Boyle, Francis A. et al.: letter: International Lawlessness in Grenada, in: AJIL 78 (1984), S. 172—175

Brandt, Niels: Das Interamerikanische Friedenssystem. Idee und Wirklichkeit, Hamburg 1971

Brauch, Hans-Günter: Sozialwissenschaftliche Interventionsbegriffe und externe Einwirkungsphänomene im Bereich der internationalen Beziehungen, in: *Simma*, S. 55—120

Brown, Bernard L.: The Proportionality Principle in the Humanitarian Law of Warfare: Recent Efforts at Codification, in: Cornell Int'l.L.J. 10 (1976), S. 134—155

Brown, Marshall L.: Soviet Reaction to the U.S. Pipeline Embargo: The Impact on Future Soviet Economic Relations with the West, in: MD. J. Int'l L. & Trade 8 (1984), S. 144—155

Brownlie, Jan: Principles of Public International Law, 3rd ed., London 1979

— International Law and the Use of Force by States, Oxford 1963

Bruha, Thomas: Handelsembargo gegen Argentinien durch EWG-Verordnungen, in: DVBl. 97 (1982), S. 674—682

Brunsvold, Brian G./*Bagarazzi*, James M.: Licensing Impact of Foreign Policy Motivated Retroactive Reexport Regulations, in: Case W. Res. J. Int'l L. 15 (1983), S. 289—328

Bryde, Brun-Otto: Self-Help, in: EPIL 4 (1982), S. 215—217

— Self-Defence, in: EPIL 4 (1982), S. 212—214

— Die Intervention mit wirtschaftlichen Mitteln, in: FS *Schlochauer*, S. 227—245

— Internationale Verhaltensregeln für Private — völkerrechtliche und verfassungsrechtliche Aspekte, Frankfurt 1981

Burke, William T.: The Legal Regulation of Minor International Coercion: A Framework of Inquiry, in: *Roland J. Stanger* (ed.), Essays on Intervention, Ohio 1964, S. 87—125

Clain, Levi E.: Gulf of Maine — A Disappointing First in the Delimitation of a Single Maritime Boundary, in: VJIL 25 (1985), S. 521—620

Clarizio, Lynda/*Woolcock*, Stephen: Die inneramerikanische Debatte über politische Exportbeschränkungen, in: EA 40 (1985), S. 99—110

Comment — Legal Aspects of the Latin American External Debt and its Ramifications for the Development and Integration of Americas, in: University of Miami Inter-American Law Review 16 (1984), S. 109—125

Comment — European Sovereignty and American Export and Trade Controls, in: Col. J. TransL. 9 (1970), S. 109—139 (115)

Craig, William L.: Application of the Trading with the Enemy Act of Foreign Corporations owned by Americans: Reflection on *Fruehauf* v. *Marsardy*, in: Harv. L. Rev. 83 (1969/70), S. 579—601

Czempiel, Ernst-Otto: Das Phänomen der Intervention aus politikwissenschaftlicher Sicht, in: *Czempiel/Link*, S. 5—20

Däubler, James M.: US-Embargo und deutsches Unternehmensrecht, in: ZRP 15 (1982), S. 285—288

Dagtoglou, Prodomos: Souveränität, in: Ev. Staatslexikon, S. 2321—2330.

Dahm, Georg: Völkerrecht Bd. 1, S. 273, Stuttgart 1968

— Völkerrecht Bd. 2, Stuttgart 1961

Damrosch, Lori Fisler: Retaliation or Arbitration — or both? The 1978 United States — France Aviation Dispute, in: AJIL 74 (1980), S. 785—807

Delaume, Georges R.: Transnational Contracts, Applicable Law and Settlement of Disputes, Appendix IV, Booklet B

Delbrück, Jost: Die Rassenfrage als Problem des Völkerrechts und nationaler Rechtsordnungen, Frankfurt 1971

— Selbstbestimmungsrecht und Völkerrecht, in: JIR 13 (1967), S. 180—209

— Das Selbstbestimmungsrecht der Völker im Völkerrecht der Gegenwart, Bemerkungen zum Stand der Diskussion, in: VN 25 (1977), S. 6—8

— Souveränität und Nationalstaat im Wandel, in: Handbuch der deutschen Außenpolitik, S. 669—675

— Zum Funktionswandel des Völkerrechts der Gegenwart im Rahmen einer universalen Friedensstrategie — Menschenrechtsschutz und internationales Wirtschafts- und Sozialrecht, in: Friedenswarte 58 (1975), S. 240—252

— Rechtsprobleme der Friedenssicherung durch Sicherheitsrat und Generalversammlung der Vereinten Nationen, in: VN im Wandel, S. 131—152

— Menschenrechte im Schnittpunkt zwischen universalem Schutzanspruch und staatlicher Souveränität, in: *Schwartländer*, Menschenrechte und Demokratie, S. 11—26

— Die kulturelle und individuelle Identität als Grenze des Informationspluralismus?, in: Recht auf Information/Schutz vor Information, S. 181—200

— Proportionality, in: EPIL 7 (1984), S. 396—400

Dembinski, Ludwig: Le Territoire et le Developpement du Droit International, in: Schweizerische JIR 31 (1975), S. 121—152

Derpa, Rolf M.: Das Gewaltverbot der Satzung der Vereinten Nationen und die Anwendung nichtmilitärischer Gewalt, Bad Homburg 1970

Dewost, Jean-Louis: La Communante, les dix et les sanctions economiques: de la crise iranienne a la crise des Melounies, in: AFDI 28 (1982), S. 215—232

Dicke, Detlev Christian: Die Intervention mit wirtschaftlichen Mitteln im Völkerrecht, Baden-Baden 1978

Dicke, Klaus: Die Rechtssprechung des Internationalen Gerichtshofs in den Jahren 1983 und 1984, in: GYIL 27 (1984), S. 459—482

— Mensch, Umwelt und Natur — zur Prinzipienbildung des Umweltschutzes im Rahmen der Vereinten Nationen, in: VN 33 (1985), S. 59—62

— Grenzüberschreitender Umweltschutz als völkerrechtliches Problem, in: Umweltschutz in beiden Teilen Deutschlands, S. 105—122

— Menschenrechte und Europäische Integration — Ein Beitrag zu den normativen Grundlagen der Europäischen Gemeinschaft, Kehl am Rhein/Straßburg 1986

Dihigo, Ernesto: Legality of Intervention and the Charter of the Organisation of American States, in: ASIL 51 (1957), S. 91—100

Doehring, Karl: Das Selbstbestimmungsrecht der Völker als Grundsatz des Völkerrechts, in: Berichte DGVR Heft 14 (1973), S. 7—46

Graf zu Dohna, Bernt: Die Grundprinzipien des Völkerrechts über die freundschaftlichen Beziehungen und die Zusammenarbeit zwischen den Staaten, Berlin 1973

Donges, Jürgen B.: Erfahrungen mit internationalen Handelssanktionen — eine Geschichte der Mißerfolge, Kieler Diskussionsbeiträge, Heft 90, Kiel 1982

Doxey, Margaret P.: Economic Sanctions and International Enforcement, Oxford 1971

Drath, Martin: Staat, in: Ev. Staatslexikon, S. 2434—2467

Edwards, Richard W., Jr.: Extraterritorial Application of the U. S. Iranian Assets Control Regulations, in: AJIL 75 (1981), S. 870—902

Ehlermann, Claus-Dieter: Communantés Européennes Et Sanctions Internationales — Une Réponse A. J. Verhoeven, in: RBDI 18 (1984—1985), S. 96—112

Elliott, Richard S.: The Export Administration Act of 1979. Latest Statutory Resolution of the "Right of Export" Versus National Security and Foreign Policy Controls, in: Colum. J. of Transn. Law 19 (1981), S. 255—299

Engels, Benno: Die Zukunft des Embargos in den internationalen Beziehungen, in: Weltwirtschaft und Internationale Beziehungen, Neue Folge, Heft 1, Hamburg 1981

Erler, Georg: Staatssouveränität und internationale Wirtschaftsverflechtung, in: Berichte DGVR 1 (1955), S. 29—58

— Boykott, wirtschaftlicher, in: *Strupp/Schlochauer*, WVR II, S. 238

Ermacora, Felix: Human Rights and Domestic Jurisdiction, in: RdC 124 (1968 II), S. 371—451

— Das Verhältnismäßigkeitsprinzip im österreichischen Recht sowie aus der Sicht der Europäischen Menschenrechtskonvention, in: Grundsatz der Verhältnismäßigkeit, S. 67—87

Espiell, Héctor Gros: Sovereignty, Independence and Interdependence of Nations, in: Spirit of Uppsala, S. 277—296

— Der Begriff des Selbstbestimmungsrechts der Völker in heutiger Sicht, in: VN 30 (1982), S. 54—58

Everling, Ulrich: Vom Zweckverband zur Europäischen Union — Überlegungen zur Struktur der Europäischen Gemeinschaften, in: FS *Ipsen*, S. 595—615

Falk, Richard: On the Quasi-Legislative Competence of the General Assembly, in: AJIL 60 (1966), S. 782—791

Fatouros, A. A.: On the Hegemonic Role of International Functional Organisation, in: GYIL 23 (1980), S. 9—36

— The Computer and the Mud Huts: Notes on Multinational Enterprises in Developing Countries, in: Colum. J. Transnat'l L. 10 (1971), S. 325—363

— World Bank's impact on international law — A case study in the international law of cooperation, in: FS Friedmann, S. 62—95

Fawcett, J. E. S.: Intervention in International Law — A Study of Some Recent Cases, in: RdC 103 (1961 II), S. 347—423

Fenwick, Charles G.: The Organisation of American States, Washington 1963

Feuer, Guy: Réflexions sur la Charte des droits et devoirs économiques des états, in: RGDIP 79 (1975), S. 273—320

Fiedler, Wilfried: Materieller Rechtsstaat und soziale Homogenität, in: JZ 39 (1984), S. 201—211

Foda, Ezzeeldin: The Projected Arab Court of Justice, The Hague 1957

Friedmann, Wolfgang G.: The Changing Structure of International Law, London 1964

—/*Kalmenoff*, George/*Meagler*, Robert F.: International Financial Aid, New York 1966

— General Course in Public International Law, in: RdC 127 (1969 II), S. 41—246

Friedrich, Klaus: Die Verordnung (EWG) Nr. 596/82 des Rates über Einfuhrregelungen für sowjetische Waren, in: RIW 28 (1982), S. 333—336

— Wirtschaft als Waffe — Gedanken anläßlich der Iran-Sanktionen, in: NJW 33 (1980), S. 2620—2622

Frowein, Jochen Abr.: Das Problem des grenzüberschreitenden Informationsflusses und des „domaine réservé", in: Berichte DGVR Heft 19 (1979), S. 1—35

— Freundschaft und Zusammenarbeit unter den Staaten — Die UN-Resolution über freundschaftliche Beziehungen als Ausdruck wichtiger Strömungen im heutigen Völkerrecht, in: EA 28 (1973), S. 70—76

— Die Verpflichtungen erga omnes im Völkerrecht und ihre Durchsetzung, in: FS Mosler, S. 241—262

Fukatsu, Eiichi: Coercion and the Theory of Sanctions in International Law, in: *MacDonald/Johnston*, S. 1187—1205

Galtung, Johan: An Editorial, in: JPR 1 (1964), S. 1—4

— Violence, Peace and Peace Research, in: JPR 6 (1969), S. 167—191

— Eine strukturelle Theorie des Imperialismus, in: *Senghaas*, Imperialismus, S. 29—104

Garcia-Amador, F. V.: Organization of American States, in: EPIL 6 (1983), S. 276—281

Gerber, David J.: The Extraterritorial Application of the German Antitrust Laws, in: AJIL 77 (1983), S. 765—783

Gerlach, Axel: Die Intervention — Versuch einer Definition, Hamburg 1967

von Gierke, Otto: Johannes Althusius und die Entwicklung der naturrechtlichen Staatstheorien, Breslau 1880

Goelzer, Daniel L./*Stilmann*, Jacob H./*Walter*, Elisse B./*Sullivan*, Anne H./ *Michael*, Douglas C.: The Draft Revised Restatement, A Critique From a Securities Regulation Perspective, in: Int'l Law 19 (1985), S. 431—485

Goharin, Mohsen: Die Darlehenspolitik der Weltbank insbesondere gegenüber den wirtschaftlich unentwickelten Ländern, Winterthur 1961

Golan, Jeffrey W.: U. S. Technology Transfer to the Soviet Union and the Protection of National Security, in: Law & Pol'y Int'l Bus. 11 (1979), S. 1037—1107

Gold, Joseph: The Stand-By-Arrangements of the International Monetary Fund, Washington 1970

— The Article of Agreement and the U. S. Freeze of Assets, Nov. 1979, in: *ders.*, The Fund Agreement in the Courts: Vol. II, Washington 1982, S. 360—427

— The Law and Practice of the International Monetary Fund with Respect to "Stand-By-Arrangements", in: I.C.L.Q. 12 (1963), S. 1—30

— International Monetary Fund, in: EPIL 5 (1983), S. 108—115

— Development in the International Monetary System, the International Monetary Fund, and International Monetary Law since 1971, in: RdC 174 (1982 I), S. 111—365

— The Relationship between the International Monetary Fund and the World Bank, in: Creighton Law Review 15 (1981/82), S. 499—521

Golsong, Heribert: International Bank for Reconstruction and Development, in: EPIL 5 (1983), S. 58—64

— Das Problem der Rechtssetzung durch internationale Organisationen (insbesondere im Rahmen der VN), in: Berichte DGVR Heft 10 (1971), S. 1—50

Goodrich, Leland M./*Hambro*, Eduard/*Simons*, Anne Patricia: Charter of the United Nations, 3rd ed., New York 1969

Gordon, Edward/*Bilder,* Richard B./*Rovine,* Arthur W./*Wallace,* Don: International Law and the United States Action in Grenada: A Report, in: Int'l Law 18 (1984), S. 331—380

— Extraterritorial application of US economic laws: Britain draws the line, in: Int. Law 14 (1980), S. 151—166

Grabitz, Eberhardt/*Läufer,* Thomas: Das Europäische Parlament, Bonn 1980

Graham, Gael: The Forming and Informing of Article 2 (7) of the United Nations Charta, unveröffentlichtes Third-Year-Paper, Harvard Law School

Griessbach, Lothar: Grundsätze des US-Export Administration Amendments Act of 1985, in: RIW 31 (1985), S. 924—928

Großfeld, Bernhard: Multinationale Unternehmen und staatliche Souveränität, in: JuS 18 (1978), S. 73—80

Grossmann, Claudio: Het Beginsel van Non-interventie in de Organisatie van Amerikaanse Staten vermit een latijus-amerikaans Gesichtspunt, Diss. Rijksuniversiteit Utrecht 1979

Hadley, Guy: CENTO — The Forgotten Alliance, Brighton 1971

Häberle, Peter: Zur gegenwärtigen Diskussion um das Problem der Souveränität, in: AöR 92 (1967), S. 259—287

Haedrich, Heinz: Intervention, in: *Strupp/Schlochauer,* WVR II, S. 145

Handl, Günther: Territorial Sovereignty and the Problem of Transnational Pollution, in: AJIL 65 (1975), S. 50—76

Harris, Joel B./*Bialos,* Jeffrey P.: The Strange New World of United States Export Controls under the International Emergency Economic Powers Act, in: Vand. J. Transn. L. 18 (1985), S. 71—108

Hasselmann, Cord-Georg: Do We Need New IAEA Safeguards?, in: GYIL 27 (1984), S. 259—302

Hawk, Barry: United States, Common Market and International Antitrust, New York 1979

van Hecke, Georges: The Effect of Economic Coercion on Private Relationships, in: RBDI 18 (1984—1985), S. 113—121

Hein, Werner: Economic Embargoes and Individual Rights under German Law, in: Law & Pol'y Int'l Bus. 15 (1983), S. 401—423

Held, Hermann J.: Wirtschaftskrieg, in: *Strupp/Schlochauer,* WVR III, S. 857—862

Heller, Hermann: Die Souveränität — Ein Beitrag zur Theorie des Staats- und Völkerrechts, Berlin/Leipzig 1927

Hermanns, Ferdinand: Völkerrechtliche Grenzen für die Anwendung kartellrechtlicher Verbotsnormen, Köln/Berlin/Bonn/München 1961

Herczegh, Géza: Development of International Humanitarian Law, Budapest 1984

Hershey, Amos S.: The Essentials of International Public Law, New York 1912

Hettlage, Karl: Die Intervention in der Geschichte der Völkerrechtswissenschaft und im System der modernen Völkerrechtslehre, in: Niemeyers Zeitschrift für Internationales Recht XXXVII (1927), S. 11—88

Higgins, Rosalyn: The Development of International law through the Political Organs of the United Nations, London 1963

Hinz, Joachim/*Rauch*, Elmar: Kriegsvölkerrecht, 3. Aufl., Köln/Berlin/Bonn/München 1984

Hobbes, Thomas: Leviathan, London 1651, nachgedruckt in: Hobbes' Leviathan mit einer Einleitung von *W. G. Pogson Smith*, Oxford 1958

Hufbauer, Gary Clyde/*Schott*, Jeffrey J.: Economic Sanctions in Support of Foreign Policy Goals, Washington 1983

Huntley, A. Kapranos: The Protection of Trading Interests Act 1980 — Some Jurisdictional Aspects of Enforcement of Antitrust Laws, in: I.C.L.Q. 30 (1981), S. 213—233

Hyde, Charles Cheney: International Law — Chiefly as Interpreted and Applied by the United States, Bd. 1, 2. Aufl. Boston 1947

Ipsen, Knut: Entwicklung der „collective economic security" im Rahmen der Vereinten Nationen, in: VN im Wandel, S. 11—31

Ipsen, Hans Peter: Außenwirtschaft und Außenpolitik — Rechtsgutachten zum Rhodesien-Embargo, Stuttgart/Berlin/Köln/Mainz 1967

Ireland, Philip W.: The Pact of the League of Arab States, in: AJIL 39 (1945), S. 797—800

Jackson, John H.: World Trade and the Law of GATT, Indianapolis et al. 1969

— International Economic Relations, St. Paul 1977

Jaenicke, Günther: Der Begriff der Diskriminierung im modernen Völkerrecht, Berlin 1940

— General Agreement on Tariffs and Trade, in: EPIL 5 (1983), S. 20—27

— North Sea Continental Shelf Case, in: EPIL 2 (1981), S. 205—208

Jahn, Ingrid L.: Applying International Law to the Downing of Korean Air Lines Flight 007 on September 1, 1983, in: GYIL 27 (1984), S. 444—458

Jellinek, Georg: Allgemeine Staatslehre, 3. Aufl. 1913, 7. Nachdruck, Darmstadt 1960

Jenks, C. Wilfred: The Common Law of Mankind, London 1958

Joyner, Christopher C.: The United States Action in Grenada — Reflections in the Lawfulness of Invasion, in: AJIL 78 (1984), S. 131—144

— The Transnational Boycott as Economic Coercion in International Law: Policy, Place, and Practice, in: Vand. J. Transn. L. 17 (1984), S. 205—286

Kaiser, Joseph H.: Internationale und nationale Zuständigkeit im Völkerrecht der Gegenwart, in: Berichte DGVR Heft 7 (1965), S. 1—25

Kaps, C.: Der Währungsfonds darf kein Selbstbedienungsladen werden, in: FAZ vom 09. 03. 1979

Kausch, Hans G.: Boycotts for Non-economic Reasons in International Trade: International and German Law Aspects, in: NordTIR 45 (1976), S. 26—36

— Die internationale friedliche Nutzung der Kernenergie im System des Nichtverbreitungsvertrages, in: Völkerrecht und Kriegsverhütung, S. 13—39

Kelsen, Hans: The Law of the United Nations, New York 1951

— The Draft Declaration on Rights and Duties of States, in: AJIL 44 (1950), S. 259—276 (268)

—/*Tucker*, Robert W.: Principles of International Law, 2nd ed., New York et al. 1966

— Der Wandel des Souveränitätsbegriffs, in: *Kurz*, Volkssouveränität, S. 164—178

Kemper, Ria: Nationale Verfügung über natürliche Ressourcen und die neue Weltwirtschaftsordnung, Berlin 1976

Kewenig, Wilhelm A.: Der Grundsatz der Nichtdiskriminierung im Völkerrecht der internationalen Handelsbeziehungen, Frankfurt 1972

— Gewaltverbot und noch zulässige Machteinwirkung und Interventionsmittel, in: *Schaumann*, Gewaltverbot, S. 175—217

— Die Anwendung wirtschaftlicher Zwangsmaßnahmen im Völkerrecht, in: Berichte DGVR Heft 22 (1982), S. 7—32

Kielmansegg, Peter Graf: Volkssouveränität, Eine Untersuchung der Bedingungen demokratischer Legitimität, Stuttgart 1977

Kimminich, Otto: Das Völkerrecht und die neue Weltwirtschaftsordnung, in: AVR 20 (1982), S. 2—35

— Schutz der Menschen in bewaffneten Konflikten. Zur Fortentwicklung des humanitären Völkerrechts, München 1979

Kintner, Earl W./*Griffin*, Joseph: Jurisdiction over foreign commerce under the Sherman Antitrust Act, in: B. C. Ind. & Com. L. Rev. 18 (1976/77), S. 199—238

Kipp, Heinrich: Zum Problem der gewaltsamen Intervention in der derzeitigen Entwicklungsphase des Völkerrechts, in: FS *Peters*, S. 393—433

— Das Verbot der Diskriminierung im modernen Friedensvölkerrecht, in: AVR 9 (1961/62), S. 137—161

Kiss, Alexandre C.: Abuse of Rights, in: EPIL 7 (1984), S. 1—5

— The International Protection of the Environment, in: *MacDonald/Johnston*, S. 1069—1093

Kißler, Klaus-Peter: Die Zulässigkeit von Wirtschaftssanktionen der Europäischen Gemeinschaften gegenüber Drittstaaten, Frankfurt/Bern/New York/Nancy 1984

van Kleffens, E. N.: Sovereignty in International Law, in: RdC 82 (1953 I), S. 1—130

Klein, Eberhard: Umweltschutz im völkerrechtlichen Nachbarrecht, Berlin 1976

Klemm, Ulf-Dieter: Continental Shelf Arbitration, in: EPIL 2 (1981), S. 58—61

Kloepfer, Michael/*Kohler*, Christian: Kernkraftwerk und Staatsgrenze — Völkerrechtliche, verfassungsrechtliche, europarechtliche, kollisions- und haftungsrechtliche Fragen grenznaher Kernkraftwerke, Berlin 1981

Köck, Heribert: Ist Art. 2 Ziff. 7 Satzung der Vereinten Nationen tot?, in: ÖZöffR 22 (1971), S. 327—361

Köpernik, Gerhard: Ausfuhrbeschränkungen im GATT, in: RIW/AWD 20 (1974), S. 680—684

Kotzsch, Lothar: Blockade, kriegerische, in: *Strupp/Schlochauer*, WVR I, S. 214—217

Kramer, Jörg-Dietrich: Die Rechtsnatur der Geschäfte des Internationalen Währungsfonds, Berlin 1967

Kunig, Philip: Das völkerrechtliche Nichteinmischungsprinzip, Zur Praxis der Organisation der afrikanischen Einheit (OAU) und des afrikanischen Staatenverkehrs, Baden-Baden 1981

Kutscher, Hans: Zum Grundsatz der Verhältnismäßigkeit im Recht der Europäischen Gemeinschaften, in: Grundsatz der Verhältnismäßigkeit, S. 89—97

Kutzner, Gerhard: Die Organisation der Amerikanischen Staaten (OAS), Hamburg 1970

Kuyper, Pieter Jan: Community Sanctions against Argentina: Lawfulness under Community and International Law, in: *O'Keeffe*, David/*Schermers*, Henry G. (Hrsg.), Essays in European Law and Integration, Antwerpen/Boston/London/Frankfurt 1982, S. 141—166

— The European Community and the US Pipeline Embargo: Comments on Comments, in: GYIL 27 (1984), S. 72—96

— European Community Law and Extraterritoriality: Some Trends and New Developments, in: I.C.L.Q. 33 (1984), S. 1013—1021

Lachs, Manfred: Pacta sunt servanda, in: EPIL 7 (1984), S. 364—371

Lagoni, Rainer: Die Rechtsprechung des Internationalen Gerichtshofes in den Jahren 1981 und 1982, in: GYIL 25 (1982), S. 585—608

Lall, K. B.: Economic Inequality and International Law, in: IJIL 14 (1974), S. 7—12

Lambers, Hans Jürgen: Das kollektive Handelsembargo als Institut des Völkerrechts, Diss. Göttingen 1956 (Maschinenschrift)

Lammers, Johan G.: Pollution of International Watercourses — A Search for Substantive Rules and Principles of Law, Boston/The Hague/Dordrecht/Lancaster 1984

Langen, Eugen: Außenwirtschaftsgesetz (Kommentar), München 1968

Lauterpacht, Hersch: International Law and Human Rights, Cambridge 1968

Lebahn, Axel: Die „Jamal-Erdgasleitung" UdSSR — Westeuropa im Ost-West-Konflikt, in: Außenpolitik 34 (1983), S. 256—280

Lebedoff, Geric/*Raievski*, Caroline: A French Perspective on the United States Ban on the Soviet Gas Pipeline Equipment, in: Tex. Int'l L. J. 18 (1983), S. 483—507

Leinung, Hans Friedrich: Der Weltpostverein im 110. Jahr, in: VN 32 (1984), S. 83—86

Leithäuser, Gerhard: Der Internationale Währungsfonds (IWF) und die eingeschränkte Souveränität nationalstaatlicher Wirtschaftspolitik in seinem Einflußbereich, in: Blätter für deutsche und internationale Politik 32 (1978), S. 290—306

Levie, Howard S.: Some Recent Developments in the Law of War, in: GYIL 25 (1982), S. 252—272

Lillich, Richard B.: Economic Coercion and the "New International Economic Order": A Second Look at Some First Impressions, in: VJIL 16 (1976), S. 233—244

Linde, Jürgen: Außenwirtschaftsgesetz und zwischenstaatliche Vereinbarungen, Göttingen 1970

Lindemeyer, Bernd: Schiffsembargo und Handelsembargo, Baden-Baden 1975

von Liszt, Franz/*Fleischmann*, Max: Das Völkerrecht, 12. Aufl., Berlin 1925

Löschner, Ernst: Souveräne Risiken und internationale Verschuldung, Wien 1983

Lombardi, Aldo Virgilio: Bürgerkrieg und Völkerrecht — Die Anwendbarkeit völkerrechtlicher Normen in nichtzwischenstaatlichen bewaffneten Konflikten, Berlin 1976

Lowe, A. V.: Blocking Extraterritorial Jurisdiction — The British Protection of Trading Interests Act, 1980, in: AJIL 75 (1981), S. 257—282

ders. (Hrsg.): Extraterritorial Jurisdiction — an annotated collection of legal materials, Cambridge 1983

— International Law Issues Arising in the "Pipeline" Dispute: the British Position, in: GYIL 27 (1984), S. 54—71

— Public International Law and the Conflict of Laws: The European Response to the United States Export Administration Regulations, in: I.C.L.Q. 33 (1984), S. 515—530

— Extraterritorial Jurisdiction in the British Practice — Vortrag gehalten anläßlich einer Tagung des Max-Planck-Institutes für Internationales Privatrecht am 17. 4. 1986 (erscheint demnächst)

Lowenfeld, Andreas F.: Trade Controls for Political Ends, New York 1977

— Public law in the international arena: Conflict of laws, international law, and some suggestions for their interaction, in: RdC 163 (1979 II), S. 311—436

Macalister-Smith, Peter: Comity, in: EPIL 7 (1984), S. 41—44

MacDonald, Robert W.: The League of Arab States, in: *Beer*, Francis A. (Hrsg.), Alliances: Latent War Communities in the Contemporary World, New York et al. 1970, S. 237—261

McIntyre, John R./*Cupitt*, Richard T.: Multilateral Strategic Trade Controls Within the Western Alliance, in: Gary K. *Bertsch*/John R. *McIntyre* (Hrsg.), National Security and Technology Transfer — The Strategic Dimensions of East-West Trade, Boulder 1983, S. 140—158

Magarasevic, Aleksandar: The Sovereign Equality of States, in: *Sahovic* (Hrsg.), Principles, S. 171—218

Maier, Harold G.: Extraterritorial Jurisdiction at a Crossroad: An Intersection Between Public and Private International Law, in: AJIL 76 (1982), S. 280—320

— Interest Balancing and Extraterritorial Jurisdiction, in: AJCL 31 (1983), S. 579—598

Malanczuk, Peter: Counter-Measures and Self-Defence as Circumstances Preculding Wrongfulness in the International Law Commission's Draft Articles on State Responsibility, in: ZaöRV 43 (1983), S. 705—812

— Zur Repressalie im Entwurf der International Law Commission zur Staatenverantwortlichkeit, in: ZaöRV 45 (1985), S. 293—323

Mann, F. A.: The Doctrine of Jurisdiction in International Law, in: RdC 111 (1964 I), S. 9—162

— The Doctrine of International Jurisdiction Revisited After Twenty Years, in: RdC 186 (1984 III), S. 13—115

— Anglo-American Conflict of Jurisdiction, in: I.C.L.Q. 13 (1964), S. 1460—1465

Maunz, Theodor/*Zippelius*, Reinhold: Deutsches Staatsrecht, 24. Aufl. München 1982

Marcus, Daniel: Soviet Pipeline Sanctions: The President's Authority to Impose Extraterritorial Controls, in: Law & Pol'y Int'l Bus. 15 (1983), S. 1169—1179

Marcuss, Stanley J./*Richard*, Eric L.: Extraterritorial Jurisdiction in United States Trade Law: The Need for a Consistent Theory, in: Col. J. of Transn. Law 20 (1981), S. 439—483

McDougal, Myres S./*Feliciano,* Florentino P.: Law and Minimum Public Order, New Haven 1961

McRae, D. M.: Delimination of the Continental Shelf between the United Kingdom and France, in: CYIL 15 (1977), S. 173—197

Medrey, Wendell C.: Economic Sanctions Against South Africa: Problems and Prospects for Enforcement of Human Rights Norms, in: VJIL 22 (1982), S. 345—379

Meessen, Karl Matthias: Völkerrechtliche Grundsätze des internationalen Kartellrechts, Baden-Baden 1975

— Souveränität, in: Handbuch Vereinte Nationen, München 1977, S. 404—411

— Antitrust Jurisdiction under Customary International Law, in: AJIL 78 (1984), S. 783—810

— Extraterritoriality of Export Control: A German Lawyer's Analysis of the Pipeline Case, in: GYIL 27 (1984), S. 97—108

Meier, Gert: Zur Kompetenz der EG-Mitgliedstaaten zur Durchführung von Sanktionsbeschlüssen des Sicherheitsrates der Vereinten Nationen, in: RIW 25 (1979), S. 247—250

Meng, Werner: Streitbeilegung in GATT, in: ZaöRV 41 (1981), S. 69—102

— The Caroline, in: EPIL 3 (1982), S. 81—82

— Völkerrechtliche Zulässigkeit und Grenzen wirtschaftsverwaltungsrechtlicher Hoheitsakte mit Auslandswirkung, in: ZaöRV 44 (1984), S. 675—780

— Die Kompetenz der EWG zur Verhängung von Wirtschaftssanktionen gegen Drittländer, in: ZaöRV 42 (1982), S. 780—803

— Neuere Entwicklungen im Streit um die Jurisdiktionshoheit der Staaten im Bereich der Wettbewerbsbeschränkungen, in: ZaöRV 41 (1981), S. 469—512

Menzel, Eberhard: Der Festlandsockel der Bundesrepublik Deutschland und das Urteil des Internationalen Gerichtshofes vom 20. Februar 1969, in: JIR 14 (1969), S. 13—100

—/*Ipsen,* Knut: Völkerrecht, 2. Aufl., München 1979

Merciai, Patrizio: The Euro-Siberian Gas Pipeline Dispute — A Compelling Case for the Adoption of Jurisdictional Codes of Conduct, in: MD. J. Int'l L. & Trade 8 (1984), S. 1—47

Mitrovic, Tomislav: Non-Intervention in the Internal Affairs of States, in: *Sahovic* (Hrsg.), S. 219—275

Moinuddin, Hasan: Die Organisation der Islamischen Konferenz (OIC) als Forum politischer und wirtschaftlicher Kooperation, Bochum 1984

Moore, John Norton: Grenada and the International Double Standard, in: AJIL 78 (1984), S. 145—168

Morse, Duane D./*Powers,* Joan S.: U. S. Export Controls and Foreign Entities: The Unanswered Questions of Pipeline Diplomacy, in: VJIL 23 (1983), S. 537—567

Mosler, Hermann: Die Intervention im Völkerrecht, Berlin 1937

—/*Bräutigam,* Hans Otto: Staatliche Zuständigkeit, in: *Strupp/Schlochauer,* WRV II, S. 317—323

Moss, Alfred George/*Winton,* Harry N. M.: A New International Economic Order, Selected Documents 1945—1976, UNITAR Document Service

Moyer, Homer E., Jr./*Mabry*, Linda A.: Export Controls as Instruments of Foreign Policy: The History, Legal Issues, and Policy Lessons of Three Recent Cases, in: Law & Pol'y Int'l Bus. 15 (1983), S. 1—171

Münch, Dieter: Internationale Verschuldenskrise: Zwischenbilanz, in: RIW 31 (1985), S. 625—640

von *Münch*, Ingo: Internationale und nationale Zuständigkeit im Völkerrecht der Gegenwart, in: Berichte DGVR Heft 7 (1965), S. 27—60

Nawaz, M. K.: Limits of Self-Defence: Legitimacy of Use of Force against Economic Strangulation?, in: IJIL 16 (1976), S. 252—266

Neff, Stephen C.: The Law of Economic Coercion: Lessons From the Past and Indications of the Future, in: Col. J. Transnat'l L. 20 (1981), S. 411—437

Nerep, Erik: Extraterritorial Control of Competitions under International Law — with Special Regard to US Antitrust Law, Stockholm 1983

Neuhaus, Rupert Klaus: Das Rechtsmißbrauchsverbot im heutigen Völkerrecht — Eine Untersuchung zur Entwicklung und Anwendbarkeit eines Begriffes, Berlin 1984

Neuhold, Hanspeter: Internationale Konflikte — verbotene und erlaubte Mittel ihrer Austragung, Wien — New York 1977

— Die Pflicht zur Zusammenarbeit zwischen den Staaten: Moralisches Postulat oder völkerrechtliche Norm?, in: FS Verdross, S. 575—606

— Die Intervention aus völkerrechtlicher Sicht, in: *Czempiel/Link*, S. 33—53

Nincic, Djura: The Problem of Sovereignty in the Charter and in the Practice of the United Nations, The Hague 1970

Nobel, Peter: Internationalisierung der Tatbestände und nationalstaatliches Recht, in: Außenwirtschaft 39 (1984), S. 91—118

Oellers-Frahm, Karin: Die Entscheidung des IGH zur Abgrenzung des Festlandsockels zwischen Tunesien und Libyen: eine Abkehr von der bisherigen Rechtsprechung?, in: ZaöRV 42 (1982), S. 804—814

Olson, Richard Stuart: Economic Coercion in World Politics — With a Focus on North-South Relations, in: World Politics XXXI (1978/79), S. 471—494

Ongman, John Will: "Be no longer a Chaos": Constructing a Normative Theory of the Sherman Act's Extraterritorial Jurisdictional Scope, in: Nw. U. L. Rev. 71 (1977), S. 733—766

Onkelinx, Ivo T.: Conflict of International Jurisdiction: Ordering the Production of Documents in Violation of the Law of the Situs, in: Nw. U. L. Rev. 64 (1969), S. 487—533

Onuf, Nicholas Greenwood: The Principle of Non-intervention, the United Nations, and the International System, in: IO 25 (1971), S. 209—227

Ophüls, C. F.: Staatshoheit und Gemeinschaftshoheit — Wandelungen des Souveränitätsbegriffs, in: Recht im Wandel, S. 519—590

Oppenheim, L./Lauterpacht, H.: International Law,
Bd. I, 8. Aufl., London/New York/Toronto 1955,
Bd. II, 7. Aufl., London/New York/Toronto 1952

Oppermann, Thomas: Schutzklauseln in der Endphase des Gemeinsamen Marktes, in: EuR 4 (1969), S. 231—239

— Nichteinmischung in innere Angelegenheiten — Zur Abgrenzung der Nichteinmischung gegenüber Intervention und Interzession, in: AVR 14 (1969/70), S. 321—342

— Die Europäische Gemeinschaften als parastaatliche Superstruktur, in: FS *Ipsen*, S. 685—699

Ottmann, Henning: Maß, in: Joachim *Ritter*/Karlfried *Gründer* (Hrsg.), Historisches Wörterbuch der Philosophie, Bd. 5, Basel 1982, S. 807—811

Ouchakov, Nicolai Alexandrovic: La compétence interne des états et la non-intervention dans le droit international contemporain, in: RdC 141 (1974 I), S. 5—80

Owen, Robert B.: Extraterritorial Application of U.S. Trade and Financial Controls: Freezings, Vestings, etc., in: Wirtschaft und Recht 35 (1983), S. 142—153

Partsch, Karl Josef: Repressalie, in: *Strupp/Schlochauer*, WVR III, S. 103—106

— Humanitarian Law and Armed Conflict, in: EPIL 3 (1982), S. 215—219

— Retorsion, in: *Strupp/Schlochauer*, WVR III, S. 110

Paschos, Georgios: Die wirtschaftliche Intervention im Völkerrecht der Gegenwart — Völkerrechtliche Erläuterung des Tatbestandes und Versuch einer operationellen Definition, Thessaloniki 1974

Paust, Jordan J./*Blaustein*, Albert P.: The Arab Oil Weapon — A Threat to International Peace, in: *Lillich*, Economic Coercion, S. 123—152

Pechota, Vratislav: Equality: Political Justice in an Unequal World, in: *MacDonald/Johnston*, S. 453—484

Pertek, Jaques: Les sanctions politiques à l'objet économique prise par la EC à l'enoutre d'états tiers, in: RMC 26 (1983), S. 205—216

Petersmann, Ernst-Ulrich: Internationale Wirtschaftssanktionen als Problem des Völkerrechts und des Europarechts, in: ZVglRWiss 80 (1981), S. 1—28

— „Entwicklungsvölkerrecht", „Droit International du Développement", „International Economic Development Law": Mythos oder Wirklichkeit?, in: JIR 17 (1974), S. 145—176

— 30 Jahre Allgemeines Zoll- und Handelsabkommen, in: AVR 19 (1980/81), S. 23—80

Petersmann, Hans G.: The Legal Evolution of the International Monetary System since Bretton Woods, in: GYIL 25 (1982), S. 376—401

— The World Bank's Contribution to the Law of International Finance and Development (1944—1984), in: AVR 23 (1985), S. 241—269

Platzöder, Renate/Graf *Vitzthum*, Wolfgang: Seerecht — Law of the Sea, Baden-Baden 1984

Portmann, Heinz: Die Weltbank als Kapitalleitstelle für Entwicklungsländer, Winterthur 1961

Preuss, Lawrence: Article 2, Paragraph 7 of the Charter of the United Nations and Matters of Domestic Jurisdiction, in: RdC 74 (1949 I), S. 553—650

Prill, Norbert J.: Völkerrechtliche Aspekte der internationalen Verbreitung ziviler Kernenergienutzung, Berlin 1980

Quartisch, Helmut: Staat und Souveränität, Frankfurt/Main 1970

— Bodins Souveränität und das Völkerrecht, in: AVR 17 (1978), S. 257—273

Quick, Reinhard: Exportbeschränkungen und Art. XIX GATT, Köln et al. 1983

Rajan, M. S.: United Nations and Domestic Jurisdiction, London 1961

— Sovereignty over Natural Resources, New Delhi 1978

Raman, K. Vankata: Towards a New World Information and Communication: Problems of Access and Cultural Development, in: *MacDonald/Johnston*, S. 1027—1068

Randelzhofer, Albrecht/*Simma*, Bruno: Das Kernkraftwerk an der Grenze — eine „ultra-hazardous activity" im Schnittpunkt von internationalem Nachbarrecht und Umweltschutz, in: FS Berber, S. 389—432

— Der normative Gehalt des Friedensbegriffs im Völkerrecht der Gegenwart — Möglichkeiten und Grenzen seiner Operationalisierung, in: Völkerrecht und Kriegsverhütung, S. 13—39

Rao, P. Chandrasekhara: Charter of Economic Rights and Duties of States, in: IJIL 15 (1975), S. 351—370

Read John E.: The Trail Smelter Dispute, in: CYIL 1 (1963), S. 213—229

Reinhard, Hans: Rechtsgleichheit und Selbstbestimmung der Völker in wirtschaftlicher Hinsicht — Die Praxis der Vereinten Nationen, Berlin/Heidelberg/New York 1980

Remington, Robin Alison: The Warszaw Pact — Case Studies in Communist Conflict Resolution, Cambridge 1971

Ress, Georg: Der Grundsatz der Verhältnismäßigkeit im deutschen Recht, in: Grundsatz der Verhältnismäßigkeit, S. 5—51

Rest, Alfred: Berücksichtigung grenzüberschreitender Umweltaspekte im Recht der Bundesrepublik Deutschland, in: ÖZöffR 32 (1981), S. 59—92

Ritterband, Charles: Universeller Menschenrechtsschutz und völkerrechtliches Interventionsverbot, Bern/Stuttgart 1982

Robichek, E. Walter: The International Monetary Fund: An Arbiter in the Debt Restructuring Process, in: Col. J. Trans. L. 23 (1984), S. 143—153

Röling, Bernard V. A.: International Law in an Expanded World, Djabatan/Amsterdam 1960, S. 56—67

Rosenstock, Robert: The Declaration of Principles of International Law Concerning Friendly Relations: A Survey, in: AJIL 65 (1971), S. 713—735

Rosenthal, Douglas E.: Jurisdictional Conflicts Between Sovereign Nations, in: Int'l Law 19 (1985), S. 487—503

—/*Knighton*, William M.: National Laws and International Commerce, London 1982

Ross, Alf: The United Nations. Peace and Progress, New York 1966

— The Provision concerning "domestic jurisdiction" in Art. 2 (7) of the Charter of the United Nations, in: ÖZöffR 2 (1950), S. 562—571

Rudolf, Walter: Territoriale Grenzen der staatlichen Rechtsetzung, in: Berichte DGVR Heft 11 (1973), S. 7—45

— New States and International Law, in: Law and State 21 (1980), S. 47—73

Rumpf, Christian: Central Treaty Organisation, in: EPIL 6 (1983), S. 73—75

Rumpf, Helmut: Der internationale Schutz der Menschenrechte und das Interventionsverbot, Baden-Baden 1982

Sanchez, Miguel Antonio: Self-Determination and the Falkland Island Dispute, in: Col. J. of Transn. L. 21 (1983), S. 557—584

Schäfer, Hans-Bernd: Die Bereitschaftsabkommen des Internationalen Währungsfonds in der Kritik, in: *ders.* (Hrsg.), Gefährdete Weltfinanzen — Verschuldensproblematik und internationale Finanzpolitik, Bonn 1980, S. 227—240

Schallehn, Ernst/*Stolzenburg*, Günter: Garantien und Bürgschaften der Bundesrepublik Deutschland zur Förderung der deutschen Ausfuhr, Köln (Loseblattsammlung)

Schaumann, Wilfried: Die Gleichheit der Staaten — Ein Beitrag zu den Grundprinzipien des Völkerrechts, Wien 1957

v. Schenck, Dedo: Das Problem der Beteiligung der Bundesrepublik Deutschland an Sanktionen der Vereinten Nationen, besonders im Falle Rhodesien, in: ZaöRV 29 (1969), S. 257—315

— Die vertragliche Abgrenzung des Festlandsockels unter der Nordsee zwischen der Bundesrepublik Deutschland, Dänemark und den Niederlanden nach dem Urteil des Internationalen Gerichtshofes vom 20. Februar 1969, in: JIR 15 (1970), S. 370—398

Scheuner, Ulrich: 50 Jahre Völkerrecht, in: JIR 12 (1965), S. 12—41

— Intervention und Interventionsverbot — Das Gebot der Achtung der wirtschaftlichen und politischen Selbständigkeit der Staaten, in: VN 28 (1980), S. 149—156

— Solidarität unter den Nationen als Grundsatz in der gegenwärtigen internationalen Gemeinschaft, in: FS Menzel, S. 251—277

— Zur Auslegung der Charta durch die Generalversammlung. Die Erklärung über freundschaftliche Beziehungen und Zusammenarbeit der Staaten, in: VN 26 (1978), S. 111—118

Schreuer, Christoph: Die Bedeutung internationaler Organisationen im heutigen Völkerrecht, in: AVR 22 (1984), S. 363—404

Schröder, Meinhard: Wirtschaftssanktionen der Europäischen Gemeinschaften gegenüber Drittstaaten, dargestellt am Beispiel des Iranembargos, in: GYIL 23 (1980), S. 111—125

Schüle, Adolf: Rechtsmißbrauch, in: *Strupp/Schlochauer*, WVR I, S. 69—71

Schulz, Hans Friedrich: Außenwirtschaftsrecht, Kommentar, Köln/Berlin/Bonn/München 1965

— Außenwirtschaftsgesetz, 6. Aufl., Bonn 1969

Schwarzenberger, Georg: The Forms of Sovereignty, An Essay in Comparative Jurisprudence, in: Current Legal Problems 10 (1957), S. 264—295

— The Fundamental Principles of International Law, in: RdC 87 (1955 I), S. 195—383

Schwebel, S. M.: Aggression, Intervention and Self-Defence in Modern International Law, in: RdC 136 (1972 II), S. 411—497

Seidl-Hohenveldern, Ignaz: The United Nations And Economic Coercion, in: RBDI 18 (1984—1985), S. 9—19

Shikata, Ibrahaim F. J.: Destination Embargo of Arab Oil: Its Legality under International Law, in: *Lillich*, Economic Coercion, S. 155—191

Shihab, Mufeed: League of Arab States, in: EPIL 6 (1983), S. 20—24

Sieg, Harald/*Fahning*, Hans/*Kölling*, Karl Friedrich: Außenwirtschaftsgesetz (Kommentar), Berlin 1963

Simma, Bruno: Grenzüberschreitender Informationsfluß und domaine réservé der Staaten, in: Berichte DGVR Heft 19 (1979), S. 39—82

— Souveränität und Menschenrechtsschutz nach westlichem Völkerrechtsverständnis, in: EuGRZ 4 (1977), S. 235—240

— Reflection on Article 60 of the Vienna Convention on the Law of Treaties and its Background in General International Law, in: ÖZöffR 20 (1970), S. 5—83

von *Simson*, Werner: Die Souveränität im rechtlichen Verständnis der Gegenwart, Berlin 1965

Sinha, S. Prakash: Has Self-Determination Become a Principle of International Law, in: IJIL 14 (1974), S. 332—361

Skulovsky, Vera S.: Legal Aspects of the Latin American External Debt and its Ramifications for the Development and Integration of the Americans, in: University of Miami Inter-American Law Review 16 (1984), S. 109—125

Soder, Josef: Die Problematik des völkerrechtlichen Interventionsverbots. Eine Untersuchung des Art. 2 Abs. 4 der Charta, in: VN 28 (1970), S. 48—54

Stein, Torsten: Der Grundsatz der Verhältnismäßigkeit, in: *Madlener*, Kurt (Hrsg.), Deutsche öffentlichrechtliche Landesberichte zum Internationalen Kongreß für Rechtsvergleichung in Budapest, Tübingen 1978, S. 273—290

Stemberg, Harald: Die Charta der wirtschaftlichen Rechte und Pflichten der Staaten, Berlin 1983

Stratmann, Günter: Der Internationale Währungsfonds, Göttingen 1972

Streicher, Jacob: Die Intervention im Völkerrecht, Diss. Erlangen 1928

Strupp, Karl: Grundzüge des positiven Völkerrechts, 5. Aufl., Bonn/Köln 1932

Szasz, Paul C.: International Atomic Energy Agency, in: EPIL 5 (1983), S. 57—58

Tabia, Enrique Castro: Mexico's Debt Restructuring: The Evolving Solution, in: Col. J. Trans. L. 23 (1984), S. 1—9

Teitgen, Francis: Le principe de proportionalité en Droit Francais, in: Grundsatz der Verhältnismäßigkeit, S. 53—65

Tetzlaff, Rainer: Die Weltbank: Machtinstrument der USA oder Hilfe für die Entwicklungsländer, München 1980

van *Themaat*, Pieter VerLoren: The Changing Structure of International Economic Law, The Hague/Boston/London 1981

Thompson, Robert B.: United States Jurisdiction over Foreign Subsidiaries: Corporate and Internationale Law Aspects, in: Law & Pol'y Int'l Bus. 14 (1983), S. 319—400

Thukydides: Geschichte des Peloponnesischen Krieges, in deutscher Sprache herausgegeben und übersetzt von Georg Peter *Landmann*, München 1973

Tiewul, S. Azadon: The United Nations Charter of Economic Rights and Duties of States, in: JInt'L&Econ. 10 (1975), S. 645—688

Tomislav, Mitrovre: Non-Intervention in the Internal Affairs of States, in: *Sahovic*, Principles, S. 219—275

Tomuschat, Christian: Internationale Abhängigkeiten im Rohstoffbereich, in: Völkerrecht und internationale wirtschaftliche Zusammenarbeit, S. 145—174

— Gewalt und Gewaltverbot als Bestimmungsfaktoren der Weltordnung, in: EA 36 (1981), S. 325—334

— Die Charta der wirtschaftlichen Rechte und Pflichten der Staaten. Zur Gestaltungskraft von Deklarationen der UN-Generalversammlung, in: ZaöRV 36 (1976), S. 444—491

— Der Verfassungsstaat im Geflecht der internationalen Beziehungen, in: VVDStRL 36 (1978), S. 7—58

— Neuformulierungen der Grundregeln des Völkerrechts durch die Vereinten Nationen: Bewegung, Stillstand oder Rückschritt? — Zur Interventions-Deklaration von 1981 und zur Manila-Deklaration über Streitbeilegung, in: EA 23 (1983), S. 729—738

— Repressalie und Retorsion. Zu einigen Aspekten ihrer innerstaatlichen Durchführung, in: ZaöRV 33 (1973), S. 179—222

— Das Recht auf Entwicklung, in: GYIL 25 (1982), S. 85—112

Tocqueville, Alexis de: Werke und Briefe, Bd. 1, Stuttgart 1959

Tunkin, Grigorij Ivanovic: Recht und Gewalt im internationalen System, Berlin 1986

Ullmann, Fritz: Die ausschließliche Zuständigkeit der Staaten nach dem Völkerrecht, Berlin 1933

Vagts, Detlev F.: The Pipeline Controversy: An American Viewpoint, in: GYIL 27 (1984), S. 38—53

— The Multinational Enterprise: A New Challenge for Transnational Law, in: Harv. L. Rev. 83 (1970), S. 739—792

— International Law under Time Pressure: Grading the Grenada Take-Home Examination, in: AJIL 78 (1984), S. 169—172

— A Turnabout in Extraterritoriality, in: AJIL 76 (1982), S. 591—594

Vance, David Z.: Challenge to the Validity of Department of Commerce Regulations Restricting the Export of Oil and Gas Equipment and Technology to the Soviet Union — Temporary Restraining Order Denied, in: Tex. Int'l L. J. 18 (1983), S. 203—219

Vattel, M. de: Le droit des gens ou principes de la loi naturelle, appliqués à la conduite et ceux affaires des nations et des souverains, Bd. 1, 1758

Verdross, Alfred: Völkerrecht, 4. Aufl., Wien 1959

— Völkerrecht, 5. Aufl., Wien 1964

— Plea of Domestic Jurisdiction before an International Tribunal and a Political Organ of the United Nations, in: ZaöRV 28 (1968), S. 33—40

— Le principe de la non-intervention dans les affaires relevant de la compétence nationale d'un ètat et l'article 2 (7) de la Charte des Nations Unies, in: Mélanges offerts à Charles *Rousseau*, Paris 1974, S. 267—276

— Observation des membres de la Commission, in: Annuaire de l'Institut de Droit International 44 (1952), S. 176—180

ders./Simma, Bruno: Universelles Völkerrecht — Theorie und Praxis, 3. Aufl., Berlin 1984

Verwey, Wil D.: The New International Economic Order and the Realization of the Right to Development and Welfare — A Legal Survey, in: IJIL 21 (1981), S. 1—38

Vincent, R. J.: Nonintervention and International Order, Princeton 1974

Virally, Michel: La charte des droit et devoirs économiques des états, in: AFDI 20 (1974), S. 57—77 *de Vries,* Margaret G./*Horsefield,* Keith: The International Monetary Fund 1945—1965, Vol. 1, Washington 1969

Wallace, Cynthia D.: Legal Control of the Multinational Enterprises, The Hague/Boston/London 1982

— Barcelona Traction Case, in: EPIL 2 (1981), S. 30—33

Walters, F. P.: A History of the League of Nations, London/New York/Toronto 1952

Watson, J. S.: Autointerpretation, Competence and the Continuing Validity of Article 2 (7) of the UN Charter, in: AJIL 71 (1977), S. 60—83

Weber, Ludwig: Blockade, in: EPIL 3 (1982), S. 47—51

— Blockade, Pacific, in: EPIL 3 (1982), S. 51—53

Wehberg, Hans: Der nationale Zuständigkeitsbereich der Staaten nach der Satzung der Vereinten Nationen, in: AVR 2 (1950), S. 259—298

Wehser, Eckart: Die Intervention nach gegenwärtigem Völkerrecht, in: *Simma/Blenck-Knocke,* S. 23—54

Weil, Christof: Interventions- und haftungsrechtliche Aspekte grenzüberschreitender Rundfunksendungen, Berlin 1981

Wengler, Wilhelm: Völkerrecht, Band I und II, Berlin/Göttingen/Heidelberg 1964

— Das völkerrechtliche Gewaltverbot. Probleme und Tendenzen, Berlin 1967

Whitman, Marjorie M.: Digest of International Law, 10, Washington 1968

Wildhaber, Luzius: Sovereignty and International Law, in: *Macdonald/Johnston,* S. 425—452

— Entstehung und Aktualität der Souveränität, in: FS *Eichenberger,* S. 131—146

— Some Aspects of the Transnational Corporations in International Law, in: NILR XXVII (1980), S. 79—88

— Multinationale Unternehmen und Völkerrecht, in: Berichte DGVR 18 (1978), S. 7—71

— Die Öldestillerieanlage Sennwald und das Völkerrecht der grenzüberschreitenden Luftverschmutzung, in: Schweizer JIR XXXI (1975), S. 97—120

Winfield, P. H.: The History of Intervention in International Law, in: BYIL 3 (1922—23), S. 130—149

Wörmann, Claudia: Osthandel als Problem der Atlantischen Allianz, Bonn 1986

Wolfrum, Rüdiger: Die grenzüberschreitende Luftverschmutzung im Schnittpunkt von nationalem Recht und Völkerrecht, in: DVBl. 99 (1984), S. 493—501

— Die Internationalisierung staatsfreier Räume — Die Entwicklung einer internationalen Verwaltung für Antarktis, Weltraum, Hohe See und Meeresboden, Berlin/Heidelberg/New York/Tokyo 1984

— The Principle of the Common Heritage of Mankind, in: ZaöRV 43 (1983), S. 312—337

— Die UN-Seerechtskonvention in der Perspektive der Neuen Weltwirtschaftsordnung, in: Das neue Seerecht, S. 97—118

— International Law of Cooperation, in: EPIL 9 (1986), S. 193—198

— Konsens im Völkerrecht, in: *Hattenhauer/Kaltefleiter,* S. 79—91

Wright, Quincy: Subversive Intervention, in: AJIL 54 (1960), S. 521—535

— The Legality of Intervention under the United Nations Charter, in: Proceedings of the American Society of International Law at its Fifty-First Annual Meeting, Washington, April 25—27, 1957, S. 79—88

— Is Discussion Intervention?, in: AJIL 50 (1956), S. 102—110

van Wynen Thomas, Ann/*Thomas,* A. J.: The Organization of American States, Dalles 1963

— Non-Intervention — The Law and its Imports in the Americas, Dallas 1956

Zanardi, Pierluigi Lamberti: La legittima difesa nel diritto internazionale, Milano 1977

Zemanek, Karl: Interdependence, in: EPIL 7 (1984), S. 275—278

Zippelius, Reinhold: Allgemeine Staatslehre, 7. Aufl., München 1980

2. Festschriften und andere Sammelwerke

Bernhardt, Rudolf/*Geck,* Wilhelm Karl/*Jaenicke,* Günther/*Steinberger,* Helmut (Hrsg.): Völkerrecht als Rechtsordnung, Internationale Gerichtsbarkeit, Menschenrechte — Festschrift für Hermann Mosler, Berlin/Heidelberg/New York 1983 (zit.: FS Mosler)

Blumenwitz, Dieter/*Randelzhofer,* Albrecht (Hrsg.): Festschrift für Friedrich Berber zum 75. Geburtstag, München 1973 (zit.: FS Berber)

Conrad H./*Jahrreiß,* H./*Mikat,* P./*Mosler,* H./*Nipperdey,* H. C./*Salzwedel,* J. (Hrsg.): Gedächtnisschrift Hans *Peters,* Berlin/Heidelberg/New York 1967 (zit.: FS Peters)

Czempiel, Ernst-Otto/*Link,* Werner (Hrsg.): Interventionsproblematik aus politikwissenschaftlicher, völkerrechtlicher und wirtschaftlicher Sicht, Kehl 1984 (zit.: *Czempiel/Link*)

Delbrück, Jost/*Ipsen,* Knut/*Rauschning,* Dietrich (Hrsg.): Recht im Dienst des Friedens — Festschrift für Eberhard Menzel, Berlin 1975 (zit.: FS Menzel)

Delbrück, Jost (Hrsg.): Völkerrecht und Kriegsverhütung, Berlin 1979 (zit.: Völkerrecht und Kriegsverhütung)

— (Hrsg.): Das neue Seerecht — Internationale und nationale Perspektiven, Berlin 1984 (zit.: Das neue Seerecht)

Grahl-Madsen, Atle/*Toman,* Jiri (Hrsg.): The Spirit of Uppsala, Berlin/New York 1984 (zit.: Spirit of Uppsala)

Haendcke-Hoppe, Maria/*Merkel,* Konrad (Hrsg.): Umweltschutz in beiden Teilen Deutschlands, Berlin 1986 (zit.: Umweltschutz in den beiden Teilen Deutschlands)

Hattenhauer, Hans/*Kaltefleiter,* Werner (Hrsg.): Mehrheitsprinzip, Konsens und Verfassung, Heidelberg 1986 (zit.: *Hattenhauer/Kaltefleiter*)

Kewenig, Wilhelm A. (Hrsg.): Vereinte Nationen im Wandel, Berlin 1975 (zit.: VN im Wandel)

— (Hrsg.): Völkerrecht und internationale wirtschaftliche Zusammenarbeit, Berlin 1978 (zit.: Völkerrecht und wirtschaftliche Zusammenarbeit)

Kunst, Hermann/*Herzog,* Roman/*Schneemelchen,* Wilhelm (Hrsg.): Evangelisches Staatslexikon, 2. Aufl. Stuttgart 1975 (zit.: Ev. Staatslexikon)

Kurz, Hanns (Hrsg.): Volkssouveränität und Staatssouveränität, Darmstadt 1970 (zit.: *Kurz*, Volkssouveränität)

Kutscher, Hans/*Ress*, Georg/*Teitgen*, Francis/*Ermacora*, Felix/*Ubertassi*, Giovanni (Hrsg.): Der Grundsatz der Verhältnismäßigkeit in europäischen Rechtsordnungen, Heidelberg 1985 (zit.: Grundsatz der Verhältnismäßigkeit)

Lillich, Richard B. (Hrsg.): Economic Coercion and the New International Economic Order, Charlottesville 1976 (zit.: *Lillich*, Economic Coercion)

MacDonald, Ronald St. John/*Johnston*, Douglas M. (Hrsg.): The Structure and Process of International Law: Essays in Legal Philosophy, Doctrine and Theory, The Hague/Boston/Lancaster 1983 (zit.: *MacDonald/Johnston*)

Miehsler, Herbert (Hrsg.): Jus Humanitatis, Festschrift zum 90. Geburtstag von Alfred Verdross, Berlin 1980 (zit.: FS Verdross)

Müller, Georg u. a. (Hrsg.): Staatsorganisation und Staatsfunktion im Wandel, Festschrift für Kurt *Eichenberger*, Basel/Frankfurt 1982 (zit.: FS Eichenberger)

Münch, Ingo von (Hrsg.): Staatsrecht — Völkerrecht — Europarecht, Festschrift für Hans-Jürgen *Schlochauer*, Berlin 1981 (zit.: FS Schlochauer)

Sahovic, Milan (Hrsg.): Principles of International Law Concerning Friendly Relations and Cooperation, Belgrade/Dobbs Ferry 1972 (zit.: *Sahovic* [Hrsg.], Principles)

Schaumann, Wilfried (Hrsg.): Völkerrechtliches Gewaltverbot und Friedenssicherung, Baden-Baden 1971 (zit.: *Schaumann*, Gewaltverbot)

Schwartländer, Johannes (Hrsg.): Menschenrechte und Demokratie, Kehl am Rhein/Straßburg 1981 (zit.: *Schwartländer*, Menschenrechte und Demokratie)

Schwarz, Hans-Peter (Hrsg.): Handbuch der deutschen Außenpolitik, München/Zürich 1975 (zit.: Handbuch der deutschen Außenpolitik)

Senghaas, Dieter (Hrsg.): Imperialismus und strukturelle Gewalt — Analysen über abhängige Reproduktion, Frankfurt 1971 (zit.: *Senghaas*, Imperialismus)

Simma, Bruno/*Blenk-Knocke*, Edda (Hrsg.): Zwischen Intervention und Zusammenarbeit, Berlin 1979 (zit.: *Simma/Blenk-Knocke*)

Stödter, Rolf/*Thieme*, Werner (Hrsg.): Hamburg — Deutschland — Europa, Festschrift für Hans Peter *Ipsen*, Tübingen 1977 (zit.: FS Ipsen)

Strupp, Karl/*Schlochauer*, Hans-Jürgen, Wörterbuch des Völkerrechts,
Band 1, 2. Aufl., Berlin 1960 (zit.: WVR I);
Band 2, 2. Aufl., Berlin 1961 (zit.: WVR II);
Band 3, 2. Aufl., Berlin 1962 (zit.: WVR III)

Timmermans, C. W. A./*Völker*, E. L. M. (Hrsg.): Division of Powers between the European Communities and their Member States in the Field of External Relations, Deventer 1981

Wilner, Gabriel M. (Hrsg.): Jus et Societas — Essays In Tribute To Wolfgang Friedmann, The Hague/Boston/London 1979 (zit.: FS Friedmann)

Wolfrum, Rüdiger (Hrsg.): Recht auf Information/Schutz vor Information — menschen- und staatsrechtliche Aspekte, Berlin 1986 (zit.: Recht auf Information/Schutz vor Information)

—/*Prill*, Norbert/*Brückner*, Jens A. (Hrsg.): Handbuch Vereinte Nationen, München 1977 (zit.: Handbuch Vereinte Nationen)

Kolibri 360 GmbH
Ferdinand-Jühlke-Straße 7
99095 Erfurt, Deutschland
produktsicherheit@kolibri360.de

Druck:
CPI Druckdienstleistungen GmbH
im Auftrag der
Kolibri 360 GmbH
Ferdinand-Jühlke-Str. 7
99095 Erfurt